공 존

Human-AI Symbiosis

- 인공지능(AI)과 함께하는 시대를 향하여 -

공존 Human-AI Symbiosis
인공지능(AI)과 함께하는 시대를 향하여

초판 1쇄 발행 2024년 05월 17일

지은이 조에린·제갈성준·김준성·김임환·김진원·하재선 지음
펴낸이 장현수
펴낸곳 메이킹북스
출판등록 제 2019-000010호

디자인 최미영 이정아
편집 이정아
교정 안지은
마케팅 김소형

주소 서울특별시 구로구 경인로 661, 핀포인트타워 912-914호
전화 02-2135-5086
팩스 02-2135-5087
이메일 makingbooks@naver.com
홈페이지 www.makingbooks.co.kr

ISBN 979-11-6791-550-4(03320)
값 16,800원

ⓒ 조에린·제갈성준·김준성·김임환·김진원·하재선 지음 2024 Printed in Korea

잘못된 책은 구입하신 곳에서 바꾸어 드립니다.
이 책의 전부 또는 일부 내용을 재사용하려면 사전에 저작권자와 펴낸곳의 동의를 받아야 합니다.

메이킹북스는 저자님의 소중한 투고 원고를 기다립니다.
출간에 대한 관심이 있으신 분은 makingbooks@naver.com으로 보내 주세요.

Human-AI Symbiosis

- 인공지능(AI)과 함께하는 시대를 향하여 -

공존

NAVIGATING
OUR FUTURE TOGETHER

조에린 · 제갈성준 · 김준성 ·
김임환 · 김진원 · 하재선 지음

메이킹북스

목차

1장 인공지능 - 넌 누구니?   009
   - 제갈성준

2장 교육 – 생성형 AI, 그리고 창의성   029
   - 조에린

3장 금융 – AI가 나를 보호하는 금융비서가 될 수 있을까?   061
   - 김준성

4장 제조업 - 한국의 인구 구조와 제조업의 미래   087
   - 김임환
      한국 제조업, 벼랑 끝에 서 있나? : 인구 구조 변화가 던지는 심각한 도전

5장 헬스케어 - 삶의 질을 현격하게 높여줄 인공지능　　　135
　- 김진원

6장 HR 테크 - AI 시대의 HR 탐험 지도　　　171
　- 하재선

7장 리더십 – AI 시대, 그래도 사람이 답이다　　　217
　- 김진원

시작하며

　최근 자율주행, 챗GPT, 챗봇 등 점점 다양한 분야에서 인공지능(AI)이 활용되고 있다는 뉴스를 자주 접하게 됩니다. AI가 단순히 사람들의 호기심을 자극하는 수준을 넘어 이젠 실제로 AI를 활용한 서비스들이 빠르게 늘어나는 추세죠. 여러분들이 잘 아는 중고거래 앱인 당근마켓도 적극적으로 AI를 사용하고 있는데요, 예를 들어, 제품의 판매 가능성을 예측하거나, 등록된 사진의 적합 여부를 판별하는 등 다양한 용도로 사용되고 있습니다. 당근마켓이 이렇게 AI를 다양한 용도로 잘 사용하면서 새로운 시대에 빠르게 성장할 수 있었던 이유는 이미 6~7년 전부터 철저히 준비를 잘 해왔기 때문입니다. 그때가 알파고(AlphaGo)가 이세돌 9단을 이기며 우리들 삶에 깜짝 등장했던 시기였죠. 이처럼 AI는 생각보다 우리 곁에 훨씬 가까이 와있고, 발전하는 속도는 더욱 가속되고 있습니다. 과연 5년 뒤에 어떤 변화들이 생겨서 우리의 삶을 어떻게 변화시킬지 누가 예상할 수 있을까요?
　특히, 최근 챗GPT의 등장으로 우리는 AI에 대해 더 많은 것을 상상하게 되었습니다. 한편 AI는 과연 인류에 위협적인 존재가 될까요? 톰 크루즈 주연의 영화 '미션임파서블(Mission Impossible)'의 일곱 번째 시리즈인 '데드 레코닝(Dead Reckoning)'에서는 가상의 적으로 프런티어 AI인 '엔터티(Entity)'가 등장합니다. 엔터티는 자체적인 코드 생성과 엄청난 계산 속도로 기존의 기술들을 압도하며, 스스로 미래를 예측하고 모든 디지털 신호를 조작할 수 있는 위협적인 존재로 묘사됩니다. 특히 엔터티의 위협을 피하기 위해 수천 명의 정보국 직원들이 컴퓨터 대신 타자기와 종이로 일하는 장면은 우리가 혹시 AI가 가져올 미래에 대해 너무 무방비한 것은 아닌가라는 고민을 하게 만듭니다. 앞으로 다가올 AI 시대에 대해 더 철저한 준비가 필요하겠지요.

 그래서 지금 시점에서 우리 모두가 한 번쯤 AI의 발전 과정을 둘러보고 AI에 대해 좀 더 깊이 이해하며, 과연 금융, 의료, 제조업 등을 포함한 실제 산업 현장 및 서비스 분야에서 AI가 어떻게 사용될 것이고 우리에게 어떤 영향을 미칠지, 더 나아가 우리 각자가 새로운 AI 시대 속에서 무엇을 준비해야 할지 이 책을 통해 함께 고민을 해보고자 합니다. 또한, 기업의 경영자들에게는 AI 시대에 더욱 중요해질 인재 확보 경쟁 및 운영 계획, 그리고 AI 친화적인 기업 문화 확립 등 HR 관점의 좀더 구체적인 실행 방안에 대해 전문가인 저자들의 의견을 들어보는 기회가 되면 좋겠습니다. 이를 통해 AI 시대가 더 이상 두려운 변화가 아닌 적극적으로 환영하며 적응해야 할 세상임을 함께 공감하게 되길 기대해봅니다.

2024. 1
저자 조에린, 제갈성준, 김준성, 김임환, 김진원, 하재선

1장 인공지능

넌 누구니?

제갈성준

1. 인공지능은 어떻게 발전해왔는가?

　머신러닝, 딥러닝과 같은 인공지능 관련 단어들이 이제는 낯설지 않은 세상이 되었습니다. 알파고는 이미 먼 옛날 이야기가 되어버렸고, 챗GPT라는 인공지능 서비스가 생성형 AI라는 새로운 장르를 보여주면서 일반 대중들이 인공지능을 손쉽게 활용할 수 있는 장을 마련해 주었습니다. 가정에서 사용하는 로봇 청소기는 이미 집안의 구조를 학습하고 가장 최적화된 루트를 따라 작동을 하는가 하면, 스마트폰의 무수히 많은 앱들이 인공지능 알고리즘을 사용하고 있고, 사물 인식 기능이 탑재된 자동주행 자동차들이 출시되고 있습니다. 인공지능이 이렇게 빠르게 발전하며 확산된 이유는 무엇일까요? 가장 먼저 보아야 할 것은 데이터의 증가입니다. 2007년 아이폰이 출시되고 스마트폰의 사용이 대중화되면서, 각 개인들이 생성하는 데이터가 급증하게 되었습니다. 데이터의 형태도 블로그나 트위터와 같은 텍스트 기반에서 시작하여 이제는 인스타그램, 페이스북의 이미지, 유튜브의 동영상까지 점차 다양해졌습니다. 또한 소셜미디어를 기반으로 다양한 인터넷 광고 기법들이 등장하면서, 콘텐츠 생성이 경제적 가치와 연결될 수 있다는 것이 확인되며, 창의적인 유저들은 매일 새롭고 다양한 콘텐츠를 생성하기 시작하고 있습니다. 매일 새롭게 생성되고 있는 수많은 데이터는 인공지능을 학습시킬 수 있는 좋은 기반이 되고, 인공지능 알고리즘이 다양하게 발전할 수 있는 원동력이 되었습니다. 특히 인간의 신경망을 본뜬 네트워크 구조의 메모리를 구성해 놓고, 잘 정제된 데이터를 반복적으로 학습시키면서 각 결괏값이 발생할 수 있는 확률들을 계산하는 것이지요. 이런 발상은 이미 수십 년 전부터 이론적으로 존재하고 있었으나, 최근 다양한 데이터의 증가에 힘입어 본격적으로 실용화될 수 있었습니다. GPU(그래픽처리장치)의 등장도 중요한 요소입니다. 컴퓨터에서 계산된 결과물을 시각적으로 보여주는 것이 그래픽 처리인데, 원래는 CPU(중앙처리장치)에서 하던 것을 GPU라는 별도의 하드웨어를 장착하여 그래픽 계산의 효율성을 높인 것입니다. GPU가 병렬계산이 가능하다는 특성을 활용하여 인공지능 모델을 학습시키는 작업에 사용된 것이지요. GPU 시장을 독주하고 있던 엔비디아(nVidia)사는 이런 틈새를 놓치지 않고 인공지능 계산용 라이브러리를 적극적으로 개발하여 배포하여 시장을 선점했고, 엔비디아는 거침없는 성장을 하게 됩니다. 현재 엔비디아는 기업가치가 1조 달러에 육박하는 회사가 되었지요. 최근에는 Amazon, Microsoft, Meta 등 거대 IT 기업들은 자체 AI칩을 개발하고 있습니다. 테슬라도 자율주행 차량에 사용되는 인공지능을 학습시키기 위해 자체 AI칩인 Dojo(도조)를 보유하고 있는 것처럼 앞으로 대형 기업들은 자사에 최적화된 AI칩을 보유하는 것이 기업 경쟁력이 될 것으로 보입니다.

　2017년 구글에서 발표한 트랜스포머(Transformer)라는 AI 알고리즘은 AI 연구의 중요한 전환점이 됩니다. 이전까지만 하더라도 AI 모델은 사람이 직접 라벨링(Labeling)한 데이터를 인공지능 신경망에 학습시켜서 개와 고양이를 구별해 내는 수준이었습니다. 물론 더욱 복잡하고 많은 층(Layer)을 추가하면 더욱 많은 수의 사물들을 구별해낼 수 있었지만, Layer를 무한정 늘리는 것은 계산 속도를 더디게 하였고, 또한 대량의 데이터가 필요했기 때문에 근본적인 제약을 가지고 있었습니다. 반면, 트랜스포머는 하드웨어의 규모만 충분하다면 매우 큰 규모의 AI 모델을 생성할 수 있는 이론적 기반을 제공하였습니다. 이른바 초거대 AI 모델의 생성을 가능하게 한 기본 모델로 사용될 수 있었던 것이지요. 2018년부터 트랜스포머를 기반으로 BERT, GPT-2, RoBERTa 등과 같은 거대 언어모델들이 연이어 등장합니다. 2022년 11월 OpenAI에서 깜짝 놀랄 발표를 합니다. 드디어 챗GPT를 출시한 것이죠. 챗GPT는 GPT-3.5를 기반으로 만들어졌으며, 다양한 분야에 대해 정교한 답변을 제공하여 대중의 관심을 모았습니다. 또한 처음으

로 상용화된 서비스를 제공하면서 새로운 비즈니스 모델을 보여주었죠. 트랜스포머는 단순히 텍스트를 학습하는 언어모델을 벗어나 훨씬 다양한 데이터를 복합적으로 학습할 수 있게 됩니다. 이미지, 사운드, 다차원 구조 등등 다양한 정보를 한꺼번에 학습하고 그 결과물도 다양한 데이터 형태로 출력이 가능하게 발전한 것이지요. 결국 2021년 스탠퍼드 대학교 연구진은 트랜스포머를 파운데이션모델(foundation model)이라고 명명합니다.[1] 지난 수십 년간의 인공지능 연구에서 나온 다양한 AI 모델들이 트랜스포머에 의해 서로 융합될 수 있고, 데이터를 한꺼번에 학습하여 다양한 결과물을 낼 수 있는 기반이 확보된 것이었죠. 앞으로는 로봇의 여러 가지 동작들을 복합적으로 처리하는 작업에도 활용하는 등 트랜스포머는 더욱 다양한 용도로 사용될 것으로 전망됩니다.

2. 인공지능의 발전은 어떤 방향으로 전개될까?

　인간의 언어 사용과 생활 패턴에서 생성되는 데이터는 사용자 수의 증가에 비례해서 늘어나는 수준이겠지만, 웹상의 데이터를 크롤링하여 재편집하는 봇이나 생성형 AI의 등장으로 데이터 양은 보다 빠르게 증가할 것으로 예상됩니다. 데이터 총량은 꾸준히 증가하게 되지만, 오히려 인공지능 학습에 사용할 수 있는 고품질의 데이터 비중은 현저히 떨어지게 되는 것이지요.

　또한, 인공지능 기술의 발전이 오픈소스 생태계를 기반으로 하고 있는 것도 하나의 제약이 될 수 있습니다. 깃허브(GitHub)와 같은 오픈소스 플랫폼을 사용하면 손쉬운 업그레이드 버전의 배포가 가능하지만, 이것이 소프트웨어 알고리즘의 완성도에 대한 신뢰성을 보장해 주는 것은 아닙니다. 심지어 구글(Google)에서 제공하는 대표적인 인공지능 플랫폼인 텐서플로우(Tensorflow)의 경우에도 오류가 존재합니다. 과거 버전으로 코딩을 해놓았던 알고리즘을 그대로 최신 버전으로 돌려 보면 에러가 발생하는 사례가 있는 것이지요. 기업에서 오픈소스 소프트웨어를 채용하기 어려운 이유가 바로 여기에 있습니다.

　가장 쉬운 예를 들자면, 인공지능 프로그래밍 언어 중 하나인 파이썬(Python) 버전 3.2으로 작성된 인공지능 소프트웨어를 파이썬의 버전 3.3으로 업그레이드를 하는 순간 생산 설비가 멈출 수도 있다는 것입니다. 또한, 인공지능 소프트웨어 기술을 둘러싼 거대 IT기업들의 경쟁도 여전히 계속되고 있습니다. 인공지능 알고리즘 개발을 위한 대표적인 프레임워크로는 2015년 구글에서 발표한 텐서플로우가 있는데 2016

년 Meta(구, Facebook)는 파이토치(Pytouch)를 발표하며 서로의 경쟁이 시작되었습니다. 생성형 AI 분야에서도 OpenAI의 챗GPT에 대항하여 Meta사는 라마(LLaMa)를 발표했습니다.[2] 이와 같이 대표적인 IT 기업들의 AI 알고리즘 경쟁은 앞으로도 계속될 것으로 예상됩니다.

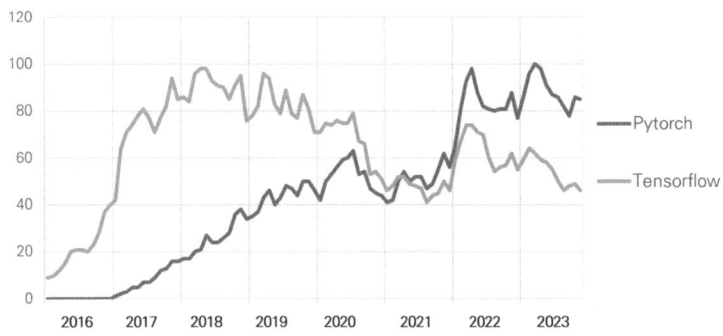

그림 1.1 구글 검색량 비교 (Pytorch vs. Tensorflow), 출처: Google Search Trend)

데이터는 증가하나 데이터의 품질은 점차 떨어지고. 오픈소스 생태계의 취약점인 보안 및 에러 이슈들은 계속될 것이며, 소수의 거대 IT기업들이 공개하는 인공지능 프레임워크를 사용할 수밖에 없는 상황은 앞으로도 지속될 가능성이 큽니다. 어쩌면 하드웨어와 소프트웨어를 통합하여 전 세계 시가총액 1위를 차지하고 있는 Apple사와 같은 기업이 나타날 때까지 경쟁은 계속되겠지요. 물론 그 모든 것의 밑바탕에는 최고의 인재들이 필요합니다. 그런데 과연 어떤 인재들을 모아야 하고, 어떻게 키워내야 할까요? 이를 위해 우리는 무엇을 해야 할까요?

3. 인공지능 기술의 발전을 대비하기 위해 우리가 할 일은?

챗GPT는 기존 데이터의 학습을 기반으로 작동하기 때문에 범용적으로 통용되는 수준의 지식을 제공하는 것은 능숙하나, 매우 디테일한 분야까지 들어가서 세부적인 내용까지 제시하지는 못합니다. 기존 데이터가 가진 한계점에 봉착하게 되는 것이지요. 글쓰기와 연관된 사람들, 즉 작가, 기자, 기획자 등은 여기에 착안해 대처하고 준비할 필요가 있습니다. 반면, 우리가 하는 일의 일정 부분을 인공지능에 맡겨서 작업할 수 있는 능력도 중요합니다. 결국은 최종 결과물로 평가받는 것이기 때문에 인공지능을 Tool로써 잘 활용하면 됩니다. 물론, Tool로써 잘 활용하기 위해서는 인공지능의 한계점과 특성을 잘 이해하고 있어야 하며, 다양한 사용 경험을 통해서 그 사용법을 몸으로 체득할 필요가 있습니다. 생성된 데이터를 더욱 효과적으로 활용하는 것도 중요합니다. 데이터의 규모가 급속히 확대되고 그 가치가 점점 낮아지는 상황이 생기면, 가치 있는 데이터를 확보할 수 있는 능력 자체로도 상당히 높이 평가받을 수 있습니다. 다만, 이런 작업들마저도 때때로 인공지능과의 경쟁이 될 수 있다는 점을 잘 고려해야 합니다. 즉, 직접 만들기보다는 이미 나와 있는 다양한 도구들 중에 효과가 좋은 것들을 살펴보고, 이를 잘 활용할 수 있도록 연구해야겠지요. 오픈소스 생태계를 최대한 활용하는 것도 중요합니다. 물론 국가나 기업 차원에서는 전략적 가치를 내세운 자체적인 인공지능 프레임워크를 만들고 추진해 볼 수는 있겠지만, 인공위성을 쏘아 올리는 것처럼 최고의 안전성을 확보해야 하는 경우가 아니라면 다른 사람이 만들어 놓은 코드를 잘 활용하는 방향으로 접근해야 합니다. 데이터와 연관된 생성형 AI 알고리즘의 활용을 살펴보면, 텍스트, 이미지, 동영상 각각의 데이터 특성에 맞는 도구를 찾아야 합니다. 텍스트라면 챗GPT, 이미지라면 DALL-E, 동영상이라면 미드저니(Midjourney)와 같은 식으로 말이죠. 하지만, 최근 이러한 도구들도 각각 새로운 방식으로 진화를 거듭하고 있습니다. 구글 크롬 기반에서 작동할 경우, 다양한 확장 프로그램이 나오고 있습니다. 앞으로도 다양한 도구들이 계속 발전할 것이기 때문에 자신에게 가장 적합한 프로그램을 찾아서 그 사용법을 갈고닦아, 최상의 결과물을 만들어 내는 것도 좋은 접근이 되겠습니다.

하드웨어 측면에서는 어떤 선택들이 가능할까요? 우선 반도체 분야로 진출하는 것을 생각해 봅시다. 반도체는 장비 산업이고, 대규모 투자가 필요하기 때문에 국가적인 전략이 동반되어야 합니다. 반도체 학과의 개설이라든지, 반도체 관련 창업 지원이 그런 것이지요. 따라서, 정부에서 제시하는 흐름에 맞춰서 움직이는 것이 필요합니다. 다만, 반도체 관련된 영역은 따로 책을 쓸 수 있을 정도로 방대하기 때문에 본인이 어떤 쪽에 집중할 것인지에 대해서는 결정이 필요합니다. 반도체는 설계부터 장비 구입, 제조, 개발, 심지어 오폐수 처리까지 매우 다양한 분야의 협업이 필요한 산업입니다. 개인적으로 공부해서 진로를 선택하기보다는 이쪽 분야의 전문가를 찾아서 조언을 구하는 것이 가장 빠를 것입니다. 인공지능을 위한 하드웨어 측면에서 클라우드 환경을 빼놓을 수 없습니다. 이제는 전문 IT 기업들조차도 GPU 서버를 자체 구축하기보다는 클라우드 환경을 이용합니다. 서버 구축을 위한 고정비 투자 및 유지 보수에 들어가는 경비 부담이 크기 때문에 자체 운영보다는 클라우드 환경을 선호하는 것이지요. 따라서, AWS나 MS에서 제공하는 클라우드 환경을 숙지하는 것이 하나의 돌파구가 될 수 있습니다. 수십 장의 GPU가 꽂혀 있는 인공지능 학습용 서버를 내 방에서 혹은 스마트폰으로 직접 제어해 볼 수 있습니다. 또한, 오픈소스의 취약점이었던 버전 업그레이드도 도커와 컨테이너를 활용하여 해결할 수 있는 방법이 존재합니다. 새로 만든 AI 모델을 배포할 때, OS나 인공지능 프레임워크까지 한꺼번에 묶어서 배포하는 방식입니다. 즉 클라우드 환경에서는 전혀 다른 해결책이 존재할 수도 있음을 알아야 합니다. 보다 자세한 내용을 알고 싶으면 구버네티스(Kubernetes)를 참고해보세요.[3]

　인공지능 분야를 깊게 연구하고 싶은 분들에게는 아직 많은 기회가 있습니다. 외형적으로 많이 발전한 것으로 보이지만, 완벽한 상용화를 위해서는 기술적 완성도가 낮고 지속적인 발전을 유지하기 위한 비즈니스 모델도 이제서야 체계를 잡아가고 있습니다. 많은 기업들이 고생해서 많은 코드를 무상으로 배포하고 있으며, 컴퓨팅 리소스 또한 무상으로 테스트를 해볼 수 있습니다. 의지와 실행력만 있다면 다양한 가능성을 향해 도전해 볼 수 있는 것들이 무궁무진합니다. 앞으로 인공지능과 함께 발전하면서 개인의 경험을 쌓고 성과도 일굴 수 있을 것입니다. 인공지능을 공부하며 흔히 하는 실수는 CNN, RNN 등과 같은 인공지능 초기 단계의 딥러닝 알고리즘을 공부하다가 지쳐서 그만 책을 놓게 되는 경우이죠. 인공지능의 기초 원리부터 이해하기 위해서는 조건부 확률과 베이즈의 정리와 같은 통계학의 기초를 다시 공부해야 하는 일이 생깁니다. 따라서, 기초부터 쌓아 올리는 Bottom-Up 방식보다는, 본인이 관심 있는 분야 혹은 활용도가 높은 분야를 선택하여 선별적으로 공부하는 Top-Down 방식으로 접근하는 것이 좋습니다. 대규모 기업 조직의 리더 역할을 해야 하는 사람이라면, 본인만 인공지능에 대한 이해를 높이는 것뿐만 아니라, 조직 내에서도 인공지능 인재를 키워낼 수 있도록 체계를 갖춰야 하며, 외부에서 새롭게 채용할 수 있는 역량도 갖추고 있어야 합니다. 기업 내에서 자체적으로 인재를 키워내는 일은 매우 혁신적인 활동입니다. 다만, 혁신적인 활동은 때때로 조직원들로부터 반발을 얻는 경우가 많습니다. 기존의 관행을 깨고 조직의 관성을 변화시키는 작업이기 때문입니다. "인공지능"이 주는 어감 자체가 임직원이 기존에 보유하고 있던 자신의 전문 영역을 침범당하는 느낌이기 때문에, 초기 단계에서부터 이미 반발에 휩싸이게 되고, 인공지능의 성과 자체를 신뢰하지 않는 풍토가 만연될 수 있습니다. 따라서, 초기 단계부터 조직의 특성을 잘 분석하여 인공지능이 확산될 수 있도록 세심한 계획을 수립하는 것이 필수입니다. 또한 내부 확산 단계에서 하위 조직 간에 다양한 갈등이 생길 수 있는 부분도 미리 염두해 두어야 합니다. 기업의 입장에서는 인공지능의 도입 시기와 활용 방법, 성과 측정 등 다양한 계획 수립이 필요합니다. 이런 작업들은 때때로 주요 경영진의 의지를 반영해야 하며, 여러 조직의 의견을 수렴하고 통합하는 작업도 포함됩니다. 이럴 때 가장 중요한 것은 커뮤니케이션 능력이며, AI 리터러시를 가진 사람이 있어야 적재적소에 인공지능을 효과적으로 도입시키는 일이 가능하게 되겠지요.

4. 로봇과 인공지능의 만남

로봇의 정의는 사전에 정해진 규칙에 따라 스스로 판단하며 행동하는 기계를 일컫습니다. 이를 위해서는 주변의 상황을 인식하는 센서를 탑재하고, 입력받은 정보를 분석하여 스스로 판단할 수 있어야 하며, 그 판단에 따라 직접 움직이거나 거동할 수 있는 능력을 갖추고 있어야 합니다. 로봇은 단순히 말하면, 센서와 프로세서, 그리고 액츄에이터(Actuator, 모터와 같은 구동장치)로 구성된 구조물입니다. 그중에서도 가장 먼저 필요한 것은 액츄에이터였습니다. 로봇에 대한 사람들의 관심은 아무래도 로봇을 어떻게 움직이게 할 것이냐였지요. 1820년 전류가 자기장을 만든다는 것이 발견된 이후로 다양한 액츄에이터가 개발되면서 전기를 활용해 로봇을 움직이는 다양한 연구가 진행되었지요. 센서와 컴퓨터 기술들이 발전하면서 2000년에는 이족보행이 가능한 로봇이 등장합니다. 일본 혼다가 개발한 아시모(Asimo, アシモ)였는데요. 그 당시 거금인 2,000억 원을 투입하여 개발된 로봇으로, 이름 자체에 일본어로 '다리'를 뜻하는 '아시(アシ, 足)'가 들어가 있는 것을 보면, 당시 이족보행 기능을 얼마나 높이 평가하고 있었는지 알 수 있습니다. 이후 2016년 보스턴 다이내믹스의 아틀라스가 등장하면서, 로봇의 움직임은 뛰고 달리는 등 한 단계 높은 수준까지도 가능함을 보여주었습니다.

사람의 움직임을 모방하는 로봇을 개발하기 위해서는 필수적으로 로봇 제어 기술이 필요합니다. 로봇 제어는 일반 제어 시스템보다 훨씬 어려운데, 여러 개의 로봇 관절이 독립적으로 움직이기 때문에 각 관절을 변수로 한 다변수 비선형 시스템으로 이해해야 하며, 그 최적 움직임을 계산하기 위해서는 각 관절들이 갖는 개별적인 좌표계를 계산해야 합니다. 간단한 로봇은 최소 3~5개, 복잡한 로봇들은 수십 개의 자유도를 가지고 있기 때문에 최적 움직임을 계산하기 위해서는 많은 시간이 소요됩니다. 관성이나 마찰 또한 별도의 변수로 작용하기 때문에 로봇의 정확한 움직임을 제어하기란 생각보다 어려운 일입니다. 로봇 공학에서는 '티칭'이라는 과정을 통해서 이를 해결합니다. 티칭은 로봇의 오퍼레이터가 로봇의 실제 움직임을 기록하여 시뮬레이션 예측값과 실제 로봇 실측값의 차이를 보정하는 작업을 말합니다. 실제로 자동차 생산 공장의 용접용 로봇의 경우, 새로운 차를 생산하기 위해서 필요한 로봇 티칭 시간은 로봇 한 대당 보통 3~4시간이 소요됩니다.

이런 문제는 인공지능의 강화학습을 통해 해결합니다. 강화학습은 주어지는 다양한 환경에서 작업에 성공하면 보상을 주고, 실패하면 보상이 없는 과정을 수없이 반복하면서 인공지능을 학습시키는 방법인데요. 로봇 티칭을 위한 다양한 변수 계산에도 활용될 수 있습니다. 최근에는 가상 환경에서 인공지능의 강화학습 시키는 방법이 등장하면서, 로봇을 수백~수만 대 복제하여 여러 가지 변수가 달라지는 가상 환경에 노출시킴으로써 한꺼번에 다양한 로봇 및 환경에서의 학습이 빠르게 이루어질 수 있는 방법이 만들어졌습니다. 이런 다양한 인공지능, IT 기술들이 로봇과 결합하면서, 한 단계 높은 수준의 로봇이 탄생하고 있는 것입니다. 또한 인공지능은 다양한 방식으로 로봇에 부가적인 기능을 제공하고 있습니다. 사물인식, 경로 생성, 질의 응답 등이 가능한 서비스 로봇인데요. 최근 대형 병원이나 공항을 가보면 실제로 서비스 로봇이 돌아다니며 각종 정보 서비스를 제공하고 있는 것을 확인할 수 있습니다. 이런 서비스 로봇은 공간 내의 활용성을 높이기 위해, 건물과의 상호 작용을 높이는 방식으로 진화하고 있는데, 그 대표적인 사례가 네이버의 최첨단 신사옥 1784입니다. 1784에서는 로봇이 택배나 커피를 배달하고 있는데 이들은 엘리베이터나 사무실, 커피숍 등등 건물 내의 여러 장소를 자유롭게 이동하고 있습니다. 이는 로봇이 건물의 형상을 파악하고 있으며, 지나다니는 사람을 자동으로 인식하고 경로를 생성하여 움직이고 있다는 것이지요. 자율주행의 관점에서 보면, 학습 공간을 건물 내부에 국한시키면 1784의 로봇이 되는 것이고, 도로 위의 환경이 된다면 테슬라 자동차가 되는 것입니다.

5. 로봇은 우리에게 어떤 영향을 미칠까?

로봇을 인간과의 상호작용의 관점에서 생각한다면, 아마존에서 내놓은 알렉사(Alexa)를 짚고 넘어가야 합니다. 2014년 아마존은 아마존 에코(Echo)라는 스마트 스피커를 출시했습니다. 호출 명령어였던 '알렉사'를 부르면 다양한 정보를 제공해주고 심지어 아마존에 주문까지도 할 수 있었던 것이지요. 구글의 어시스턴트(Assistant), 애플의 시리(Siri)와 함께 음성지원 비서 3대 서비스를 제공하던 기술입니다. 하지만, 2022년 알렉사는 지속적인 수익 흐름을 창출하지 못하는 사업부로 전락했고, 결국엔 알렉사의 개발과 관련되어 있던 1만여 명의 구조조정이 불가피하게 되었습니다. 이런 알렉사의 몰락에는 웃지 못할 해프닝도 있었는데요. 거실에 있는 TV에서 흘러나오는 광고 방송의 소리에 알렉사가 저절로 반응하여 물건을 주문하는 명령을 수행한 사건일 것입니다. 사람들은 제어할 수 없는 상황에 직면하는 것을 싫어합니다. 따라서, 범용적인 로봇이 다양한 기능으로 사용될 수 있다는 장점이 있겠지만, 반면 제어가 안 되는 상황에 빠지게 되면 더욱 큰 리스크 요인을 가지게 되는 것입니다. 따라서, 로봇 사용 목적에 따라 좀 더 세밀하게 나누는 관점이 필요합니다. 먼저 인간과 감정을 공유하고 사람에게 안도감을 주는 소셜봇이 있습니다. 실제로 알렉사와 같은 음성 비서나 소니의 로봇 강아지가 거동이 힘든 노년층 분들에게 친구가 되어주었다는 뉴스를 접하게 됩니다. 이런 상황에서 로봇은 때때로 사람보다 더 좋은 친구가 되기도 합니다. 사람에게는 타인에게 터놓고 이야기하지 못하는 사적인 고민들이 있기 마련이기 때문이죠. 이럴 때는 오히려 사람이 아닌 인공지능 로봇과 대화를 통해 고민을 털어놓고 의견을 묻는다든지, 아니면 그냥 대화 상대로서 고민을 들어주는 역할만으로도 충분히 의미가 있다고 합니다. 대화 상대로서의 로봇이 가질 수 있는 장점이라고 하겠습니다. 이번엔 범위를 좀 더 확대하여 대형 병원이나 공항을 가면 서비스 로봇을 만날 수 있습니다. 일상 영역에서 한정된 목적이나 서비스 제공을 위해 사용되는 로봇이며, 사람에게 '편리함'이라는 이득을 주는 것이 목적입니다. 하지만, 이런 로봇에 대해서도 사람이 경계하는 부분이 있는데, 무엇일까요? 그것은 개인적 거리(personal distance)에 대한 것입니다. 이는 물리적인 접근 거리 혹은 정보적인 접근 거리를 모두 포함하는 것으로 개인적인 공간이 필요하고, 타인과 일정 수준의 거리를 두고 싶어 하는 인간의 속성에 기인한 것입니다. 결국 편리함도 좋지만, 적당한 거리를 유지해야 하는 것이지요. 또 다른 부류의 로봇은 업무용 로봇입니다. 업무용 로봇은 성과에 대한 신뢰도가 최우선입니다. 로봇을 사용했을 때 기대했던 수준의 성과물이 나와주어야 하며, 주요한 관리 지표를 기준으로 도입 여부를 결정하고, 사용 이후의 성과도 관리하게 됩니다. 또한 로봇의 오류나 이로 인한 사고 발생에 대한 책임도 중요한 요소입니다. 따라서, 생산 현장의 로봇은 투명한 안전판으로 둘러쳐져 있거나 별도의 공간에서만 작동하는 등 사람과는 격리된 상태로 운영되는 경우가 많습니다. 최근에 쿠팡과 같은 일부 물류업체에서는 작은 택배들의 배송지역을 분류하기 위해서 로봇을 활용하는 사례가 있는데, 이때는 다소 사람과 근접한 장소에서 활용되곤 합니다. 하지만, 대부분의 산업용 로봇들은 운용 목적이 분명하고 그 목적을 수행할 수 있는 공간에서만 작동하게끔 설계하는 것이 대부분이지요.

　이런 단순 반복 업무를 목적으로 하는 로봇은 이미 많은 산업현장에서 사용되고 있습니다. 산업용 로봇은 한번 설치되고 나면, 위치 변경이나 용도 변경이 쉽지 않으며, 적어도 5~6년씩 되는 감가상각 기간이 끝날 때까지는 문제 없이 운영되어야 하기 때문에 의외로 가장 마지막의 지속적인 성능을 낼 수 있느냐의 문제가 중요한 이슈가 되기도 합니다. 산업용 로봇을 전문적으로 공급하는 업체들은 이런 지속적인 성능을 보장하는 다양한 방법을 제시하면서 높은 이익률을 유지하는 경우도 많지요. 이들 업체들이 가지고 있는 장점은 적정 주기의 부품 교체 및 유지보수 활동에 대한 경험적인 노하우들인데, 최근에는 로봇의 상태를 점검하기 위한 다양한 센서들이 증가하고, 여기서 수집된 데이터를 이용하여 로봇의 노후화를 사전에 감지하는 다양한 기술들이 개발되고 있습니다. 산업용 로봇 중에서도 사람과 동일한 장소에서 작업하는 로봇을 협동로봇이라고 합니다. 이러한 로봇은 더욱 특별한 안전 조건을 만족시켜야 하겠지요? 우선 사람을 인식할 수 있어야 하며, 해당 작업을 수행함에 따라 사람에게 어떤 영향을 미칠 것인지를 사전에 예측할 수 있어야 합니다. 그리고, 예측된 결과에 따라 로

봇이 어떻게 움직여야 할지에 대한 판단 기준이 필요합니다. 산업안전보건기준에 따르면, 작업장에서 사람과 함께 동작하는 로봇의 이동 속도는 초당 25cm 이하로 가동하도록 되어 있습니다. 실제 로봇의 이동 속도는 그보다 훨씬 빠르게 제작될 수 있지만, 사용자의 안전이 최우선되어야 하기 때문에 이런 규제가 필요한 것입니다. 장기적인 관점에서 보면, 결국 제조 현장의 다양한 로봇들은 천천히 사람을 대체해 갈 것입니다. 다만, 그 속도는 한계 효용과 인건비, 안전 문제의 해결 여부에 따라 달라지겠지요.

2장 교육

생성형 AI, 그리고 창의성

조예린

생성형 AI(Generative AI)와 교육, 창의성, 그리고 창의 산업

AI의 발전은 우리의 일상생활뿐만 아니라 산업, 경제, 사회 전반에 걸쳐 급속한 변화를 가져오고 있습니다. 당연히 교육 분야에서도 큰 영향을 미치고 있으며, 이로 인한 변화와 대응의 방안은, 현재도 앞으로도 사회와 국가 차원에서 중요하게 고찰하고 대응해야 할 사안이라 하겠습니다.

그중 제1장에서도 설명되었듯 생성형 AI(Generative AI)의 영향은 이제껏 우리가 상상만 하고 있던 영역으로 침범하고 있습니다. 그것은 바로 인간의 고유 영역이라고 생각되었던 학습을 통한 발전과 창의성입니다. 생성형 AI를 간략하게 다시 설명한다면 이는 대규모 데이터 입력과 학습 모델을 사용하여 새로운 콘텐츠를 생성하는 인간의 지능 발전 방법을 따라하는 기술입니다. 이는 데이터를 분류하는 데 사용되는 판별 AI 모델과는 다른 개념으로 창조가 가능하게 하는 테크놀로지입니다. 딥러닝을 통해 생성된 패턴은 우리가 입력한 변수를 이용하여, 이 패턴을 바탕으로 새로운 것을 만들어 낼 수 있지요.

현재 대중에게 가장 잘 알려진 생성형 AI로는 오픈 AI(OpenAI)의 ChatGPT와 달리(DALL-E), 마이크로소프트(Microsoft)의 Bing Chat, 구글(Google)의 Bard, 미드저니(Midjourney), 스테이블 디퓨전(Stable Diffusion), 아도비(Adobe)의 Firefly 등이 있습니다. 이 외에도 많은 크고 작은 혁신적인 모델들이 나오고 연구되고 있는데, 그 근본 모델을 위에 설명한 방식이라 생각하면 쉽습니다. 대부분 생성형

AI 애플리케이션은 사용자의 키워드 입력에 응답하는 방식인데, 원하는 것을 컴퓨터 언어가 아닌 평상시 쓰는 자연어로 설명하면 생성형 AI가 너무도 짧은 시간에 놀랄 정도의 수준 높은 결과를 출력하며, 몇 번 더 시도를 하면 거기서 다시 학습이 되어 상상 이상의 속도와 완성도를 보여줍니다.

아마 대부분의 독자들이, 2022년 11월 30일에 San Francisco-based OpenAI가 소개한 ChatGPT가 전 세계 사회 전반에 던진 큰 충격을 기억할 것입니다. 글쓰기 능력이나 정보를 직접 습득하고 소화하는 과정 없이, 몇 가지 키워드를 입력하는 것만으로 AI가 더욱 광범위한 정보를 수집하고 통합하여 꽤 그럴듯한 리포트를 작성할 수 있다는 것이 너무나 획기적이었기 때문입니다. 보다 정확하게 이야기하면, 긍정적인 부분보다 우려와 경계심이 더 컸다 하겠습니다. 스스로 읽고 이해하여 통합하지 않아도 키워드만으로 더 정확히, 더 논리적으로, 더 광범위하게 AI가 상향시킬 수 있는 글쓰기 창작 능력의 평준화가 정당한 것인지, AI 대필로 생길 수 있는 적절하지 않은 도용과 표절을 포함, 학생들의 과제를 어찌 평가해야 하는지에 대하여 대학이 큰 긴장감을 가지고 적절한 대응 방안에 대하여 뜨겁게 논의되었습니다.

어느 정도 시간이 지난 지금 상황에 ChatGPT를 포함 AI 소프트웨어에 대한 대학의 우려와 태도는 많이 달라져 있습니다. 아무래도 이런 소프트웨어가 사람의 인지 능력과 의도를 정확하게 잡아내기에는 아직 무리이고, 결국 소통과 논리의 전개는 인간의 고유 능력을 따라잡기에는 아직 한계가 있다고 보입니다. 즉 AI는 유용하고 효과적인 보조 도구로써 기초작업에 드는 시간을 줄여 효용성을 증대하는 데 가장 도움이 되는 것이지요.

사실 이 시점에서는 AI 도구가 학습에 미칠 우려감과 규제에 관한 것보다는 어찌하면 이를 활용하여 학습에 도움을 줄 수 있는지, 어떤 AI 모델이 그런 가능성을 증진할 수 있는지에 대한 관심이 더 큰 듯합니다. 이를 위해서는 AI가 학습에 미칠 수 있는 근본 인지 구조와 영향에 대한 이해가 필요합니다. 인공지능(AI)이 교육 분야에 미치는 영향에 대한 논의는 다양한 관점에서 이루어질 수 있을 것입니다. 특히 AI를 교육에 효과적으로 적용하기 위해서는 다음과 같은 사항들을 고려해야 합니다.

AI와 교육

실제로 AI는 학습자 중심의 교육을 더 가능하게 합니다. AI는 학생들의 학습 스타일, 강점과 약점, 학습 속도를 분석하여, 이에 맞춰 개인화된 학습 경험을 제공할 수 있기 때문입니다(Zawacki-Richter et al., 2019). 이로 인해 학생들의 개별적인 학습 요구와 선호를 충족시키는 방식으로 설계가 가능합니다. 즉 AI는 학생들이 자신의 학습 속도와 스타일에 맞는 학습 경험을 통해 더 효과적으로 학습할 수 있게 하며, 개인적 교육의 효율성과 효과성을 높이는 데 기여할 수 있습니다(Zhou, 2020). 예를 들어, AI 기반의 학습 관리 시스템은 학생들의 학습 활동 데이터를 수집하고 분석하여, 학생들이 어떤 주제를 이해하는 데 어려움을 겪고 있는지, 어떤 학습 전략이 효과적인지 등을 파악할 수 있지요(Klašnja-Milićević, Ivanović, & Budimac, 2017). 이를 통해, 학생들은 자신의 학습 과정을 더 잘 이해하고, 자신에게 가장 적합한 학습 방법을 찾아낼 수 있습니다. AI는 교사의 역할 또한 변화시킵니다. AI가 주는 정보는 교사들이 학생들의 학습 과정을 더 잘 이해하고, 필요한 지원을 제공할 수 있게 합니다(Roll & Wylie, 2016). AI가 제공하는 정보를 바탕으로, 학생들의 학습을 더욱 효과적으로 지원하고, 적절한 지도와 피드백을 제공, 교사들의 교육 효과를 높이며, 학생들의 학습 성과를 향상시킬 수 있습니다.

이런 기초 메커니즘을 이용하여 비즈니스 모델들도 활발히 개발되고 있습니다. 몇 가지 예를 들어보겠습니다. 두오링고(Duolingo)라는 모델은 언어 학습모델인데, AI를 활용하여 사용자의 학습 패턴을 분석하고 피드백을 제공합니다. 사용자는 개인화된 학습 경험을 받으면서 언어를 습득할 수 있는 것이죠. 처음부터 언어를 배우는 경우부터 이미 언어를 약간 알고 있는 경우까지 다양한 수준의 학습자에 맞게 적절한 코스를 제공합니다. 더불어 게임 형식의 학습 환경을 제공하여 사용자가 흥미를 유지하고 지루함을 느끼지 않도록 하며, 퀴즈, 게임, 보상 시스템 등을 통해 학습을 재미있게 만들어 줍니다. 학습이 진행되면서 사용자의 학습 진행 상황을 추적하고 기록하여 제시하고, 사용자는 자신의 학습 성과를 시각적으로 확인하고 어떤 부분을 더 개선해야 하는지 알 수 있습니다.

뉴튼(Knewton)은 AI를 이용하여 교과서, 퀴즈, 시험 등을 분석하여 학생의 학습 패턴을 이해하고 개인화된 학습 계획을 제시하는 모델입니다. AI 모델을 통해 학생들의 학습 패턴, 성취 수준, 강점 및 약점을 고려하여 개인화된 학습 경로를 제공, 학습 활동을 실시간으로 분석하여 학습 진행 상황을 모니터링합니다. 이를 통해 학생들의 학습 수준을 정확하게 파악하고 개인화된 피드백을 제공하며, 학습자의 성취 수준에 따라 학습 자료를 자동으로 조정합니다. 이를 통해 학생들은 적절한 난이도와 내용의 학습 자료를 받아들이며 효과적으로 학습할 수 있습니다. 또한 학생들의 학습 수준을 정확하게 평가하는 데 도움이 되는 다양한 진단 평가 도구를 제공하는데, 이를 통해 학생들은 자신의 학습 수준을 파악하고 필요한 영역을 집중적으로 개선할 수 있게 됩니다.

칸아카데미(Khan Academy)도 인공지능을 이용한 교육 모델입니다. 특히 이는 무료 교육 자료를 제공하는 비영리 기관으로, 온라인 학습 리소스를 통해 전 세계적으로 학습자들에게 접근성 있는 교육을 제공합니다. 이 플랫폼은 수학, 과학, 역사, 예술, 컴퓨터 과학 등 다양한 주제를 비디오 강의, 문제 해결 방법 설명, 실전 문제 등을 포함하여 학습시킵니다. 사용자는 자신의 학습 목표와 수준을 설정할 수 있으며, 자신의 진도를 따라가면서 학습 진행 상황을 실시간으로 추적하고 피드백을 제공받습니다. 이를 통해 학습자는 자신의 성과를 평가하고 개선할 수 있는 기회를 제공받습니다.

이렇듯, AI의 교육 분야에 대한 적용은 많은 강점과 잠재력을 가지고 있지만, 또한 여러 가지 문제점을 야기하기도 한다는 점을 명심해야 합니다. 이점은 뒤쪽에서 조금 더 통합적으로 짚어내겠지만, 위에 제시한 비즈니스 모델을 관점에서 몇 가지 중요한 점을 강조하고 넘어가고자 합니다.

먼저 학생들의 개인 정보와 데이터 보호에 대한 문제를 야기할 수 있습니다. 학생들의 학습 패턴, 성취도, 강점, 약점 등을 분석하기 위해 대량의 데이터를 수집하고 분석함으로써, 학생들의 개인 정보를 노출시킬 위험성을 가지고 있으며, 이러한 데이터가 부적절하게 사용되거나 유출될 경우 학생들의 프라이버시를 침해할 수 있습니다. 따라서 AI의 교육 적용은 기술 윤리를 특별히 고려해야 합니다. 데이터를 수집하고 분석하는 데 개인 정보 보호와 관련된 문제를 특별히 신경 써야 하고, 적절한 조치를 취해야 합니다(Bostrom & Yudkowsky, 2014).

더불어, AI는 교육의 공정성과 평등성에 대한 문제를 야기할 수 있습니다. AI 기반의 교육 시스템은 학생들의 학습 경험을 개인화하고 최적화하는 데 기여하지만, 이는 일부 학생들에게만 이점을 제공하고 다른 학생들을 소외시킬 수 있습니다(Bulger, 2016). 예를 들어, AI 기반의 교육 시스템에 접근하거나 이를 활용할 수 있는 기술적 능력이나 자원이 부족한 학생들은 이러한 시스템의 이점을 누리지 못할 수 있습니다. 발전된 기술을 누릴 수 있는 환경에 있는 자와 그렇지 못한 학생의 차이를 점점 크게 만들어, 그 누구도 원하지 않고 바람직하지도 않은 빈익빈 부익부 사회구조를 만들어 낼 수가 있습니다.

AI는 교사의 역할과 교육의 인간적인 측면에 대한 문제도 안고 있습니다. AI는 학생들의 학습 과정을 자동화하고 최적화하는 데 기여하지만, 한편으로는 교사의 역할을 간과하거나 축소할 수 있습니다(Brynjolfsson & McAfee, 2014). 이는 학습 과정에 인간적인 감성, 인간 관계에서 부여되는 동기, 영감, 존경 등을 제공하기 어렵습니다. 아마도 이런 우려 중 가장 큰 부분이 AI로 인해 창의성이 인간 고유의 영역이라는 믿음이 흔들리고, 이로 인하여 변화되는 창의 산업의 미래라고 말할 수 있겠습니다.

AI와 창의성

창의성은 인간이 보유한 가장 핵심 역량 중 하나입니다. 오랜 기간 많은 사람들이 아무리 기술과 기계가 발전해도 인간을 대체할 수 없는 이유가 창의성이라고 굳게 생각해 왔습니다. 그러나 이런 생각과 믿음이 흔들리고 있습니다. AI가 인간 고유 영역인 창의성을 대체할 수 있느냐 없느냐에 확실하게 답하기란 어렵습니다. 먼저 창의성에 대한 정의부터 다시 짚고 넘어가야 할 것입니다.

일반적으로 창의성은 "새롭고 독창적인 것을 만들어 내는 능력, 또는 전통적인 사고방식에서 벗어나서 비일상적인 생각을 산출하는 능력"을 의미합니다. 이 능력은 문제를 인지하고, 현 시각과 다른 아이디어를 생성하고, 새로운 접근 방법을 탐색하며, 기존과는 다른 방식으로 현재 어렵다고 생각하는 부분들을 해결해 나가는 능력을 포함합니다. 이런 능력은 특히 불확실한 상황과 미래 대응방식을 만들어가며 지속적으로 발전 가능한 인간 사회와 환경을 만들어 나가는 데 매우 중요합니다(Robinson, 2011).

이런 능력은 창작활동에도, 연구 분야에도, 산업 발전에도 모두 빠짐없이 중요합니다. 하지만 우리는 대부분 예술 분야를 창의성이 가장 요구되는 분야, 즉 기계나 기술이 절대 대체할 수 없는 분야로 생각해

왔습니다. 그러나 2018년 미술계를 뒤흔들었던 상황은 이런 믿음을 상당히 어지럽혔습니다. 왜냐하면, 2018년 10월 25일 미술품 경매 회사인 크리스티에서 5억 원 상당한 금액에 팔린 초상화 때문입니다.

'에드먼드 벨라미의 초상화(Portrait of Edmond Belamy)'라는 제목의 그림인데, 필자의 의견으로는 상당히 완성도가 높은 작품입니다. 초상화라는 장르에서 얼굴을 뚜렷이 그리지 않은 점도 상당히 독특하고 창의적인 접근이며, 형체를 모호하게 표현했지만 충분히 인식이 가능하며, 색감과 여백, 구도가 깊은 생각을 끌어 내기에 부족하지 않을 정도로 심오합니다. 보통 작가의 서명이 들어가 있는 자리에 수식이 들어가 있는 것도, 새로운 시도와 창작으로 보입니다. 그런데 이 작품은 예술가의 작품이 아니라 바로 AI가 그려낸 것입니다. AI가 창작한 작품이 미술계에 처음으로 소개되고, 소비된 역사적 상황이었습니다. 인공지능이 창작 능력을 과시하고 인정받은 첫 사례였습니다.

그림 2.1 에드먼드 벨라미의 초상화(Portrait of Edmond Belamy)

약 6개월 뒤인 2019년 3월 6일, "메모리스 오브 패서바이 I(Memories of Passersby I)"라는 작품이 런던 소더비 경매에서 6,000만 원에 거래됩니다. 필자가 보기에 충분히 그 창의적 접근 방법이 느껴지는데, 마치 난시가 심한 사람이 안경 없이 사람 얼굴을 보았을 때의 느낌과, 묘하게 일그려져 인간 심성의 여러 면을 동시에 섞어놓은 듯한 표현과 파란색, 보라색, 검정색의 변화 영역을 너무 잘 조합하여 감정에 호소하는 능력을 극대화시켰습니다. 알려주지 않으면 절대로 인공지능이 만들어 낸 것이라 감히 상상할 수도 없는 작품입니다.

이제 인공지능 창작품은 경매장, 화랑, 대회, 비엔날레를 오가면서 정당한 예술로 자리 잡아 가고 있습니다. 이제는 예술이 인간 창의력의 고점으로 기계와 기술이 따라올 수 없다는 믿음이 철저히 깨진 상황이라 하겠습니다.

그림 2.2 메모리스 오브 패서바이 I(Memories of Passersby I), 2019

필자는 약 20년 전 파슨스 스쿨의 명망 높은 예술과 디자인 교수들에게 창의성이 무엇인가에 대해 인터뷰를 깊게 진행한 적이 있습니다. 이때 가장 목소리가 모아지는 점이, 창의성은 뭔가 아무도 생각하지 못한 것을 어떤 기존 정보 없이 텅 빈 공간에서 갑자기 생각해 내는 능력이 아니라는 것입니다. 사실 창의 능력은 많은 정보를 바탕으로 이를 통합하고, 결합하고, 비어있는 곳을 찾아내며, 숙고의 노력이 필요하다는 점입니다. 즉 창의 능력은 결합과 재생산하는 기계적 반복적 인지 절차를 요구하는데, 이야말로 AI가 하는 바로 근본적 프로세스입니다. AI가 방대한 정보를 처리하고 절묘하게 조합하는 확률적 알고리즘 과정을 통해 인간의 높은 창의력으로 내놓을 수 있는 수준의 결과물을 내보낼 수 있다는 점입니다. 물론 AI의 결과물이 획기적인 예술가의 창작품과 같다고 볼 수는 없지만, 상당한 수준의 예술적 가능성이 있다는 것입니다.

시간이 지나고 기술이 더 발전되면서 AI를 이용한 컴퓨터 소프트웨어가 점점 발전되고, 컴퓨터 기술이 그리 높지 않은 사람들에게도 접근성이 높아지며, 인간의 창작성이 기술로 증대된다는 사실이 고도의 기술교육이나 디자인 교육을 받지 않는 일반인에게도 적용되기 시작했습니다.

2022년 9월 5일, 전 세계를 발칵 뒤집은 일이 생겼는데, 콜로라도 주립 박람회 디지털 아트 미술전에서 1위를 차지한 작품이 미드저니(Midjourney) 소프트웨어로 만들어낸 작품이었기 때문입니다. 작가는 Jason Michael Allen인데 그는 단 한 획도 직접 그리거나 마우스로 조작하지 않고, 미드저니(Midjourney)에 약 624개의 텍스트 프롬프트(text prompt)와 인풋 리비전(input revisions)을 입력하는 것만으로 "시어터 오페라 스페이셜(Theatre D'opera Spatial)"이라고 이름 붙여진 그림을 완성하여 제출하였는데, 이것이 이 출품전에서 대상을 받은 것입니다. (아래 사진)

그림 2.3 시어터 오페라 스페이셜(Theatre D'opera Spatial)

상금은 300달러(약 40만 원)에 불과했지만, 이런 사실이 사회 전반에서 어떤 반응과 경각심을 고조하였는지 쉽게 상상할 수 있으리라 믿습니다. 이를 시작으로 창작은 AI로 접근할 수 없다고 생각했던 대중의 이해가 완전히 무너졌다 볼 수 있겠습니다.

허나 사실 여기서 더욱 중요한 논점은, AI의 창의물이 인간의 창의물보다 더 우월하고 열등하다는 것이 아니라 AI의 창의 능력이 인간의 창의성을 어떻게 도와야 우리가 더욱 큰 발전을 할 수 있을까, 라는 점입니다.

AI가 창의교육

AI는 기존의 창의적인 프로세스를 확장하고, 새로운 아이디어를 생성하고, 생각하지 못했던 빈자리를 찾아주며 해결하는 과정에 큰 도움을 줄 수 있습니다(McCosker & Wilken, 2020). 이는 예술 분야 전반에 도움을 줄 수 있는데, 예를 들어, AI는 수천 개의 음악 작품을 분석하여 특정 장르나 스타일의 음악을 생성하여(Briot, Hadjeres, & Pachet, 2020), 창작자가 새로운 음악적 아이디어를 탐색하고, 자신의 작품에 적용하는 데 도움을 줄 수 있습니다.

또한, AI는 창의적인 문제 해결에도 활용될 수 있습니다. AI는 복잡한 현상과 문제를 분석하고, 다양한 해결책을 제안하고, 최적의 해결책을 선택하는 데 도움을 줄 수 있습니다(Grace, Maher, Fisher, & Brady, 2017). 특히 디자인과 비즈니스 등의 분야에서 창의적인 문제 해결을 촉진할 수 있습니다.

실제 인공지능(AI)은 창의 프로세스를 지원하며 새로운 예술형태를 탐색하는 데 도움을 주며 디자인과 예술 교육에 많은 긍정적인 영향을 미치고 있습니다(Elgammal, Liu, Elhoseiny, & Mazzone, 2017). 예를 들어, AI 기반의 디자인 도구는 학생들이 많은 경우의 수의 디자인 옵션을 탐색하고, 최적의 디자인 솔루션을 찾아내는 데 도움을 주며 이를 통해 학생들은 자신의 창의력을 향상시키고, 이를 바탕으로 더욱 독특하고 창의적인 생각을 가능하게 하여 새로운 예술 작품을 생성하는 것을 돕습니다.

다른 교육과 마찬가지로 AI는 또한 개인화된 학습 경험을 제공하여 디자인과 예술 교육의 효과성을 높일 수 있습니다. 일반 교육과 마찬가지로 학생들의 학습 스타일과 속도를 이해하고, 이에 맞춰 개인화된 학습 경험을 제공하여(Zhou, 2020), 이를 통해, 학생들은 자신의 학습 속도와 스타일에 맞는 학습 경험을 통해 더 효과적으로 디자인과 예술의 능력을 증대시킬 수 있습니다. 이같은 도움은 창작가로서 기존의 예술 형태를 넘어서, 새로운 예술 형태를 생성하고, 예술의 경계를 확장하는 데 기여할 수 있게 합니다(McCosker & Wilken, 2020). 실제로 AI는 디지털 아트, 알고리즘 아트, 인터랙티브 아트 등 새로운 예술 형태를 탐색하고, 이를 통해 학생들이 새로운 예술적 표현 방법을 배우고, 창의적인 예술 작품을 생성하는 데 기여합니다. 예를 들어, Adobe의 AI 기반 도구인 Sensei는 그래픽 디자인, 일러스트레이션, 사진 편집 등 다양한 분야에서 창의성을 높이는 데 활용됩니다. Adobe Sensei는 이미지 편집에서 시간이 많이 소요되는 부분을 자동화하여 디자이너가 더 창의적인 작업에 집중할 수 있게 합니다.

이를 통해 디자이너나 예술가들은 보다 효율적으로 아이디어를 시각화하고 발전시킬 수 있습니다.

인공지능(AI)은 미술과 디자인 등 시각적 분야뿐 아니라 다양한 면으로 창의성을 촉진하는 다양한 분야에서 새로운 접근 방식을 제공하고 있는데, 그 한 예로 딥러닝 알고리즘을 활용하여 음악을 생성하는 방법이 있습니다. Google의 Magenta 프로젝트는 AI를 사용하여 신규 음악을 작곡하고, 음악적 스타일을 학습하여 새로운 멜로디를 생성합니다. 이를 통해 전통적인 음악 창작과는 다른 혁신적인 음악을 만들어냅니다. AI는 문학 분야에서도 창의성을 촉진하는 데 사용됩니다. 가장 쉬운 예로 ChatGPT를 활용하여 새로운 이야기를 창작하거나 문학적 창의성을 탐구할 수 있습니다.

AI가 교육과 창의성에 미칠 부정적 측면

창의성 교육은 학생들이 창의적인 사고 방식을 개발하고, 새로운 아이디어를 생성하고, 복잡한 문제를 해결하는 능력을 향상시키는 데 도움이 됩니다(Craft, 2005). 이는 학생들이 미래의 직업 시장에서 경쟁력을 갖추고, 지속 가능한 사회를 구축하는 데 필수적인 역량을 갖추게 합니다. 여기서 상기하고자 하는 부분은 AI가 창의성에 미칠 수 있는 부정적인 측면입니다.

긍정적인 측면만큼이나 여러 연구와 학자들은 AI 기술이 사람의 창의성을 저해할 수 있다는 주장을 강하게 제기합니다. 쉽게 예를 들어, AI가 일상적인 작업을 자동화하고 반복적인 과정을 처리, 여러 옵션과 선택, 그리고 완성도가 상당한 결과물을 몇 개의 키워드와 몇 번의 클릭을 통한 이터레이션으로 내놓음으로써 인간의 창의성을 크게 저해할 수 있다는 점이 있습니다. 이는 또한 사람들이 창의적인 문제 해결 능력을 갖추지 않고 AI에 의존하게 될 상황을 일으킵니다.

또한 어느 정도의 반복 학습은 사람들로 하여금 창의성이 나올 수 있는 근간을 제공합니다. 창의성은 기존 지식을 바탕으로 창의적인 조합에서 나오는 부분이 많기 때문입니다. 허나 인간이 점점 이런 과정들을 AI에 의존함으로써 우리의 해결 능력과 범위가 AI가 주는 범위에서 시작하고 끝나는 경우가 많게 됩니다.

AI가 특정한 데이터셋에서 학습된 내용을 기반으로 작업을 수행하기 때문에 새로운 상황에 대한 창의적인 해결책을 제시하는 데에는 한계가 있을 수 있습니다. 이는 AI가 특정한 패턴이나 규칙에만 의지하며, 신속한 문제 해결과 창의적인 사고를 필요로 하는 상황에서는 제한적일 수 있다는 점도 인식하여야 합니다.

일상이고 반복적인 작업을 자동화함으로써 사람들은 편리함을 누릴 수 있지만, 이는 또한 사람들의 능동적인 사고 처리를 저해할 수 있습니다. 자동화된 시스템이 대신 일을 처리함으로써, 개인들은 새로운 문제에 대한 도전과 탐구를 경험하는 기회를 상실할 수 있기 때문입니다.

AI 시스템은 주어진 데이터에 의존하여 작동합니다. 그러나 이러한 데이터는 항상 모든 가능한 상황을 반영하지는 않는다는 점을 명심하여야 합니다. 즉, 새로운 상황에 대응할 수 있는 충분한 데이터가 시스템에 제공되지 않으면, AI는 새로운 문제를 해결하는 데에 제약을 받을 수 있습니다.

학습 데이터에 존재하는 편향이나 불균형은 AI 시스템이 새로운 상황에 대응하는 데에 크게 영향을 미칠 수 있습니다. 예를 들어, 특정 그룹에 대한 데이터가 부족하거나 편향되어 있으면, AI는 해당 그룹에 대한 창의적인 해결책을 더 어렵게 찾을 수 있습니다. 현실 세계는 끊임없이 변화하는데, AI 시스템은 한 번 학습된 과거 데이터를 기반으로 작동하기 때문에, 새로운 정보나 변화된 상황에 대한 적응력이 제한되고, 일반화가 어려울 수 있습니다.

AI에만 의존해서는 새로운 상황에 대한 창의적인 해결책을 찾는 데

제약을 받을 수 있다는 뜻입니다. 그러나 AI가 정보 처리를 수행하는 과정에서 특정한 패턴이나 규칙에 익숙해지고, 사람들은 이에 의존하는 경향이 생기게 됩니다. 또한, 이런 부분에 가장 우려되는 것이 AI가 정의하고 형성할 고정 관념입니다. 고정된 사고 방식은 창의성을 제한하는 가장 큰 위험이며, 또한 새로운 아이디어나, 관점을 받아들이는 것을 어렵게 만들고, 창의적인 문제 해결 방법을 모색하는 동기를 떨어뜨리며 제약을 가할 수 있기 때문입니다.

더불어 인간 간의 상호작용은 창의성의 중요한 요소입니다. 그러나 AI를 사용한 교육 환경에서는 학습 경험이 컴퓨터 기반의 인터페이스에 의해 중심화될 수 있습니다. 이로 인해 학습자들은 주로 컴퓨터와 상호작용하며, 인간 간의 상호작용이 줄어들 수 있습니다. 이는 창의성을 촉진하는 데 중요한 인간 간의 상호작용과 협업을 방해할 수 있습니다.

또한 인간 간의 상호작용은 다양성을 촉진할 뿐 아니라, 학습자들의 사회적 능력을 발전시키는 데에도 중요한 역할을 합니다. 서로 다른 배경과 관점을 가진 사람들이 함께 일하고 공유함으로써 창의성이 증가할 수 있는 것입니다. 그러나 AI를 사용한 교육 환경에서는 학습자들이 주로 컴퓨터와 상호작용하므로, 이러한 다양성이 부족할 수 있습니다.

AI 기술은 종종 표준화된 학습 경험을 제공하는 경향이 있습니다. 이는 창의성의 핵심인 다양성과 유연성을 억제할 수 있습니다. 대부분의 AI 시스템은 데이터 기반의 알고리즘을 사용하여 작동합니다. 이러한 알고리즘은 흔히 훈련 데이터에 기반하여 패턴을 학습하고, 이를 기반으로 의사 결정을 내립니다. 그러나 이러한 알고리즘은 종종 주어진 데이터의 특정한 패턴에만 의존하므로, 다양성을 반영하는 학습 경험을 제공하기 어렵습니다. 예를 들어, 학습자들이 고정된 문제 해결 패턴에만 노출되거나, 특정한 방식으로만 정보를 소비하도록 유도될 수 있습니다. AI 시스템이 주어진 데이터에 과도하게 적합될 경우, 알려진 답변을 찾거나, 정형화된 문제 해결에 중점을 두게 됩니다. 결과적으로, 학습자들은 주어진 문제에 대한 표준화된 답을 찾는 데에 집중하게 되며, 이는 창의성을 제한할 수 있습니다. 특히 데이터셋이 충분히 다양하지 않거나 편향되어 있을 경우, 시스템이 특정한 패턴에만 의존하여 창의적 사고의 폭을 제한하여, 새롭고 다양한 관점을 수용하지 못하게 만듭니다.

AI 학습 시스템이 종종 자동화된 피드백을 제공하는 것은 사실입니다. 그러나 이러한 피드백은 종종 학습자의 창의성과 독립적 사고를 촉진하기보다는, 지정된 답변이나 표준화된 해결책을 따르는 데에 중점을 두는 경향이 있습니다. 자동화된 피드백은 종종 학습자들의 자율성을 감소시킬 수 있습니다. 학습자들이 자신의 생각이나 해결책을 개발하고 발전시키는 과정에 대한 자율성이 제한될 수 있으며, 이는 창의성과 독립적 사고를 제한할 수 있습니다.

더불어 AI 시스템은 종종 표준화된 평가 기준을 사용하여 학습자들을 평가하게 만들 수 있습니다. 이는 학습자들이 특정한 기준에 맞추어 학습하도록 유도할 수 있으며, 개별적인 창의성이나 독립적 사고에 대한 감지를 감소시킬 수 있습니다. 이러한 이유들로 인해 AI 학습 시스템이 자동화된 피드백을 제공할 때, 종종 학습자의 창의성과 독립적 사고를 촉진하는 것보다는 지정된 답변이나 표준화된 해결책을 따르는 데에 중점을 두는 경향이 있습니다.

AI의 창의성에 대한 논의는 일련의 철학적, 윤리적 문제를 제기합니다. AI가 창의적인 결과를 생성할 수 있지만, 이는 인간의 창의성과 동일한 것인지, 아니면 본질적으로 다른 것인지에 대한 논의가 있습니다(Boden, 2019). 또한, AI가 생성한 작품의 저작권은 누구에게 속하는지, AI가 창의적인 결과를 생성하는 과정이 공정하고 투명한지 등의 문제도 있습니다.

AI를 사용하여 예술 작품, 음악, 문학 등을 생성할 때, 원본 작품의 아이디어나 스타일을 침해할 수 있습니다. 예를 들어, AI가 고전 음악을 분석하여 유사한 멜로디를 생성하는 경우, 원곡 작곡가의 창의성과 독특한 스타일을 침해할 수 있습니다. AI를 사용하여 창작물을 생성하는 과정에서 창작자의 역할이 감소할 우려도 있습니다. 이는 예술가나 음악가 등의 창작자들이 자신의 창의성을 발휘하는 대신 AI에 대한 의존도를 높이게 됩니다. 이로 인해 예술가들이 자신의 창의성과 표현력을 제한되게 느낄 수 있으며, 결과적으로 창의성이 억압될 수 있는 것이지요. 예술가나 디자이너가 자신의 창의성을 펼치기 위해 필요한 실험과 탐구의 과정이 줄어들 수 있게되지요. 또한 이런 의존도는 다양성과 창의성을 제한하고, 작품들이 단조로워지거나 일률화되는 결과를 초래할 수도 있습니다.

예술의 주요 영역은 인간적인 감성의 표현입니다. 인간의 감성은 복잡하고 다양한 요소들로 이뤄져 있습니다. 감정, 경험, 문화적 배경, 인간관계 등이 모두 감성적 표현에 영향을 미칩니다. 예를 들어, 음악의 감정적 표현이나 문학 작품의 감성적인 내용은 단순히 단어나 음향뿐만 아니라 음악의 조화나 문장의 뉘앙스 등 다양한 비언어적인 특성에 의해 형성됩니다. 허나 AI는 감정적인 연결이 부족할 수 있으며, 이는 작품의 감동력이나 예술적 표현력을 저하시킬 수 있습니다.

AI가 미칠 사회 전반에 대한 고찰도 필요

먼저 가장 중요한 점을 꼽자면, AI 시스템이 의사 결정을 지원하거나 자동화할 때 사람들이 인간들은 자신의 판단력을 점점 더 퇴색시킬 수 있다는 것입니다. 실제, AI 시스템의 결정에 따르면서 개인적인 책임이나 결정에 대한 부담을 덜게 되는데, 이는 개인들이 자신의 판단력을 개발하거나 결정에 대한 책임을 지기보다는 외부의 자동화된 시스템에 의존하게 만들 수 있습니다. 이런 의존도는 인간 자신의 판단력을 개발하는 기회를 상실하게 하고, 결과적으로 의사 결정 능력이 저하될 수 있습니다. 이런 상황은 AI의 결정에 대한 무비판적인 신뢰를 가질 수 있도록 유발하게 되면, AI 시스템의 결정이 잘못된 경우에도 사람들이 개입하지 않고 책임을 못 느끼는 경향을 가질 수 있다는 것을 의미합니다. 이러한 상황은 창의성을 저해하고, 책임소재를 불분명하게 만들어 사회적 문제를 야기할 수 있습니다.

AI 기술의 발전으로 인해 인간과 기계 간의 협업이 증가하고 있지만, 이러한 협업은 문제 해결과 창의성을 높이는 데 도움이 될 수도 있지만, 방해가 될 수도 있다는 점도 중요히 고찰해야 할 부분입니다. 사실 인간은 비언어적인 신호를 중요하게 받아들이고 이해합니다. 인간의 언어는 다의성과 애매성을 포함하여 매우 복잡하며, 컨텍스트에 따라 의미가 달라질 수 있습니다. 또한 의사소통은 종종 특정한 문맥과 상황에 의존합니다. 인간은 주변 환경과 상황을 고려하여 의사소통을 진행하고 이해하지만, AI는 이러한 문맥과 상황을 이해하기 어려울 수 있습니다. 또한, AI 시스템은 프로그래밍된 규칙 또는 알고리즘에 따라 일정한 패턴에 따라 반응하므로, 그 반응이 때로는 인간의 기대와 다를 수 있습니다. 이는 의사소통의 혼란을 초래할 수 있습니다.

이러한 어려움들을 극복하기 위해서는 AI 기술의 발전과 함께 인간과 AI 간의 상호작용을 개선하는 연구와 기술적인 개발이 필요합니다. 특히 자연어 처리 및 이해 기술의 발전과 함께, 인간의 비언어적 신호 및 문맥을 이해하는 능력을 향상시키는 것이 중요합니다. 또한, 인간과 AI 간의 협력과 상호 이해를 강화하기 위한 교육과 훈련도 필요합니다. 효과적인 협업을 위해서는 인간과 기계 간의 상호작용을 강화하고, 서로의 강점을 살려서 협력하는 방법을 모색해야 합니다.

또 한 가지 간과하면 안 될 점은 인간이 AI에 대하여 느끼는 불안입니다. 특히 AI의 발전은 일자리의 자동화와 관련된 우려를 증폭시킵니다. 사실 정형화되고 예측 가능한 작업은 AI 시스템에 의해 대체가 쉬운데, 이러한 자동화는 우리가 생각하는 좋은 직업을 인간으로부터 빼앗아 갈 수 있습니다. 인간들은 자신의 일자리가 자동화될 가능성 때문에 더 이상 AI와 협력하고 싶어하지 않을 수 있습니다. 이러한 불안은 협업을 방해하고, 인간과 기계 간의 신뢰 관계를 저해할 수 있습니다.

일자리의 자동화에 대한 불안은 사회적으로 큰 영향을 미칠 수 있으며, 이를 해결하기 위한 정책적 대응이 필요합니다. 이러한 대응은 기계화에 대비한 교육 및 재교육 프로그램, 일자리 창출을 위한 새로운 산업의 육성 등을 포함할 수 있습니다. 그러나 이러한 정책적 대응은 시간이 걸리고, 실현 가능성과 효과성에 대한 논란이 있을 수 있습니다. 이러한 우려를 해소하기 위해서는 정부, 기업 및 사회적 단체가 협력하여 신중하고 포괄적인 대응책을 마련해야 합니다.

AI 기술이 증대시키고 문제를 일으킬 수 있는 창의 부분 능력으로 가장 위험한 것은 아마 딥페이크(Deefake)라 생각됩니다.

딥페이크는 딥러닝 알고리즘을 사용하여 인공적으로 생성된 가짜 동영상이나 이미지를 말합니다. 주로 얼굴 합성 기술을 사용하여 특정

인물의 얼굴을 다른 사람의 몸에 합성하는 등의 가짜 영상을 만들어 냅니다(Hao, 2019). 딥페이크는 주로 영상 편집 소프트웨어를 사용하여 만들어지며, 이를 통해 현실적으로 거의 구분이 불가능한 정도로 자연스러운 결과물을 얻을 수 있습니다. 그로 인해 사생활 침해, 위조, 사기 등의 문제로 이어질 수 있으며, 사회적 혼란을 야기할 수 있습니다. 딥페이크는 고도의 AI 기술을 사용하여 만들어지지만, AI가 갖고 있는 학습 및 생성 능력을 악용하여 가짜 정보를 만들어내는 것이며, 이는 기술적으로나 윤리적으로 매우 큰 문제가 있습니다.

딥페이크 기술의 등장은 2017년으로 보고 있습니다. 이때 딥페이크는 딥러닝 기술을 활용하여 얼굴 합성을 통해 실제로는 존재하지 않는 인물이나 특정 인물의 얼굴을 사용하여 동영상을 제작하는 기술로 주로 알려졌습니다. 딥페이크 기술은 초기에는 주로 온라인 커뮤니티와 개인이 직접 사용하는 수준에 머물렀습니다. 여러 인터넷 포럼과 소셜 미디어 플랫폼에 딥페이크로 만든 영상이나 이미지가 공유되며 점차 확산되었습니다. 2018년 이후, 딥페이크 기술이 인지도를 높이면서 그에 따른 우려도 증대되었습니다. 딥페이크 기술을 악용한 음란물이나 정치적으로 조작된 영상이 온라인에 유포되는 사례가 늘어나면서 사회적 문제로 대두되었기 때문입니다.

딥페이크를 사용하여 얼굴 합성된 영상이나 사진이 만들어지면, 해당 인물의 사생활이 침해될 수 있습니다. 이는 개인적이고 민감한 정보가 유출되어 인터넷상에 악용될 가능성을 내포합니다. 딥페이크는 실제로는 발생하지 않은 사건이나 가짜 정보를 만들어내는 데 사용될 수 있는데, 이는 사회적 혼란을 야기할 수 있으며, 특히 뉴스나 정치적인 문제에 대한 가짜 정보를 유포하는 데 악용될 수 있습니다. 딥페이크로 만들어진 영상이나 이미지는 실제와 구별하기 어렵기 때문에, 사람들의 믿음과 신뢰를 흔들 수 있으며, 이는 온라인에서 정보의 신뢰성을 저하시키고, 미디어에 대한 신뢰를 훼손할 수 있습니다.

딥페이크 기술은 사회에 끼치는 영향력이 상당히 큽니다. 정치적인 조작이나 인물의 명예를 훼손하는 등의 문제가 발생할 수 있으며, 사회적 불안과 혼란을 초래할 수 있습니다. 구체적인 예로, 딥페이크로 유명 인사의 얼굴을 합성하여 다른 사람의 몸에 붙이는 동영상이 있습니다. 이와 같은 동영상들은 성인 콘텐츠로 사용되거나, 정치적인 목적을 띠고 인물을 비방하는 데 사용될 수 있지요.

딥페이크를 이용한 유명인사의 얼굴 합성 동영상이 실제로 사용된 사건 중 하나는 2017년에 발생한 "캐리 피셔(Carrie Fisher)의 딥페이크" 사건입니다.

캐리 피셔는 '스타워즈' 영화 시리즈에서 프린세스 레이어를 연기한 배우로 유명합니다. 그녀는 2016년 12월 27일 갑작스럽게 세상을 떠나게 되었고, 그 후 2017년 초에는 캐리 피셔의 얼굴을 사용하여 딥페이크가 제작되어 인터넷에 유포되었습니다. 이 딥페이크 영상에시는 캐리 피셔의 얼굴이 다른 성인 콘텐츠와 합성되어 사용되었는데요. 이 사건은 캐리 피셔의 팬들에게 깊은 상처를 주었을 뿐 아니라, 캐리 피셔의 유년 시절과의 연관성까지 날조하여 그 수법과 의도가 몹시 악랄하고 부적절하였습니다.

딥페이크는 뉴스나 정보를 가짜로 만들어 유포하는 데도 사용될 수 있습니다. 특히 딥페이크를 사용하여 정치인들의 연설이나 발언을 조작하는 경우도 상당히 많습니다. 이를 통해 특정 정치적인 메시지를 전달하거나, 정치인을 비방하는 데 사용될 수 있습니다. 실제로 딥페이크를 이용하여 정치적인 목적을 달성하려는 시도는 여러 차례 발생하였습니다. 이러한 사건들 중에서도 가장 유명한 사례 중 하나는 2018년에 발생한 저명한 인도 정치인 마니칸다 가들리(Mankamanda Gaduli) 사건입니다. 이 사건은 인도의 주요 정치인 중 한 명인 그녀의 얼굴이나 목소리를 딥페이크 기술을 이용하여 가짜 동영상이나 오디오 클립으로 조작하여 유포한 사건이었는데요. 이 가짜 콘텐츠들은 마니칸다 가들리를 비방하거나 그녀의 정치적인 입장을 왜곡하여 특정 정치적인 메시지를 확산시키는 데 사용되었습니다. 이 가짜 콘텐츠들은 인터넷을 통해 빠르게 확산되었고, 해당 정치인과 그의 지지자들에게 상당한 혼란과 소란을 불러일으켰습니다. 이러한 사례는 딥페이크가 정치적인 목적으로 악용될 수 있음을 보여주며, 정보의 신뢰성과 진실성에 대한 고민을 증폭시켰습니다.

더구나 딥페이크 콘텐츠는 소셜 미디어를 통해 불같이 빠르게 확산될 수 있습니다. 특히 트위터, 페이스북, 유튜브 등의 신뢰도가 많은 플랫폼에서는 가짜 정보가 진실같이 보이는 경우가 많아 사람들이 속기 쉽습니다.

딥페이크 규제

딥페이크의 대응과 규제는 다양한 차원에서 반드시 이루어져야 하며, 현재 여러 가지 방법으로 대응책을 고려하고 있습니다. 예를 들어 고도로 정교한 딥페이크 기술에 대응하기 위해 고도로 정교한 기술적인 판별 방법이 개발되고 있습니다. 딥페이크 콘텐츠를 식별하고 검출하는 알고리즘과 도구를 개발하여 딥페이크를 탐지하고 차단하는 방법입니다.

딥페이크를 탐지하기 위해서도 인공지능 기반의 알고리즘을 개발하는 것이 중요합니다. 이러한 알고리즘은 딥페이크가 생성된 콘텐츠를 분석하고 특정 패턴이나 이상점을 탐지하여 딥페이크를 식별할 수 있도록 합니다. 예를 들어, 얼굴 합성의 비정상적인 픽셀 패턴이나 눈 깜빡임, 입술 움직임 등을 감지하여 딥페이크를 식별하는 방법이 있습니다.

다른 기술적 방법의 예는 디지털 지문 기술인데, 딥페이크 콘텐츠가 생성될 때 발생하는 특정한 디지털 지문을 식별하여 딥페이크를 탐지하는 기술입니다. 이러한 디지털 지문은 딥페이크 생성에 사용된 툴이나 프로세스에 특징적인 패턴이나 특성을 포함할 수 있는데, 이를 기반으로 딥페이크를 식별하고 차단하는 노력입니다.

블록체인 기술도 딥페이크가 생성된 콘텐츠의 출처를 추적하고 검증하는 것에 활용되고 있습니다. 블록체인을 사용하여 콘텐츠의 수정 이력을 기록하고, 이를 통해 딥페이크를 생성한 사용자를 추적하고 법적 조치를 취할 수 있습니다. 더불어 딥페이크를 생성하는 딥러닝 모델 자체의 보안성과 안전성을 강화하는 연구가 진행되고 있습니다. 이러한 연구는 딥페이크 생성에 사용되는 모델을 해킹이나 악의적인 공격으로부터 보호하고, 딥페이크 생성에 사용되지 않도록 데이터의 안정성을 높이고자 하는 노력의 일환입니다.

딥페이크 위험에 대한 대중의 교육과 인지의 증진도 중요합니다. 사람들은 딥페이크가 얼마나 현실적이고 위험한지를 알고 있어야 합니다. 이를 통해 소비자들은 딥페이크 콘텐츠를 보다 비판적으로 인식하고 판별할 수 있습니다. 학교, 대학, 정부 기관, 비영리 단체 등이 협력하여 딥페이크에 대한 교육 프로그램을 개발하고 있으며, 이러한 프로그램은 딥페이크의 개념과 작동 방식, 그리고 딥페이크를 식별하고 대응하는 방법에 대해 학생들과 일반 대중에게 교육합니다.

딥페이크에 대한 정보와 대응 방법에 대해 유용한 온라인 자원을 제공해야 합니다. 이를 통해 누구나 쉽게 딥페이크에 대한 이해를 높일 수 있으며, 딥페이크 콘텐츠를 식별하고 대응하는 데 도움을 받을 수 있습니다. 또한 딥페이크와 같은 딥러닝 기술에 대한 미디어 교육을 강화하는 것이 중요한데, 학생들과 대중들에게 미디어가 어떻게 조작될 수 있는지에 대한 이해를 높이고, 비판적 사고력을 향상시켜 딥페이크와 같은 가짜 뉴스나 정보를 판별할 수 있도록 지원해야 합니다.

또한 딥페이크와 관련된 연구 및 학술 활동을 지원하여 관련 정보를 발표하고 공유하는 것이 중요합니다. 이를 통해 딥페이크에 대한 이해를 높이고, 새로운 대응책을 개발하고 효과를 평가할 수 있습니다. 이러한 교육과 인지 증진 활동들은 딥페이크와 같은 기술적 도전에 대응하기 위해 필요한 중요한 대응책 중 하나입니다.

딥페이크의 제작, 유포 및 사용을 규제하는 법률 및 정책 증대도 시급합니다. 이를 통해 딥페이크의 부정적인 영향을 최소화하고 법적 책임을 부과할 수 있습니다. 하지만 현 법적 조치는 아직 너무도 부족합니다. 예를 들면, 미국에서는 딥페이크를 포함한 딥러닝 기술에 대한 법적 규제가 여러 법률을 통해 이루어지고 있는데, 딥페이크를 사용하여 성적인 콘텐츠를 생성하거나 유포하는 경우, 미국의 음란물 및 성적인 차별 방지 법률에 의해 처벌될 수 있습니다. 또한, 딥페이크를 사용하여 타인의 사생활을 침해하거나 명예를 훼손하는 경우, 미국의 사생활 보호 및 명예 훼손 법률에 따라 법적으로 대응될 수 있는 정도입니다. 유럽 연합에서는 개인정보 보호법인 GDPR(일반 데이터 보호 규정)에 따라 딥페이크와 관련된 사생활 침해에 대한 법적 규제가 이루어지고 있습니다. 딥페이크를 사용하여 개인의 사생활을 침해하는 경우, GDPR에 따라 벌금이 부과될 수 있습니다. 허나 이런 벌금 이상의 제재는 존재하지 않습니다. 기타 다양한 국가들도 각자의 법적 규제를 통해 딥페이크와 관련된 문제에 대응하는 노력을 합니다. 예를 들어, 일본에서는 특별히 딥페이크를 사용하여 성적인 콘텐츠를 제작하거나 유포하는 행위를 처벌하는 법률이 있습니다.

사실 소셜 미디어 및 온라인 플랫폼은 딥페이크의 유포와 확산을 제어하기 위한 책임이 있습니다. 딥페이크 콘텐츠를 검열하고 사용자에 대한 보호 조치를 취하는 것이 중요합니다. 또한, 딥페이크 콘텐츠를 식별하고 제거하기 위한 기술적인 도구를 개발해야 합니다.

현재 YouTube는 사용자가 딥페이크 비디오를 업로드하고 공유할 수 있는 플랫폼 중 가장 많이 사용되는 장소인데, 해당 콘텐츠를 식별하고 제거하기 위해 노력을 기울이고 있습니다. Facebook도 딥페이크 콘텐츠의 유포를 제한하기 위해 알고리즘 및 인공지능을 사용하여 콘텐츠를 식별하고 제거하는 데 투자하고 있습니다. 또한, 딥페이크 콘텐츠에 대한 사용자 신고를 받고, 이를 신속하게 확인하고 대응하는 등의 조치를 취합니다. Twitter도 딥페이크 콘텐츠의 유포를 제한하기 위해 노력하고 있습니다. 트위터는 딥페이크와 같은 가짜 뉴스에 대한 사용자 신고를 받고, 해당 콘텐츠를 검토하고 필요한 경우 제거하는 등의 조치를 취하고 있습니다.

이러한 다양한 대응과 규제 접근 방식을 통해 딥페이크의 부정적인 영향을 최소화하고 정보의 신뢰성과 개인의 권리를 보호할 수 있습니다. 그러나 딥페이크의 대응과 규제는 몇 가지 한계가 있습니다. 왜냐하면 딥페이크 기술은 급속도로 계속 발전하고 진화하고 있기 때문입니다. 이로 인해 딥페이크를 생성하는 데 사용되는 기술이 점점 더 정교해지고 어려워지고 있습니다. 이러한 기술적 발전으로 인해 딥페이크를 탐지하고 차단하는 기술의 발전도 필요하지만, 이는 계속해서 새로운 도전과 한계를 마주하게 됩니다.

법적 규제도 마찬가지입니다. 딥페이크에 대한 법적 규제는 각 국가의 법률과 규제체계에 따라 달라질 수 있습니다. 법률은 항상 기술적 발전을 따라가기 어려울 수 있으며, 딥페이크와 관련된 법적 문제에 대한 해결책은 충분하지 않은 실정입니다. 또한 소셜 미디어 및 온라인 플랫폼은 딥페이크를 제어하고 대응하는 데도 사용자 생성 콘텐츠의 부적절한 사용에 대해 책임을 지는 데 어려움이 있습니다. 또한, 플랫폼이 딥페이크를 식별하고 제거하는 데 사용하는 기술적 도구의 효율성에도 한계가 있을 수 있습니다.

또한 딥페이크를 대응하고 규제하는 것은 시간과 비용이 많이 소요될 수 있습니다. 새로운 기술과 정책을 개발하고 시행하려면 상당한 자원이 필요하며, 이는 정부, 기업 및 기타 이해관계자들에게 추가적인 부담을 줄 수 있습니다. 더욱이, 딥페이크의 대응과 규제는 항상 사회적, 정치적 및 윤리적 고려 사항을 고려해야 하는데, 부적절하거나 과도한 대응과 규제는 언론의 자유와 창의성을 제한할 수 있으며, 인권과 개인의 자유를 침해할 수 있기 때문입니다.

이러한 한계를 고려하여 딥페이크의 대응과 규제에 대한 접근은 균형을 유지하면서 계속해서 발전해야 합니다. 기술, 법률, 정책 및 사회적 조치를 통합하여 효과적인 대응 전략을 개발하는 것이 중요합니다.

3장 금융

AI가 나를 보호하는 금융비서가 될 수 있을까?

김준성

1. AI와 금융의 만남

 AI와 금융의 역사는 금융 산업을 변화시켜온 흥미로운 여정입니다. AI는 금융 분야에서 데이터를 분석하고, 예측하고, 다양한 프로세스를 자동화하는 방식에 혁신을 가져왔습니다. 금융 분야에서 인공지능은 방대한 양의 데이터 처리를 통해 인사이트를 찾아내고 이를 통해 새로운 수익을 창출하고 있습니다. 금융소비자에게 향상된 개인화 서비스를 제공하는 등 고객 경험 가치를 제고시키고, 업무 프로세스 자동화 등을 통해 비용을 절감하며, 그 외 복잡한 금융 규제와 컴플라이언스 요구사항에 효과적으로 대응하기 위해 운영되고 있습니다.
 초창기 금융 분야의 AI는 주로 규칙 기반(Rule-based) 시스템에 초점을 맞추었습니다. 연구자들은 논리적 규칙과 의사 결정 트리를 사용하여 의사 결정 프로세스를 자동화하는 것을 목표로 했습니다. 이러한 초보적인 시스템은 향후 더 정교한 애플리케이션을 위한 토대를 마련했습니다. 금융 분야에서 AI의 주요 활용 사례를 간략히 살펴보면 다음과 같습니다. 우선 AI가 금융 분야에 미치는 가장 중요한 영향 중 하나는 투자 관리(Investment Management)에 대한 것입니다. 미국의 전문잡지 포브스(Forbes)는 투자에 있어 AI의 영향을 크게 4가지로 분석하여 제시하였는데 데이터 분석 강화, 알고리즘 기반의 트레이딩의 발전, 트레이딩 과정에서 발생 가능한 사기 행위의 감지와 리스크 관리, 발전된 투자 전략의 접근으로 요약됩니다.[1] 세계적으로 저명한 투자 회사인 골드만삭스는 2014년 켄쇼(Kensho Technologies)의 빅데이터 기술을 도입하였습니다. 켄쇼는 2013년에 설립된 파이낸스 분야의 대표적인 AI 기업으로 딥러닝 음성 인식 및 고급시각화, 최첨단 검색 및 AI 기반 연구 플랫폼 등 복잡 다양한 데이터에 기반한 실행 가능한 통찰력을 제공하고 있으며, 골드만삭스는 켄쇼의 기술을 활용하여 트레이더 600명이 운영하던 데스크를 단 2명으로 운영이 가능한 프로세스를 도입하기도 하였습니다. 최근 2021년에는 한국의 금융시장에서는 켄쇼의 기술에 기반한 펀드를 출시하여 큰 인기를 끌었는데, 출시 이후 6개월 만에 수탁고 2천억 원을 돌파하고, 수익률도 1년 수익률 78%를 달성하는 등 시장 수익률을 상회하는 결과를 나타내기도 하였습니다.

다음으로 살펴볼 분야는 금융거래에서 발생 가능한 사기(Fraud)에 대한 탐지(Detection) 및 예방(Prevention)과 관련한 AI의 활용입니다. 금융 기관은 사기 행위로 인한 끊임없는 위협에 직면해 있습니다. AI는 의심스러운 거래를 탐지하고 잠재적인 사기를 방지하는 강력한 도구로 부상했습니다. AI는 이상 징후 탐지와 신원 확인을 통해 금융 시스템을 안전하게 보호하는 데 큰 역할을 담당하고 있습니다. 지난 2021년에 개봉한 보이스피싱을 소재로 한 〈보이스(Voice)〉라는 영화를 보셨는지요? 대부분의 사람들은 금융 사기 하면 아마도 가장 먼저 보이스피싱(voice fishing)을 떠올릴 것입니다. 보이스피싱은 스마트폰 도입이 활성화된 이후에 급속도로 그 피해 규모가 커졌는데요, 최근 5년간 약 23만 건의 피해 건수가 발생하였고 피해 금액도 1조 7천억 원에 이르고 있습니다. 앞서 언급한 영화를 보신 분들은 잘 아시겠지만, 보이스피싱은 휴대폰을 통해 상대방을 속이거나 협박하는 형태를 지니며, 자금을 송금(이체)하도록 유도하거나 개인정보를 탈취하는 방법을 사용합니다. 이를 예방하기 위해 금융권, 특히 은행권에서는 계좌이체 시 금액을 제한하는 방법, ATM을 통한 출금한도를 제한하는 방법 등을 적용해왔으며 최근에는 인공지능을 활용한 이상금융거래 탐지 시스템(Fraud Detection System, 이하 FDS)을 도입하여 금융범죄나 악의적인 거래행위를 탐지하여 금융서비스를 이용하는 고객과 회사의 손실을 예방할 목적으로 사용 중입니다.

또한 AI를 활용한 자산 관리 서비스인 로보어드바이저(Robo advisor)와 대고객 상담을 위한 챗봇(Chatbot) 서비스도 존재합니다. 로보어드바이저는 로봇(Robot)과 어드바이저(Advisor)의 합성어로, 자동화된 알고리즘과 인공지능 기술을 활용하여 맞춤형 투자 자문 서비스를 제공하는 것으로 인공지능 기반의 대표적이고 보편화된 금융서비스입니다. 챗봇이란 채팅(Chatting)과 로봇(Robot)의 합성어로 사람과의 대화를 통해 알맞은 답이나 명령을 수행하는 인공지능 기반 커뮤니케이션 소프트웨어를 지칭하며, 챗봇 서비스는 기존 사람이 행하던 고객대응 서비스를 인공지능 로봇이 대신하는 것을 의미합니다.[2] 한편, 금융 분야에서 AI기술이 가장 다양하게 활용되고 있는 분야는 신용 평가(Credit Scoring)입니다. 기존의 신용 평가 방식은 연체 이력, 금융 거래 실적, 금융 자산 부채 규모 등 제한된 변수를 산용하고 각 변수에 기반한 평가 항목별 점수를 산출하는 직관적인 방법이 주로 활용되고 있습니다. 이로 인해 직관적 해석과 고객에 대한 설명이 용이한 반면, 개인의 신용도에 영향을 미치는 다양한 변수, 즉 예를 들면 금융과 관련되지 않는 비금융, 비정형 개인정보를 간과하는 경우가 많습니다. AI 기반 신용 평가 모델은 자동화 및 관련 효율성을 바탕으로 기존 신용정보와 신용도와는 직접적인 관련이 없는 빅데이터, 즉 비금융정보(non-financial)의 활용이 가장 큰 특징이라고 할 수 있습니다. 비금융정보란 통신 및 전기 요금 납부 이력, 온라인 쇼핑 적립 포인트, 소셜 미디어 사용 내용 등 신용도와 연관성이 낮은 온라인 및 오프라인의 모든 데이터를 포함합니다. AI에 기반한 신용 평가 모형은 방대한 데이터를 기반으로 과거와 현재의 상황을 종합적으로 평가하지만, 평가 모형에 반영되는 데이터의 적정성, 신뢰성, AI알고리즘의

다양성 등으로 인해 공정성을 확보해야 하는 과제가 존재합니다.[3]

구분	회사	비금융정보
카드사	신한카드	휴대전화 단말기 가격, 해외로밍 횟수, 할인 쿠폰 조회 수
핀테크	8퍼센트	계약 단계별 사용자 체류 시간 및 클릭 정확도, 휴대전화 주 사용시간대
	크레파스	SNS 소통 주기, 휴대전화 베터리 충전 주기, 문자나 통화 응답속도
인터넷은행	카카오뱅크	카카오T 택시 탑승 이력, 카카오 선물하기 사용 이력, 통신비 정상 납부 개월 수
	토스뱅크	월세 연체 여부, 적금 가입 여부, 신용카드 사용 내용, 아르바이트 이력 등

표 3.1 국내 개인신용 평가모형에 활용되는 비금융정보[3]

이 밖에도 금융 분야에서 AI를 활용하는 경우 다른 분야와는 달리 규제를 준수(Regulatory Compliance)해야 되는 부분이 존재합니다. AI와 규제 준수는 금융기관이 법적, 윤리적 표준을 준수하면서 AI기술을 금융 분야에 활용하기 위해 반드시 필요하며, AI 기반 금융시스템을 도입하는 과정에서 금융소비자에 대한 신뢰를 확보하는 방안이라는 측면에서도 그 중요성이 높다고 할 것입니다. 데이터 보호 및 프라이버시, 공정성과 편향성을 고려한 모델 구축, AI 기반 의사 결정 과정의 투명성과 설명 가능성, 그 결과에 대한 책임과 감사, 또한 국가별로 다양하게 존재하는 규제 표준에 대한 문제 등 AI 기반의 금융 거래 시스템을 활성화하기 위해서 관련 규제를 사전에 명확히 하고, 규제 준수를 모니터링하는 사회적 장치가 필요할 것입니다.

2. 인공지능이 금융 분야에 적용된 사례

　인공지능은 금융 산업에서 다양한 프로세스를 자동화하고 간소화하기 위해 광범위하게 적용되고 있습니다. 앞서 살펴본 내용을 보다 구체적으로 설명드리고자 합니다.
　먼저 투자 관리(Investment Management)입니다. AI 기반 투자 플랫폼은 머신러닝을 사용하여 시장 데이터를 분석하고 고객에게 투자 추천을 제공합니다. 투자 관리 AI는 시장 동향, 뉴스 기사 및 기타 데이터 소스를 분석하여 투자자가 더 나은 투자 결정을 내리는 데 도움을 줄 수 있습니다. 또한 AI는 머신러닝 알고리즘을 사용하여 과거 데이터의 패턴을 식별하고 미래의 시장 움직임을 예측할 수 있습니다. 세계 최대 자산 운용사인 블랙록(BlackRock)은 AI를 사용하여 시장 동향을 분석하고 투자 결정을 내립니다. 블랙록의 AI 기반 플랫폼인 알라딘 웰스(Aladdin Wealth)는 방대한 양의 시장 데이터를 분석하고 고객에게 투자 추천을 제공할 수 있습니다. 알라딘은 블랙록이 투자 포트폴리오의 성과를 개선하고 고객의 투자 수익률을 높이는 데 도움을 주고 있습니다. 퓨처어드바이저(Future Advisor)는 금융기관과 어드바이저가 확장 가능한 방식으로 새로운 고객 세그멘트를 온보딩하고 서비스를 제공할 수 있도록 자산관리 프로세스를 디지털화하는 솔루션입니다. 이외에도 금융 전문가가 고객의 은퇴 관련 저축, 지출 및 소득에 초점을 맞춘 계획 수립을 지원하는 아이리타이어 솔루션(iRetire), 자산 관리 시나리오를 실습할 수 있는 어드바이저 센터(Advisor Center) 솔루션을 제공하고 있습니다.[4] 블랙록은 AI 기반 분석을 배포하여 방대한 양의 금융 데이터를 면밀히 조사하고, 추세를 파악하고, 미래 시장 시나리오를 예측합니다. AI기술을 활용하여 매 분기 5,000건 이상의 실적 발표 녹취록과 매일 6,000건 이상의 브로커 보고서를 분석합니다. 이러한 포괄적인 데이터 기반 접근 방식을 통해 블랙록은 시장 변동성에 적응할 수 있는 역동적인 투자 전략을 설계하여 우수한 수익을 약속합니다. AI 알고리즘은 투자 포트폴리오를 심층적으로 분석하여 위험 노출도를 결정하므로 블랙록은 잠재적 함정을 효과적으로 관리하고 포트폴리오 성과를 최적화할 수 있습니다.[4] 블랙록은 미국에서만 2,300억 달러(약 302조 원)를 포함해 약 4,000억 달러(약 525조 원)의 장기 자산을 관리하고 있습니다. 최근 블랙록의 CEO인 래리 핑크(Larry Fink)는 주주들에게 보낸 연례서한에서 "이는 고객이 블랙록이 제공하는 선택, 조언, 장기 투자 성과 및 블랙록이 지지하는 신탁 기준에 대한 강력한 지지를 반영한 결과"라며 "블랙록이 관리하는 자산에 대해 많은 사람들이 의견을 가지고 있지만 돈은 누구의 것도 아닌 고객의 것이다. 블랙록의 책임과 의무는 고객에게 있다"고 전했습니다. 블랙록은 1999년 IPO 이후 S&P 500에서 가장 높은 실적을 올린 금융 서비스 주식이 되었으며 총 수익률은 7,700%를 나타내고 있습니다.

다음은 이상 거래 탐지(Fraud Detection System, 이하 "FDS")와 자금 세탁 방지(Anti Money Laundering, 이하 AML) 분야입니다. 앞서 보이스(Voice)라는 영화에 대해 말씀드렸지만, 자본주의 사회가 지속되는 한 금융은 우리 인간의 삶에서 결코 떼어놓을 수 없는 존재입니다. 누구나 살아가기 위해서는 돈을 벌어야 하고, 우리 인간은 그 돈을 보관하고 운용하고 또 융통하며 살아갈 수밖에 없는 존재이지요. 그런 측면에서 그런 소중한 돈을 문자 하나로 또는 전화 한 통으로 탈취하려는 사기행위가 존재하고, 또한 돈세탁이라는 미명하에 사용처가 불분명한 자금의 융통을 시도하는 세력들이 이 세상에는 존재하는 것 또한 현실입니다. 과거 아날로그 금융시대에도 사기행위와 자금 세탁행위는 존재하였지만, 현금 위주의 금융거래가 보편화되어 있었고 지점을 통하지 않고는 거액의 자금을 융통할 수 있는 방법이 없던 시절이라 일반 금융소비자에게 미치는 영향은 제한적이었습니다. 그러나 디지털, 핀테크, 빅테크, 스마트폰 뱅킹 등 비대면 금융거래가 활발해지면서 은행 지점을 직접 통하지 않고서도 거액의 자금이 융통될 수 있는 환경이 도래하면서, 금융거래에 있어 사기행위와 자금 세탁행위가 전 세계적으로 이슈가 되는 현상을 맞이하게 되었습니다. 그런데, 이러한 사기행위와 자금 세탁행위를 인공지능을 활용해서 예방할 수 있을까요? 먼저 이상 거래 탐지 시스템에 대해 살펴보겠습니다. 이상 거래 탐지 시스템(Fraud Detection System), FDS는 금융거래 시 불법 이체 등 의심 거래를 실시간으로 분석해 탐지하기 위한 시스템으로 최근 국내 은행들은 AI 기반의 머신러닝(Machine Learning) 모델의 도입을 통해 의심스러운 거래를 실시간으로 탐지하고 이를 빠르고 정확하게 식별하는 데 활용하고 있습니다. 예를 들면 어떤 한 사람의 계좌에서 각기 다른 은행의 타인 명의 계좌로 동일한 금액이 동 시간대 반복적으로 송금 거래가 발생한다면, 보이스피싱에 따른 사기 거래임을 의심하게 되고 일단 해당 계좌의 이체 거래를 선제적으로 차단하는 방식을 적용하게 됩니다. 국내 주요 은행들은 AI 기반의 FDS시스템을 구축하여 이상 거래 탐지율을 제고하고 이를 통해 보이스피싱을 통한 금융소비자의 자산 손실을 방지하기 위해 적극 노력하고 있습니다. 국내 은행권의 경우 각종 피해 사례 등을 시나리오화하고 이를 기반으로 금융 거래 데이터에서 의심 거래 건을 탐지하고, 이상 금융 거래 여부를 분석하여 최종적으로 금융소비자를 보호하는 대응 절차를 수행하는 것입니다.

 다음으로 자금 세탁 방지(Anti Money Laundering)와 AI에 대해 살펴보겠습니다. 자금 세탁은 쉽게 설명하면 불법적인 자금 거래 예를 들면 국제 테러범들의 자금, 기업의 횡령 자금, 뇌물 목적의 자금 등으로 이해하시면 되지만, 사실 방대한 금융거래 데이터 속에서 그런 불법적인 자금을 분석하고 밝혀내는 것은 결코 쉬운 일이 아닙니다. 디지털 금융이 발전하기 이전에는 고객확인의무제도(Customer Due Diligence, CDD), 고객 알기 제도(Know Your Customer, KYC), 의심 거래 보고(Suspicious Transaction Report, STR), 고액 현금 거래보고(Cash Transaction Report, CTR) 등의 제도를 만들어서 금융기관을 규제(Regulation)하였고, 이와 같은 변화 과정 속에서 각 금융기관들은 자금 세탁행위에 가담하게 되는 경우 거액의 벌금을 부과받기도 하였습니다. 미국의 투자은행인 골드만삭스는 2020년 미국과 홍콩, 말레이시아 등 세계 금융당국으로부터 총 62억 5천만 달러(약 8조 1천억 원)의 벌금을 부과받았는데, 이는 같은 해 골드만삭스가 벌어들인 순이익 94억 6천만 달러의 3분의 2에 해당하는 액수입니다. 2009년부터 말레이시아 국부펀드의 자금 세탁과 불법 정치자금을 조성한 대가였습니다. 골드만삭스의 내부 직원들의 일탈 행위에 기인한 결과였고, 이에 골드만삭스는 인공지능을 활용한 자금 세탁 방지 기술을 구축하는 데 약 2천만 달러의 자금을 투자하게 되었습니다. 정부 및 규제 당국도 빅 데이터, 클라우드, AI, 블록체인 등 각종 첨단 기술을 활용해 규제를 관리하는 시대를 맞이하게 되었고, 이른바 '레그테크(Regtech, Regulation Technology)'라는 용어가 등장하게 되었습니다. '레그테크'에 대해 좀 더 쉽게 설명드리면, 자금 세탁행위와 같은 불법적인 금융거래에 대해 정부 당국은 규제를 더욱 강화해야 하고, 규제 대상인 금융기관은 해당 규제를 효율적이고 효과적으로 준수하기 위해 노력해야 되는데, 이 과정에서 AI 등 첨단 기술을 활용하는 것을 의미합니다. 규제 기관의 규제 감독을 돕는 기술을 섭테크(Subtech, Supervision Technology)라고 하며, 규제를 받는 기관의 규제 준수를 도와주는 기술을 컴프테크(Comptech, Compliance Technology)라고 부르기도 합니다. 기술이 발전하고 진보하면서 규제행위의 강화가 필요해진 금융 분야에서 규제를 하는 일방과 규제를 받아야 하는 일방 모두가 또 다른 기술의 도움이 필요해진 세상이 되었습니다. 그리고 그 중심에 AI가 존재하게 된 것입니다. AI 기반의 레그테크 산업은 최근 급격히 성장하고 있으며 2025년까지 전 세계 시장 규모는 약 550억 달러(약 71조 4천 5백억 원)에 이를 것으로 전문가들은 전망하고 있습니다. 여기에 금융 회사 직원들의 금융사고 예방을 위한 내부 통제를 강화하기 위한 수요까지 더해지면서 AI 기반의 레그테크 시장은 향후 AI와 금융의 역사에서 가장 중요하고 필수적인 비즈니스로 성장해갈 것으로 전망됩니다.[5]

고객 서비스와 관련된 로보어드바이저(Robo Advisor)서비스와 챗봇에 대해 자세히 알아보겠습니다. 먼저 챗봇에 대해 살펴보겠습니다. 고객 서비스에 있어 AI 기반 챗봇은 고객에게 개인화된 추천과 지원을 제공할 수 있습니다. 예를 들어, 챗봇은 고객이 금융 상품과 서비스를 탐색하고, 계좌 정보를 제공하며, 문제 해결을 도울 수 있습니다. 이를 통해 금융 기관은 고객 서비스 비용을 절감하고 고객 경험을 개선할 수 있습니다. 뱅크 오브 아메리카(Bank of America, 이하 BOA)의 가상 비서인 에리카(Erica)는 AI를 사용하여 고객의 금융 관련 요구를 지원합니다. 에리카는 고객이 계좌를 관리하고, 자금을 이체하고, 개인화된 금융 조언을 제공할 수 있도록 도와줍니다. 에리카는 2018년 출시 이후 2022년 10월 약 3천2백만 명의 BOA 고객이 사용하고 있으며 높은 만족도를 나타내고 있습니다. 에리카의 주요 기능은 계정 관리, 재정 상황 안내, 청구서 결제 및 이체, 고객 보안 및 사기 관련 모니터링 등으로 구성되어 있습니다. BOA의 최고 디지털 책임자 겸 최고 마케팅 책임자(CMO)인 데이비드 타이리(David Tyrie)는 "에리카의 통제된 AI는 개인화를 위한 주요 관문이 되었으며, 고객의 재정적 요구에 따라 계속 진화하고 있다"고 말했습니다. "처음 10억 건의 상호 작용에 도달하는 데 4년이 걸렸지만 에리카에 대한 고객 참여가 가속화되고 있으며 몇 달 안에 20억 건을 쉽게 넘어설 것입니다. 우리 고객들은 에리카가 얼마나 단순하고 직관적인지 높이 평가하며, 독점적이고 검증된 데이터만 사용한다고 믿습니다. 2023년 현재까지 고객들은 전년 대비 35% 증가한 3억 3,300만 회 이상 에리카와 소통했습니다. 지난해 고객들은 에리카와 소통하는 데 300만 시간 이상을 소비했으며, 이는 전년 대비 31% 증가한 수치입니다.

이어서 로보어드바이저는 알고리즘과 기계 학습을 사용하여 포트폴리오를 관리하고 투자 조언을 제공하는 자동화된 금융투자 플랫폼을 의미합니다. 2008년 글로벌 금융위기 이후 미국에서 시작되었으며, 단순 통계 데이터 기반으로 자산 배분 방안을 제안하던 단계에서 AI기술의 개발로 딥러닝 AI에 투자 자문과 운용을 로봇에게 맡기는 수준까지 발전하였습니다. 흔히 국내에서는 재테크라는 용어를 많이들 사용하는데요, 개인이나 기업이 가지고 있는 자금을 좀 더 높은 수익률을 추구하기 위해서 누군가의 도움이 필요한 게 인지상정인데, 과거에는 금융 전문가인 사람의 조언에 의존했다면, AI의 발달로 최근에는 로보어드바이저라는 자산 관리 서비스를 보편적으로 이용하는 시대가 되었습니다. 국내 운용 규모는 2019년 2조 원에서 2025년 약 30조 원 수준으로 성장할 것으로 예상되며, 글로벌 운용 규모는 2023

년 약 2.5조 달러에 이를 것으로 전망되고 있습니다. 확정된 수익률(이자율)을 지급하는 정기예금은 다들 아실 터이니, 금융 시장 상황에 따라 특히 주식시장 상황에 변동하여 수익률이 플러스 또는 마이너스를 기록하게 되는 펀드(Fund) 상품에 대한 투자를 예를 들어 설명을 해보겠습니다. 가령 개인 투자자이고 1억 원의 여유 자금을 보유하고 있다고 가정해봅시다. 독자 여러분들이 그러한 상황이라면 이 여유 자금을 어디에 투자하여 돈을 불리고 싶으신가요? 개인의 성향에 따라 다르겠지요. 손실을 극도로 회피하는 투자자라면 앞서 설명 드린 정기예금에 투자할 것이고, 일정한 위험을 감수하고서라도 정기예금 이상의 수익률을 얻고자 한다면 펀드 등 투자형 상품에 투자할 것입니다. 바로 이 투자형 상품에 가입하고자 할 때, 과거에는 금융 전문가의 상담을 받고 투자를 결정하였지만, AI 기술이 탑재된 로보어드바이저 서비스가 도입된 이후 투자자들은 로보어드바이저가 추천한 펀드의 수익률과 금융 전문가인 사람이 추천한 펀드의 수익률을 비교해보고 수익을 얻을 확률이 높은 상품에 투자하는 것이 합리적인 투자라고 할 것입니다. 앞서 말씀드린 금융 전문가인 사람을 휴먼 어드바이저(Human Advisor)라고 명명해보겠습니다. 만약 1억 원의 여유 자금을 보유한 투자자가 이 글을 읽고 있는 독자 여러분 당신이라면 휴먼 어드바이저와 로보어드바이저 둘 중에 누구를 선택하시겠습니까? 방대한 금융 시장의 데이터를 분석하고 AI에 기반한 알고리즘과 머신 러닝을 활용한 투자 추천을 제시하는 로보어드바이저와 본인의 시장 분석 능력, 향후 시장 예측 역량 등 전문가로서 축적된 투자 역량에 기초한 휴먼 어드바이저의 추천 중에서 아마 확률적으로는 로보어드바이저의 추천을 더 신뢰할 것으로 생각됩니다. 하지만 투자의 결과는 어떨까요? 로보어드바이저 서비스가 도입된 이후 주식시장의 수익률과 로보어드바이저 서비스의 수익률을 비교해보면 주식시장이 상승할 경우에는 오히려 로보어드바이저 수익률이 낮게 나타나며, 주식시장이 하락할 경우에는 로보어드바이저가 수익률 하락을 방지하는 역할을 수행하는 것으로 나타나고 있습니다. 왜 이와 같은 현상이 일어나는 것일까요? 앞서 설명드린 대로 로보어드바이저 서비스는 AI 기반의 투자 자문 서비스라는 측면에서 어떤 데이터를 학습하고 얼마나 많은 양의 데이터를 학습하느냐에 따라 동일한 주식시장에서 서로 다른 결과를 도출해낼 수 있는 한계점이 존재하게 되는 것이지요. 결국 투자라는 것은 로보어드바이저이냐 휴먼어드바이저이냐도 중요하지만 투자자 본인의 판단과 그에 근거한 투자를 통해 결과를 겸허히 받아들이는 현명한 투자자의 자세가 더 중요하다고 할 것입니다.

다음 살펴볼 분야는 신용 평가(Credit Scoring) 분야입니다. 신용 평가를 위한 AI 알고리즘은 대출 기관이 대출자 데이터를 분석하고 채무 불이행 가능성을 예측하여 신용도를 판단하는 데 도움을 줄 수 있습니다. 신용 평가 AI 알고리즘은 방대한 데이터 소스를 분석하여 대출자의 신용도를 결정할 수 있습니다. 여기에는 신용 기록, 소득 및 상환 가능성에 영향을 미칠 수 있는 기타 요인을 분석하는 것이 포함됩니다. 선도적인 금융 기술 회사인 제스트파이낸스는 AI의 힘을 받아들여 신용 평가에 혁신을 가져왔습니다. 고급 알고리즘, 미신 러닝, 빅데이터 분석을 활용하여 대출 환경을 재편하고 신용도를 보다 공정하고 정확하게 평가할 수 있도록 지원하는 제스트파이낸스의 혁신적인 접근 방식은 SNS 친구 수, SNS 포스팅 주제, 대출 신청서 작성에 걸린 시간, 동호회 가입 정보까지 각종 데이터를 사용하여 신용 분석을 진행합니다. 다양한 데이터 간의 관계를 파악하여 대출 심사를 하는 알고리즘을 개발했으며 데이터가 추가될 때마다 알고리즘이 자동적으로 업데이트되고 있습니다. 기존 금융사들이 이용하지 않은 정보까지 이용해서 평균보다 신용도가 낮은 고객들에게도 신용대출 서비스를 시행하고 있습니다.[6] 기존의 신용 평가 방식은 신용 기록이 제한적이거나 비정상적인 재무 프로필을 가진 개인을 고려하지 못하는 경우가 많습니다. 제스트파이낸스의 AI 기반 모델은 보다 포용적인 대출 관행을 가능하게 하여 소외 계층의 신용 접근성을 확대하는 등 금융포용성을 향상시켰으며, 더 빠른 신용 결정을 위해 AI 기반 신용 평가로 대출기관은 대출 신청을 보다 효율적으로 처리하여 신용 결정을 더 빠르게 내리고 고객 만족도를 향상시킬 수 있게 되었습니다.

3. 인공지능과 금융의 윤리적 고려 사항

금융 분야에서 AI의 이점을 활용하는 것은 중요한 일이지만, 윤리적 영향을 고려하는 것 또한 그에 못지않게 중요합니다. AI를 기반으로 한 재무 의사 결정은 투명하고 공정하며 책임감 있게 이루어져야 합니다. 또한 AI가 의도치 않게 의사 결정 과정에 편견을 도입하지 않도록 하는 것도 중요합니다. AI 편향성 및 데이터 프라이버시 처리를 위해 AI 모델에 편견이 없고 모든 데이터가 개인 정보를 최대한 존중하여 처리되도록 조치가 취해져야 합니다. AI는 엄청난 잠재력을 가지고 있지만 기술적인 문제도 수반합니다. 여기에는 대량의 고품질 데이터에 대한 필요성, 기존 시스템에 AI를 통합하는 복잡성, 흔히 '블랙박스' 문제로 알려진 AI 의사 결정을 설명하기 어려운 점 등이 포함됩니다. 전략적 관점에서 리스크 관리에 AI를 구현하려면 신중한 계획과 조직 전반의 조율이 필요합니다. AI 시스템이 회사의 전반적인 전략적 목표와 리스크 성향에 부합하도록 하는 것은 금융회사가 지속적으로 해결해야 하는 과제입니다. 리스크 관리에 AI를 통합하는 것은 금융 산업을 변화시키고 있으며, 금융회사들은 그 변화를 주도하고 있습니다. AI와 머신러닝의 혁신적인 사용을 통해 리스크 평가를 개선하고, 규제 준수를 보장하며, 금융의 미래를 만들어가고 있습니다. 도전 과제와 윤리적 고려 사항이 있지만, 리스크 관리에서 AI의 잠재적 이점은 상당하며 금융의 새로운 시대를 예고하고 있습니다. 그럼에도 불구하고, 인공지능을 활용한 각종 서비스를 개발하고 실제 적용하면서 나타나는 부작용은 계속 존재해왔고, 방대한 양의 데이터를 다루는 인공지능 기술의 속성상 그 부작용이 미치는 영향은 실로 엄청난 결과를 가져오기도 합니다. 국내의 경우 대화형 AI인 이루다 서비스가 대표적인데요, 사용자 대화의 내용에 대한 비식별 조치, 프라이버시 이슈, 성차별 이슈 등을 제기하며 출시 3주 만에 서비스가 중단되기도 하였으며, 해외의 경우 AI 기반 주식 매매 알고리즘의 오류, 오작동을 유도하여 2018년 2월 미국 다우지수가 폭락하는 현상이 발생하기도 하였습니다. 2018년 아마존은 AI 면접 시스템에 여성과 인종 차별 문제가 불거지기도 하였으며, 애플의 경우에도 신용카드 한도 알고리즘에 남성을 우대하는 원칙이 있다는 지적이 제기되어 금융당국의 조사를 받기도 하였습니다. 따라서, 주요 국가들은 금융 분야를 포함하여 인공지능과 관련된 기술 개발에 대해 윤리적인 가이드라인 등을 마련하게 되었습니다.

금융 분야에서 AI를 개발할 때 고려해야 할 주요 윤리적 사항은 다음과 같습니다: 우선 데이터 프라이버시와 보안 문제입니다. AI는 대량의 개인 및 금융 데이터를 처리합니다. 이 과정에서 사용자의 개인정보 보호가 최우선 고려 사항이 되어야 합니다. 데이터 암호화, 접근 제어, 사용자 동의 및 데이터 삭제 정책 등이 중요합니다. 다음으로는 알고리즘 투명성을 들 수 있습니다. 금융 서비스에서 AI를 사용할 때는 알고리즘의 작동 원리와 결정 기준이 투명하게 공개되어야 합니다. 이는 고객 신뢰를 구축하고 잠재적인 오해를 방지하는 데 필수적입니다. 다음으로는 알고리즘 편향성을 방지해야 합니다. AI 시스템은 훈련 데이터에 내재된 편향을 반영할 수 있습니다. 인종, 성별, 연령 등에 대한 무의식적 편견이 금융 서비스의 공정성을 저해할 수 있습니다. 따라서, 다양성을 고려한 데이터 세트를 사용하고, 지속적으로 알고리즘을 검토 및 수정하여 편향을 최소화해야 합니다 다음으로는 규제 준수와 법적 책임입니다. 금융 분야는 엄격한 규제를 받는 분야입니다. AI 시스템은 이러한 규제를 준수해야 하며, 이를 위한 감독 메커니즘이 마련되어야 합니다. 또한, AI 결정에 대한 법적 책임 소재를 명확히 하는 것이 중요합니다. 마지막 고려사항은 사회적 책임과 윤리적인 사용입니다. AI 기술의 사용은 단순히 법적 요구사항을 충족하는 것을 넘어서, 사회적 책임과 윤리적 기준을 고려해야 합니다. 예를 들어, AI를 활용한 자동화가 고용에 미치는 영향, 불평등 문제 등 사회적 파급 효과에 대한 고려가 필요합니다. 우리나라에서는 정부와 공공기관, 비영리기관과 기업이 AI의 윤리적 사용을 위한 윤리헌장을 발표했습니다. 대표적으로 한국 인공지능 윤리협회는 인공지능 개발자와 소비자가 지켜야 할 인공지능 윤리헌장을 만들었으며, 2019년에 만들어진 인공지능 윤리헌장은 선한 인공 지능 추구를 기본 개념으로 내세웠습니다. 2019년, 2021년 총 두 번의 개정을 거쳐 인간과 인공지능의 관계, 선하고 안전한 인공지능, 인공지능 개발자의 윤리, 인공지능 소비자의 윤리, 공동의 책임과 이익의 공유의 총 5장 40조항으로 구성되어 있습니다. 2020년 12월에는 과학기술정보통신부에서 AI 윤리 규정을 발표했는데, 여기에는 인간 존엄성의 원칙, 사회의 공공선 원칙, 기술 합목적성 원칙의 3대 기본 원칙을 토대로 인권 보장, 프라이버시 보호, 다양성 존중, 침해 금지, 공공성, 연대성, 데이터 관리, 책임성, 안정성, 투명성의 AI가 갖춰야 하는 10대 핵심 요건을 담았습니다.[7]

4. 인공지능과 금융의 미래

　과거 금융회사의 CEO들은 인공지능으로 인해 금융권의 일자리가 크게 감소할 것으로 예측한바 있습니다. 하지만 현재, 그러한 전망은 지나치게 비관적이었던 것으로 드러나고 있습니다. 도이체방크(Deutsche Bank)의 CEO 존 크라이언(John Cryan)은 2017년 말 약 10만 명에 달하는 인력의 절반가량을 로봇이 대체할 것으로 예측했고, 씨티그룹의 전 CEO 비크람 팬디트(Vikram Pandit) 또한 5년 이내에 전 세계 은행의 일자리의 30%가 인공지능과 로봇에 의해 사라질 수 있다고 보았습니다. 그러나 크라이언의 예측과는 달리 도이체방크의 직원 수는 10% 감소하는 데 그쳤으며, 뉴욕 증권업계의 경우 2017년부터 최근 5년간 직원 수가 오히려 소폭(8% 정도) 증가하였습니다. AI의 궁극적인 영향력에 대한 기대감은 여전히 높지만, 로봇 은행원과 같은 화려한 활용 사례보다는 실질적인 생산성 향상에 더 큰 기대를 하고 있습니다. 도이체방크의 최고 기술 데이터 및 혁신 책임자인 베른트 로이커트(Bernd Leukert)는 AI는 금융업계의 효율성을 높이고 자동화를 추진하여 고객 경험을 향상시킬 수 있는 가장 중대한 기회라고 언급하였고, HSBC는 로봇은행원 페퍼(Pepper)의 실패에도 불구하고 AI를 활용한 생산성 향상을 위해 노력하고 있습니다. 항공우주, 통신, 기술, 등 다양한 산업을 경험한 HSBC의 최고 운영책임자인 존 힌쇼(John Hinshaw)는 금융 서비스는 AI를 활용하기에 가장 적합한 분야입니다. 특히 대부분의 은행이 보유하고 있는 레거시 기술을 통합하고 방대한 데이터를 활용하는 데 적합하다고 설명하였습니다. 거대언어모델(LLM)의 용량이 연간 10배 속도로 성장하고 있으며, 이는 신속하게 행동에 나서려는 금융기관들에게 AI가 커다란 잠재적 이익을 가져다 줄 수 있을 것입니다.[8]

최근에는 챗GPT라는 생성형 AI가 전 세계인의 관심과 이목을 집중시켰습니다. 생성형 AI는 생산성 향상을 통해 세계 경제에 수조 달러의 가치를 창출할 수 있을 것으로 기대되며, 최근 맥킨지 보고서에서는 생성형 AI가 63개 사례에 걸쳐서 연간 2조 6,000억 달러에서 4조 4,000억 달러에 해당하는 가치 생성에 기여할 것으로 추정하였습니다(출처: The Economic potential of generative AI, June, 2023, Mckinsey Special Report). 동 보고서에 나온 내용을 추가로 소개하면 다음과 같습니다. 생성형 AI가 제공할 수 있는 가치의 약 75%는 고객 관리, 마케팅 및 세일즈, 소프트엔지니어링, 연구 개발의 4가지 영역에 걸쳐 존재하며, 고객과의 상호작용을 지원하고 마케팅 및 세일즈를 위한 창의적인 콘텐츠를 생성하며, 자연어 프롬프트를 기반으로 컴퓨터 코드 초안을 작성하는 등의 기능을 수행할 수 있습니다. 생성형 AI는 모든 산업 분야에 상당한 영향을 미치는데, 특히, 은행의 경우 연 매출액의 2.8~4.7% 또는 2,000억 달러에서 3,400억 달러에 달하는 추가 생산성 증가를 가져올 잠재력을 보유하고 있다고 설명하고 있습니다. 먼저 연구 개발 및 소프트웨어 엔지니어링 분야에서 기존의 레거시 코드 변환 이슈에 있어 자연어 번역 기능을 활용하여 레거시 프레임워크의 마이그레이션 최적화를 달성할 수 있습니다. 또한 대고객 응대 서비스 분야에서 생성형 AI로 강화된 대화형 음성 응답 기능을 활용하여 고객 긴급 상황 해결을 자동화할 수 있을 것으로 기대됩니다. 또한, 프로필과 거래 이력 등을 바탕으로 고객에 대한 맞춤형 마케팅 제공 및 콘텐츠를 대량생산할 수 있게 될 것입니다.[9] 국내 은행 업무를 예로 들어

보겠습니다. 한 번이라도 은행을 방문해본 독자라면 느껴보았겠지만, 국내 은행에 방문해서 업무를 처리하려면 대기 시간이 너무 오래 걸립니다. 최근 스마트폰 뱅킹 어플의 발달로 대부분의 은행 업무를 스마트폰으로 처리가 가능하지만, 그럼에도 고액 자산을 관리하는 문제, 거액 대출을 받아야 되는 경우에는 전문가인 은행원과의 상담이 필수적으로 요구됩니다. 하지만, 은행에 근무하는 직원들의 역량 또한 천차만별입니다. 어떤 지점에서는 된다고 했는데 다른 은행이나 다른 지점에서는 안 된다고 하는 경우를 겪어 보셨을 것입니다. 왜 그런 일들이 발생할까요? 그것은 동일한 업무 처리 과정에서도 해당 업무에 대한 유권 해석 등 실무적인 처리 과정에서 직원들이 경험해보지 못한 사례에 대해 대처하는 방식이 다르기 때문입니다. 저는 생성형 AI를 통해 이러한 문제들을 해결할 수 있다고 생각합니다. 금융권은 팩트 위주로 고객에게 설명해야 합니다. 과거 불완전 판매 등의 이슈로 고객에게 대규모 손실을 초래했던 금융 상품 판매 사례 등에서 여실히 드러났듯, 상품에 대한 정확한 설명과 균질화된 서비스 제공이 필수적으로 요구되고 있습니다. 그런 측면에서 생성형 AI를 활용하여 방대한 데이터와 팩트에 기반한 사실관계에 대한 설명, 그리고 고객의 니즈에 최적화된 솔루션을 제공하는 생성형 AI 기반의 상담지원시스템이 구축된다면, 이러한 문제는 해결될 수 있을 것입니다.

인공지능의 발달은 금융 서비스 분야에 근본적이고 혁신적인 변화를 가져오고 있으며, 미래에는 이러한 변화가 더욱 가속화될 것으로 예상됩니다. 먼저 고도화된 데이터 분석 및 예측 모델링이 가능해질 것입니다. AI의 발달은 금융 분야에서 대규모 데이터를 더욱 효과적으로 분석하고 예측하는 데 사용됩니다. 이를 통해 시장 동향 예측, 투자 분석, 리스크 관리 등의 역량이 향상되며 이는 금융기관에게 더욱 정확하고 신속한 의사 결정 능력을 제공하게 될 것입니다. 다음으로는 개인화된 금융 서비스의 확대를 들 수 있습니다. AI는 고객의 개인적인 재정 상태, 소비 습관, 투자 선호 등을 분석하여 개인에게 최적화된 금융 서비스를 제공할 수 있게 합니다. 이는 개인의 재정관리와 투자전략을 맞춤화하는 데 큰 도움이 됩니다. 다음으로는 자동화된 고객 서비스입니다. AI챗봇과 가상 어시스턴트의 발달은 고객 서비스를 혁신합니다. 이들은 고객 질문에 실시간으로 응답하고, 간단한 금융 거래를 도와주며 24시간 고객 지원을 가능하게 합니다. 다음으로는 앞서 살펴본 이상 거래 탐지와 사이버 보안 분야의 획기적인 발전입니다. AI는 비정상적인 거래 패턴을 식별하여 금융 사기를 빠르게 감지하고, 보안 위협에 대응하는 데 사용됩니다. 이는 금융 거래의 안전성을 크게 향상시킬 것으로 기대됩니다. 다섯 번째로는 블록체인과 AI의 융합을 기대할 수 있습니다. 블록체인과 AI의 결합은 거래의 투명성과 효율성을 높이고, 새로운 형태의 금융 서비스를 창출할 수 있습니다. 예를 들어 스마트 계약을 통한 자동화된 거래 실행, 더 빠른 결제 시스템 등의 구현을 기대할 수 있습니다. 여섯 번째로는 규제 기술(Reg Tech)의 발전입니다. AI는 금융 규제 준수를 간소화하고 자동화하는 데 크게 기여할 수 있습니다. 이는 금융기관이 복잡한 규제 환경을 보다 효율적으로 관리할 수 있게 해줍니다. 컨설팅그룹 캡코(Capco)의 규제 인텔리전스 책임자인 피터 두가스(Peter Dugas)는 AI를 사용하여 전 세계 수천 가지 법률 및 규정을 분석할 수 있다는 점이 가장 기대된다고 말하기도 하였습니다. 마지막으로 지속 가능한 금융과 포용적 금융의 촉진에 AI가 기여할 것입니다. 금융 산업은 다양성, 형평성, 포용성(Diversity, Equity, and Inclusion)을 실천해야 한다는 압박에 직면하고 있는 것이 현실입니다. ESG요소를 고려한 투자분석을 강화하고, 금융 소외계층에 대한 예금과 대출의 지원, 맞춤형 상품의 제공 등 포용성을 강화하기 위해서 기존의 방식에서 탈피하여 AI를 활용한 포용적 금융의 지원 체계를 고도화시킬 수 있을 것으로 기대됩니다.

5. 사람이 준비해야 할 것들

인공지능의 발전은 미래에 인간 사회에 큰 변화를 가져올 것이며, AI와 관련된 기술의 빠른 발전은 새로운 기술과 지식을 습득하는 것의 중요성을 강조하게 될 것입니다. 기존의 직업군이 변화하거나 사라지는 경우에 대비하여, 새로운 기술을 배우고, 평생학습의 자세를 갖추는 것이 중요합니다. AI가 일부 직업을 대체함에 따라 기존 직업군에서 새로운 분야로의 경력 전환을 지원하는 프로그램이 필요합니다. 이는 직업훈련 프로그램, 재교육 기회, 커리어 컨설팅 등을 포함할 수 있을 것입니다. 또한, AI 기술의 윤리적 사용과 관련된 지식을 습득하는 것이 중요합니다. 그리고 데이터 해석 및 분석능력은 AI시대에 가장 중요한 역량이 될 것입니다. 2023년 4월에 세계경제포럼(World Economic Forum, WEF)은 일자리의 미래(Future of Jobs)보고서에서 향후 5년 동안 6,900만 개의 일자리가 구조적으로 증가하고 8,300만 개의 일자리가 감소할 것으로 예상했습니다. 동 보고서에 따르면 기업 비즈니스 업무의 거의 절반(약 47%)이 자동화될 것으로 예상하고 있으며, 인공지능 및 머신 러닝 전문가가 가장 빠르게 성장하는 직업 중 1위를 차지하였습니다. 또한, 분석적 사고(Analytical Thinking)와 창의적 사고(Creative Thinking)는 여전히 중요한 핵심 기술(Skill)이며 자동화의 진전에 따라 향후 창의적 사고가 더 중요해질 것으로 전망하고 있습니다. 향후에는 복잡한 문제 해결의 필요성 증가에 따라 5년 이내(2023~2027) 창의적 사고, 분석적 사고, 기술 문해력, 호기심과 평생학습, 탄력성, 유연성 및 민첩성, 시스템적 사고, AI 및 빅 데이터, 동기

부여 및 자기인식, 인재 경영, 고객 서비스 등의 스킬이 중요해질 것으로 예상하고 있습니다.[10)]

  과거에는 인간의 인사이트에 기반한 데이터 해석 능력이 각양각색이었다면 AI 기반 하에서는 최초에 분석되는 인사이트는 공통적인 결론을 도출할 것입니다. 따라서 이를 다양한 시각에서 해석할 수 있는 역량을 갖추는 것이 더욱 중요한 시대가 될 것입니다. 향후 생성형 AI가 획기적으로 발전할 경우 AI가 인간의 창의성과 비판적 사고, 문제 해결 능력을 대체하는 수준까지 발전할 것으로 우려됩니다. 그럼에도 불구하고 인간 간의 소통과 협업에 기반한 문제 해결, 집단 지성을 활용하고 새롭게 도전할 수 있는 창의적인 대안 제시 능력을 AI가 대체할 수 있을 것인가에 대해서는 물음표가 존재합니다. 물론 AI의 발전은 인간의 노동력을 더욱 효율적이고 풍요롭게 사용할 수 있는 기반을 마련하게 될 것입니다. 그렇지만, 인간을 전부 대체하는 수준까지 허용하는 것은 우리 인간 사회의 보편적인 가치를 훼손하는 결과를 초래할 것입니다. 그렇기에 사회적인 안전망을 강화하고, AI 기술의 발전에 대한 주기적인 모니터링을 통해 AI 기술에 대해서도 규제 및 정책을 개발하는 것이 중요합니다. 또한, 향후 AI의 발전으로 초래하게 될 다양한 이슈에 대해서 이해관계자들 간의 협력과 대화의 프로세스가 마련되고 지속적으로 가동될 수 있도록 정부, 기업, 교육 기관, 시민단체 등이 함께 협력하는 것도 중요하다고 할 것입니다. 인공지능에 관한 대학 교과서를 저술한 Russell과 Norvig은 생각하는 것과 행동하는 것, 인간처럼 또는 이성적으로 중에 어떤 것에 초점을 두느냐에 따라 AI를 크게 4가지로 구분하였는데, '인간처럼 생각(Thinking Humanly)', '인간처럼 행동(Acting Humanly)', '이성적으로 생각(Thinking Rationally)', '이성적으로 행동(Acting Rationally)'으로 나누었다. Russell과 Norvig의

AI에 대한 개념적 정의를 생각해보면, AI는 결국 인간이 만들어낸 인간처럼 생각하고 행동하며, 인간이 지닌 이성적인 판단에 따라 생각하고 행동하게 될 것입니다. 우리 인간은 학습하고 교육받고, 노력하더라도 그 결과에 편차가 존재하는 것이 당연하였으며, 역사적으로 볼 때 천재라고 불리는 몇 명의 선도적인 사람들에 의해 발전해왔지만, 앞으로 AI 기술의 발전으로 인해 가장 똑똑하고 영리한, 즉 천재와 같은 AI가 우리 곁에 나타나서 인간의 삶을 풍요롭게 해줄 수 있기를 기대하게 됩니다. 특히, 금융 분야의 AI는 타 분야의 AI와는 성격이 조금 다르다고 할 수 있습니다. 앞서 살펴본 신용 평가, 자산 관리, 챗봇, 이상 거래 탐지, 로보어드바이저 등 금융 분야에서 가장 활발히 사용되고 있는 AI 금융 서비스를 떠올려 보세요. 금융 거래를 이용하면서 이성적으로 생각하고 행동하지 않을 경우, 입게 되는 피해가 너무 큽니다. AI를 기반으로 인간이 이성적으로 생각하고 행동하도록 도움을 주는 금융 서비스의 개발과 진화가 더욱 반가운 이유입니다.

4장 제조업

한국의 인구 구조와 제조업의 미래

한국 제조업, 벼랑 끝에 서 있나?
: 인구 구조 변화가 던지는 심각한 도전

김임환

반도체의 시대: 30년의 현장 경험을 통해 배우다

저의 직업 여정은 1994년, 인터넷과 컴퓨터가 세계를 변화시키기 시작했을 때 반도체 산업에 첫발을 내디디며 시작되었습니다. 1995년 한국은 일인당 국민소득 1만 불 시대를 열었고, 1997년 외환 위기 이후 한국 기업들의 체질 개선 및 글로벌 IT시장의 호황이 이어지면서, 부가가치가 높은 산업으로 전환과 중국 시장의 성장으로 2006년 일인당 국민소득 2만 불 그리고 2018년 3만 불의 시대를 만들었습니다. 이를 통해 한국은 중진국에서 선진국 수준으로 도약하였지만 동시에 고령사회로 진입하게 되었습니다. 유엔(UN)과 세계보건기구(WHO)를 비롯한 여러 국제 기구들에 의해 사용되는 표준에 따르면 고령화사회는 65세 이상 인구가 전체 인구의 7% 이상, 고령사회는 14% 이상이며, 초고령사회는 20% 이상입니다. 사실 고령사회로 분류되는 것은 인구 구조에 중대한 변화가 일어났음을 의미합니다. 고령사회의 문제는 다양한 사회적, 경제적, 정책적 측면에서 나타나지만 그중 고령화로 인한 활동 인구 감소는 노동력 부족을 초래하고, 경제 성장 둔화를 가져옵니다. 한국과 비슷한 상황인 일본과 독일도 노동력 부족 문제를 해결하기 위해 적극적인 이민 정책을 도입하는 동시에, 고령자의 노동시장 참여를 위한 고용 확대와 유연근무제를 통해 다양한 생활 패턴을 가진 인구가 노동시장에 참여할 수 있도록 하고 있습니다. 한국의 경우 역동적인 노동력과 IT의 발전과 함께 수출주도형 제조기업 중심으로 경제발전을 만들어 왔지만 한국의 저출산과 고령화는 제조업계에 큰 도전을 안겨주었고, 이는 노동력 감소라는 현실적인 문제로 나타나고 있는 상황입니다. 반도체 업계 역시 이와 무관하지 않아서 제가 경험하고 있는 변화를 이 책에 담고자 했습니다. 1990년대부터 현재에 이르기까지 기술이 우리의 삶을 어떻게 변화시켰는지, 그리고 우리가 어떻게 이 변화에 발 맞춰 나아갔는지와 제조업에서의 인력 감소 문제에 대응하기 위해 인공지능을 어떻게 활용하고 있는지에 대한 실질적인 사례를 이야기하고자 합니다. 저의 목표는 독자들에게 과거와 현재를 잇는 이야기를 전달하고, 미래를 위한 준비와 혁신의 중요성을 강조하는 것입니다. 이 책이 독자분들에게 기술적, 사회적 변화의 깊이를 이해하고, 위기를 기회로 전환하는 인사이트를 얻는 기회가 되기를 바랍니다.

코리아 신드롬의 빛과 그림자: 제조업의 위기와 도시 쇠퇴의 연결고리

현재 한국이 직면하고 있는 중대한 두 가지 사회·경제적 문제가 있습니다. 제조업의 위기와 지방 소멸의 위험이 그것입니다. 이 두 문제는 서로 긴밀하게 연결되어 있습니다. 제조업의 위기는 일자리 창출과 지역경제의 활력을 저해하고, 이는 지방 소멸의 위험을 높이는 주된 원인이 됩니다. 통계청 자료에 따르면 2023년 기준 전국 229개 시·군·구 중 50%가 넘는 118개 지역이 '지역소멸위험' 단계라고 합니다.

이러한 지방 소멸 위험은 수도권의 인구 집중과 저출생 문제를 가중시킵니다.

아래 그림 4.1은 2030년을 예상한 대한민국 총 인구의 연령별 인구 분포를 나타냅니다. 0~14세의 유소년층이 13.1%인 데 반해, 65세 이상 고령층이 21.4%입니다. 이는 생산 가능한 인구의 감소를 의미하며, 경제 성장의 저하, 사회보장 재정의 악화로 이어집니다. 한편, 유소년층의 감소는 사회의 활력 저하, 문화적 다양성의 감소, 국가 경쟁력의 약화 등의 문제를 일으킬 수 있습니다. 이처럼 한국 사회는 급속한 인구 구조의 변화로 인해 심각한 위기에 직면해 있습니다.

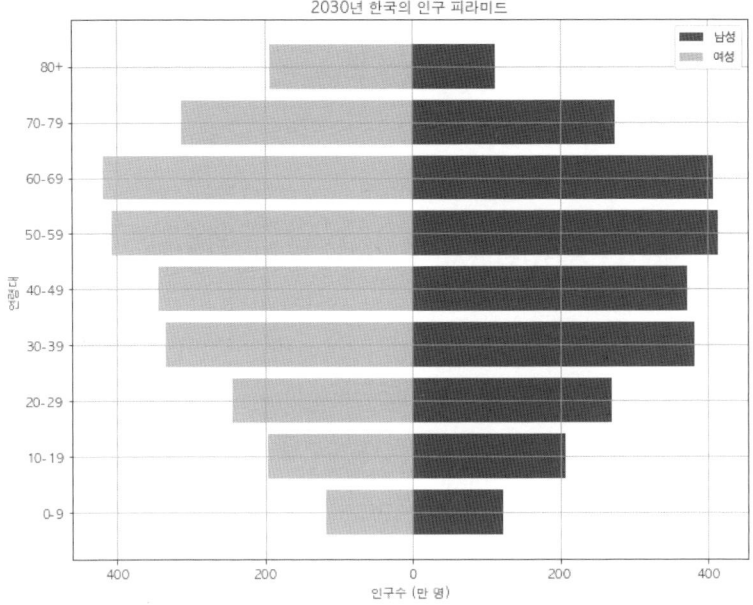

그림 4.1 대한민국 인구피라미드: 2030년(단위: 만명), 데이터 출처: KOSIS

    2023년 한국의 총합출산율은 0.7명으로 사상 최저이며, 인구 유지를 위해 필요한 기준인 2.1명과 크게 차이 납니다. 일본의 1.34명에 비해서도 세계 최저 수준입니다. 특히 서울의 출생률은 0.63명으로, 전국 평균보다 더 낮습니다. 또한 한국에서 매년 100만 명 이상 태어나던 시기의 1963년생 이후 분들이 본격적으로 2023년부터 은퇴하기 시작했습니다. 단순 계산으로 이분들이 매년 100만 명씩 은퇴를 한다고 하면 매년 60만 명씩 태어났던 2000년생들의 신규 가용노동 인력과의 차이는 매년 40만 명입니다. 앞으로 20년간 800만 명이 넘는 인력이 적극 가용노동인력에서 빠져 나가게 되는 것이죠. 이는 전체 노동

인구인 2,800만 명에서 30% 정도 차지하는 숫자입니다. 이들의 공백과 은퇴 세대들의 경제활동 둔화는 한국 경제에 중대한 도전을 제기합니다.

1990년부터 2010년까지: 고성장과 제조업의 활황

한국 경제의 최근 역사를 두 시기로 나누어 관찰하면, 제조업의 발전과 국가 경제 성장률의 상관관계가 명확하게 드러납니다. 이 기간 동안 한국 경제는 글로벌 금융 위기를 비롯한 여러 도전에도 불구하고 뚜렷한 성장을 경험했습니다. 2010년까지는 7.0% 이상의 높은 성장률을 과시했으며, 이는 제조업 부문의 인력 증가로 이어졌습니다. 전체 종사자 수는 29% 증가하였고, 이 중 제조업은 18% 증가하여 약 707,546명의 일자리가 추가되었습니다.

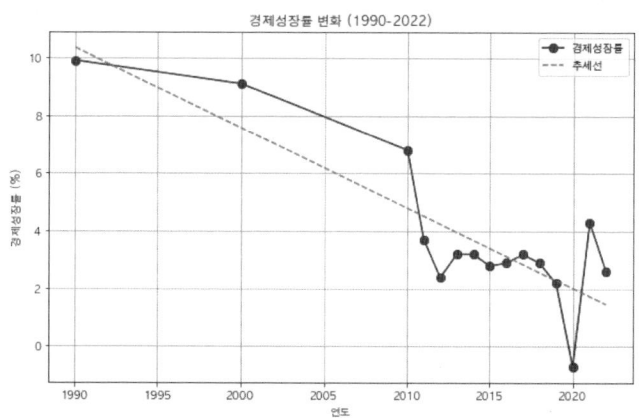

그림 4.2 대한민국 경제성장률: 1990-2022년(단위: %), 출처: 국가지표체계

2011년부터 2021년까지: 성장률 정체와 제조업의 위축

2010년 이후 경제는 정체 이후 감소하는 성장률을 보였습니다. 특히 2020년 COVID-19 팬데믹이 세계 경제에 미친 충격은 한국도 예외가 아니어서, 경제 성장률은 -0.6%로 역성장을 기록했습니다. 이런 경제적 위축 상태는 제조업에도 영향을 미쳤으며, 해당 기간 동안 제조업 종사자 수는 2% 감소했습니다. 이는 제조 중심의 국가에서 지식 정보화 시대로 빠르게 전환되고 있는 이유 중 하나입니다. 2007년부터 2017년까지 10년간 70만 명의 제조업 종사자가 늘어났는데, 그 이후 2021년까지는 10만 명도 넘지 못했다는 것은 이를 방증합니다. 이런 이유 때문인지 2021년 경제는 4.3%의 성장률로 반등을 이루었음에도 불구하고, 제조업은 여전히 위축된 상태를 면치 못했습니다. 이는 제조업이 경제 성장의 주요 동력으로서의 역할을 이전처럼 수행하지 못하고 있음을 나타내는 신호입니다. 제조업의 위기와 지방 소멸 위험은 한국의 미래에 큰 위협이 되며, 이 두 문제를 해결하기 위한 종합적인 접근이 필요합니다. 제조업의 쇠퇴는 국내 일자리 창출을 억제하며, 이는 인구 절벽과 도시 쇠퇴 문제를 더욱 심화시키는 악순환을 초래합니다.

한국 제조업의 현황

세계의 첨단 기술 개발을 선도한다 해도 과언이 아닌 한국의 반도체, 디스플레이, 철강, 조선, 석유화학, 자동차 등의 제조업은 기술 발전에 있어 중요한 역할을 담당함과 동시에 한국 경제의 중심축입니다.

(2021년 기준 국내총생산(GDP)에서 제조업이 차지하는 비중 29.0%, 388만 명의 고용 창출, 전체 노동 인구의 약 20%)

수출 면에서도 한국의 제조업은 약 44%를 차지하며, 이는 한국 경제의 수출 의존도를 높이는 데 기여하고 있습니다. 특히, 자동차 산업은 1,000조 원의 매출과 함께 550억 달러의 수출을 기록했고, 전자 산업은 700조 원의 매출에 1,110억 달러의 수출을, 조선 산업은 300조 원의 매출과 300억 달러의 수출을, 철강 산업은 200조 원의 매출과 150억 달러의 수출을, 석유화학 산업은 150조 원의 매출과 250억 달러의 수출을 기록하며 한국 경제의 성장을 견인하고 있습니다.

이러한 성과는 반도체 산업이 한국 경제 내에서 매우 중요한 역할을 하고 있음을 명확하게 보여주며, 한국의 경제 성장과 국제 경쟁력에 있어 핵심적인 기여를 하고 있음을 확인시켜줍니다.

제조업	매출액 (조 원)	수출액 (억 달러)
자동차	1,000	550
반도체	700	1,110
조선	300	300
철강	200	150
석유화학	150	250

표 4.1 2023년 상반기 제조업 업종별 동향 보고서,
데이터 출처: 한국은행

반도체로 읽는 산업의 변화

반도체 기술의 발전은 산업 혁명을 새로운 차원으로 이끌었습니다. 이 기술의 진보는 단순한 제품 개선을 넘어서 산업 구조와 경제 전반에 걸친 근본적인 변화를 가져왔습니다. 반도체 공정 미세화는 기기의 소형화와 성능 향상을 동시에 가능하게 하였고, 기업들은 속도와 효율성을 갖춘 제품을 개발함으로써 소비자 경험을 혁신적으로 개선했습니다. 디지털 기술의 발전은 데이터 처리, 저장 및 통신 방식에 혁신을 가져왔으며, 산업의 디지털화를 가속화하고, 제조에서 서비스에 이르는 다양한 분야에서 생산성과 효율성을 크게 증진시켰습니다. 더 나아가 반도체 기술은 IoT, 자율주행 차량, 인공지능과 같은 새로운 산업 분야의 출현을 가능하게 했으며, 이러한 분야들은 반도체 기술의 진보 없이는 존재할 수 없는 영역들입니다. 반도체는 국가 간 경제 경쟁에서 중요한 요소로 부상했으며, 기술 선도권을 확보하기 위한 국가들의 연구 개발 투자는 지속적으로 증가하고 있습니다. 한국은 반도체 산업을 통해 글로벌 산업의 중심지로 자리매김했으며, 이 산업은 한국의 경제 성장, 산업 구조의 변화, 사회적 변화를 촉진하는 핵심 동인이 되었습니다. 1980년대 중반 이후 급속한 성장을 이룩한 한국의 반도체 산업은 나라의 경제 발전을 견인해왔습니다. 이 산업은 수출과 무역수시에 큰 이익을 가져다 주었고, 많은 일자리를 창출했습니다. 또한 한국 기업들은 반도체 기술의 연구와 개발(R&D)에 많은 투자를 해왔습니다. 이를 통해 20나노미터 이하의 초미세 공정 기술을 세계 최초로 개발하는 등 선두주자로서 위치를 확고히 했습니다. 현재는 3나노미터 공정 기술 개발에 박차를 가하고 있습니다. 이러한 기술 혁신은 한국을 글로벌 시장에서 경쟁력 있는 위치로 이끌었고, 메모리 반도체와 시스템 반도체 분야에서 세계 시장을 선도하고 있습니다. 이는 한국의 산업 구조를 혁신적이고 기술 중심으로 전환시키는 데 크게 기여했습니다. 반도체 기술의 발전은 한국 사회의 디지털화와 정보화를 가속화시켜 일상생활의 편의성과 정보 접근성을 크게 향상시켰습니다. 스마트폰, 컴퓨터, 인공지능, 사물인터넷 등 다양한 분야에 활용되고 있습니다. 또한, 한국은 반도체 산업의 환경적 영향과 지속 가능성에 주목하며 친환경 기술과 에너지 효율적인 솔루션을 개발하는 데 투자하고 있습니다. 이러한 노력은 반도체 산업의 지속 가능한 발전을 위해 필수적입니다. 이처럼 반도체 산업은 한국의 산업과 사회, 경제적 발전에 깊은 영향을 미쳤으며, 한국을 미래의 도전과 기회에 대해 잘 준비된 글로벌 산업의 핵심 플레이어로 만들었습니다. 반도체 기술의 급속한 발전은 산업의 변화는 물론, 사회와 일상 생활의 모든 측면에 깊은 영향을 미치고 있으며, 이는 우리가 새로운 산업 시대의 문턱에 서 있다는 것을 확인시켜줍니다.

반도체란 무엇인가?

반도체는 전기가 흐르는 정도가 도체와 부도체의 중간 정도인 물질입니다. 이로 인해 전자 회로의 핵심 구성 요소로서의 기능을 수행하며, 다양한 전자 기기에 적용됩니다. 우리가 흔히 사용하는 "전기가 통한다" 혹은 "전기가 안 통한다"는 표현은 실제로 전류가 흐르거나 흐르지 않는다는 의미인데, 이는 바로 도체와 부도체의 특성을 나타냅니다. 반도체(Conductor)는 전기나 열이 잘 흐르는 물질을 말하며, 예로는 철, 전선, 알루미늄 등이 있습니다. 반면, 부도체(Insulator)는 전기나 열이 흐르지 않는 물질로, 유리, 도자기, 플라스틱 등이 있습니다. 도체는 전기 전도도가 높고, 부도체는 거의 0에 가까운 전기 전도도를 가집니다.

반도체(Semiconductor)는 이 두 성질의 중간에 위치하며, 순수한 상태에서는 거의 전기가 통하지 않지만, 특정 조건 하에서 전기가 흐르게 할 수 있습니다. 예를 들어, 빛이나 열을 가하거나 특정 불순물을 첨가함으로써 전기가 흐르도록 만들 수 있습니다. 이러한 반도체의 특성 덕분에 전구의 점등 여부를 조절하는 것과 같이 물질의 전기적 성질을 인위적으로 조절할 수 있습니다. 반도체는 이러한 조작을 통해 도체처럼도, 부도체처럼도 작동할 수 있는 '능력자'로서, 전자 기기의 정밀한 작동을 가능하게 하는 신비한 능력을 가지고 있습니다. 이는 반도체가 현대 기술 혁명의 중심에 서 있는 이유이며, 컴퓨터, 스마트폰, 인공지능, 사물인터넷과 같은 혁신적인 발명품들을 탄생시킨 핵심 기술입니다. 이러한 반도체 기술 덕분에 컴퓨터 CPU, 스마트폰 중앙 처리 장치, 인공지능 컴퓨터 시스템 등이 복잡한 연산을 빠르고 정확하게 처리할 수 있습니다. 반도체 없이는 현대 디지털 세계가 존재하기 어려울 정도로, 반도체는 현대 사회의 여러 혁신적인 기술 발전에 기여하고 있습니다. 반도체는 컴퓨터, 스마트폰, 인공지능과 같은  다양한 혁명적 발명품의 탄생에 중요한 역할을 했습니다. 컴퓨터는 정보를 저장하고 처리할 수 있는 능력으로 우리의 업무, 학습, 생활에 필수적인 도구가 되었습니다. 스마트폰은 컴퓨터의 기능을 휴대 가능하게 하여 일상 생활을 혁신했습니다. 인공지능은 복잡한 문제를 해결하고 예측 가능성을 높이는 데 기여하며, 다양한 분야에서 활용됩니다. 사물인터넷(IoT) 기술 역시 반도체 덕분에 발전했습니다. 이 기술은 사물들이 서로 정보를 교환하며 스마트한 환경을 조성할 수 있도록 해줍니다. 반도체는 이러한 기술의 핵심 부품인 센서, 통신 모듈 등을 제작하는 데 사용됩니다.

한국 반도체 산업의 역사

한국의 반도체 산업은 1960년대 중반, 미국 기업들이 비용 절감을 위해 조립과 포장 작업을 낮은 임금 국가로 이전하면서 시작되었습니다. 1970년대에 들어서면서 한국 정부는 전자 산업 육성을 위해 전자공업과와 전자통신연구소를 설립했고, 이를 기반으로 체계적인 전자 산업 발전을 추진했습니다. 1974년에는 한국반도체가 국내 최초의 반도체 웨이퍼 가공 대량 생산 업체로 설립되었으며, 이는 강기동 박사가 미국에서 귀국하여 설립한 회사로, 3인치 웨이퍼 가공설비를 보유하고 있었습니다. 1960년대 말부터는 국내 기업들이 반도체 조립 회사를 설립하기 시작했으며, 아남산업, 금성사(현재의 LG), 한국전자 등이 외국의 반도체 조립 기술을 도입하여 국내 최초의 반도체 기술 인력을 양성했습니다. 1980년대에는 삼성, 현대, 금성(현재의 LG) 등 대기업들이 대규모 투자를 시작하며 한국 반도체 산업은 본격적인 성장을 이루었습니다. 정부는 전자 산업 육성 방침을 발표하며 반도체 국산화를 강조했고, 삼성전자는 1983년 국내 최초로 64K D램을 국산화하는 역사적인 성취를 이루었습니다. 1980년대 후반에 접어들어 한국 반도체 산업은 급속한 성장을 이루어 냈습니다. 삼성전자는 1988년 DRAM 세계 시장에서 1위를 차지하며 세계적인 주도 기업으로 부상했습니다. 1990년대에는 메모리 반도체 분야에서 세계 최고의 기업 중 하나로 자리매김했습니다. 2000년대에는 메모리 반도체뿐만 아니라 비메모리 반도체 분야로 진출했습니다. 삼성전자는 2002년 세계 최초로 128MB NAND 플래시 메모리를 개발했고, 2003년에는 1GB NAND 플래시 메모리 양산에 성공했습니다. 2010년대에는 첨단 기술 분야에서의 경쟁력을 강화해 나갔고, 삼성전자는 2012년 세계 최초로 20nm 공정 기반의 D램을 양산했으며, 2014년에는 3D NAND 플래시 메모리를 개발하는 등 혁신적인 업적을 이루어 냈습니다. 2020년대에 들어서 한국의 반도체 산업은 메모리 반도체와 비메모리 반도체 모두에서 세계 시장을 주도하고 있으며, 삼성전자와 SK하이닉스는 세계 메모리 반도체 시장에서 70% 이상의 점유율을 차지하고 있습니다. 이러한 역사를 통해 한국은 반도체 분야에서 글로벌 리더의 위치를 확고히 해 왔습니다.

한국 반도체 산업의 대표 기업 삼성전자

1974년, 삼성전자가 한국반도체의 지분을 인수하며 반도체 사업에 첫발을 내디뎠습니다. 이는 당시 이미 반도체가 미래 전자산업에서 중요한 역할을 할 것이라는 전망 아래, 선견지명 있는 결정이었습니다. 삼성전자는 이후 약 10년간의 기술 개발 끝에 1983년 세계에서 세 번째로 64Kb D램을 개발하며 성공의 기틀을 마련했습니다. 이

기술은 한국의 등록 문화재로도 지정되었을 만큼 중요한 업적이었습니다. 1990년대, 삼성전자는 NAND Flash 등 혁신적인 제품 개발로 글로벌 시장에서 큰 파장을 일으켰으며, 1993년 세계 최초로 64M NAND Flash를 개발한 것은 삼성전자가 글로벌 반도체 시장의 강자로 부상하는 데 결정적인 역할을 했습니다. 2000년대 들어, 삼성전자는 세계 시장을 주도하기 시작했고, 다양한 디지털 기기에 삼성전자의 반도체가 탑재되며 그 입지를 공고히 했습니다. 2003년에는 세계 최초로 1Gb DDR SDRAM을 개발하며 데이터 처리 속도를 혁신적으로 향상시켰습니다. 2010년대에는 삼성전자는 자동화와 기술적 노력을 통해 지속적인 생산성을 높이며 이 위기를 극복했습니다. 이 시기에도 삼성전자는 2012년 세계 최초로 20nm 공정 기반의 D램을 양산하고, 2014년에는 3D NAND 플래시 메모리를 개발하는 등의 혁신을 계속했습니다. 삼성전자의 반도체 매출 증가는 스마트폰과 태블릿 PC 등 모바일 기기의 보급 확대에 따른 것으로 분석됩니다. 삼성전자는 모바일 기기에 탑재되는 메모리 반도체 분야에서 세계 시장 점유율 1위를 차지하고 있습니다. 2010년대 세계 반도체 시장은 삼성전자와 미국의 인텔이 양분하는 양상입니다. 삼성전자는 메모리 반도체 분야에서, 인텔은 CPU와 SSD 등 비메모리 반도체 분야에서 세계 시장 점유율 1위를 차지하고 있습니다. 이로 인해 2010년에는 16조 4,000억 원이었던 삼성전자의 반도체 매출은 2019년에는 51조 2,000억 원으로 증가했습니다. 이는 10년 동안 약 3배 증가한 수치입니다. 2020년대에 들어서면서 삼성전자는 여전히 세계 반도체 시장을 선도하고 있으며, 2022년에는 세계 최초로 3nm DRAM 개발을 발표함으로써 기술 경쟁력을 더욱 강화하고 있습니다. 이러한 혁신적인 제품 개발과 시장 점유율 확대는 삼성전자 반도체 사업이 한국 경제에 끼치는 영향을 말해 줍니다. 삼성전자 반도체 사업은 수출 증대와 함께 약 20만 명의 고용을 창출하고, 한국의 과학 기술 발전에도 크게 기여하고 있습니다. 이는 삼성전자가 단순한 반도체 제조사를 넘어 한국 경제의 주춧돌이자 세계 반도체 시장의 선두주자로서 중요한 역할을 하고 있음을 보여줍니다.

반도체 산업의 전망

시장 조사 업체인 옴디아는 매 분기마다 세계 반도체 시장의 매출과 전망을 발표하고 있습니다. 이에 따르면 2023년 세계 반도체 매출은 5,366억 달러를 기록할 것으로 예상되며, 이는 중국 경기 둔화와 미국의 금리 인상 등의 대외 여건 악화가 원인으로 보입니다. 하지만, 2024년부터는 매출이 증가하기 시작할 것으로 보이며, 반도체 수요의 회복과 기술 발전에 힘입어 가격이 상승하면서 2026년에는 7,080억 달러에 이를 것으로 예상됩니다. 연평균 8.1%의 성장을 기록하면서 산업이 재기에 성공할 것으로 보입니다. 특히, 아시아 및 오세아니아 지역이 2026년까지 연평균 8.7%의 높은 성장률을 기록할 것으로 예상되며, 이는 중국의 반도체 산업 투자 확대와 5G, AI, 자율주행 등 신기술 수요 증가에 기인합니다. 반도체 산업은 글로벌 경제와 기술 발전에 중요한 역할을 하고 있으며, 매출 규모에서도 전 세계 100대 기업 매출의 약 10%를 차지할 정도로 경제적으로 중요함과 동시에 신기술 발전에 따라 지속적으로 성장할 것으로 예상되며, 기술 혁신이 다른 산업에도 영향을 미쳐 새로운 시장 창출과 기존 산업 혁신에 기여할 것입니다.

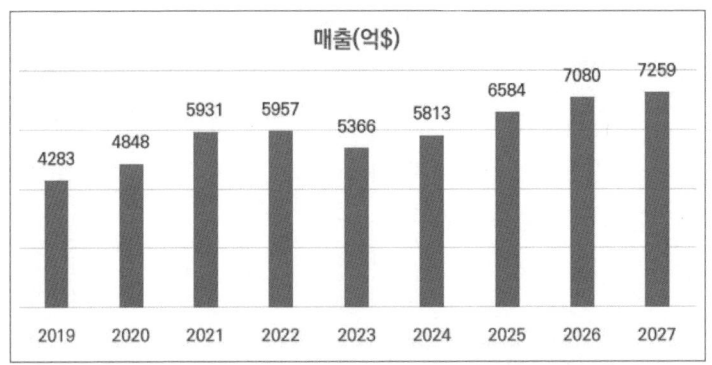

그림 4.3 연도별 글로벌 반도체 시장 매출실적 및 전망 (단위: 억$),
데이터 출처: 옴디아 2023

경제적으로 반도체 산업은 고부가가치를 창출하고 많은 일자리를 제공하며, 기술적으로 첨단 산업의 발전을 지원합니다. 또한, 국가 안보 측면에서도 군사 및 안보 기술의 핵심 요소로 작용합니다. 이처럼 반도체 산업은 그 중요성이 경제, 기술, 국가 안보 등 여러 측면에서 계속해서 강조되고 있습니다.

한국 반도체 기업들의 위기

한국 내 반도체 기업들은 산업 내에서의 높은 매출 규모와 시장 점유율에도 불구하고, 여러 외부적 요인과 내부적 도전에 직면해 있음을 반영합니다. 매출 규모가 세계 1위이고 반도체 비중이 29.6%에 달하는 것은 삼성전자와 SK하이닉스 등이 반도체 분야에서 강력한 선두 주자임을 보여주지만, 글로벌 경쟁의 심화, 경제 상황의 변동성, 기술 혁신의 필요성, 그리고 새로운 인재 유치와 기존 인재 유지의 어려움 등 다양한 위기 요인에 직면해 있습니다. 인텔과 TSMC, 마이크론 같은 다른 반도체 기업들도 높은 매출 규모와 시장 점유율을 보이며 강력한 경쟁자로서의 위치를 확보하고 있습니다. 이러한 경쟁 환경은 국내 반도체 기업들에게 지속적인 혁신과 경쟁력 강화를 요구하며, 시장의 변화와 소비자의 수요 변동에 빠르게 대응할 필요성을 강조합니다. 국내 반도체 기업의 위기는 단순히 기업 내부의 문제에 국한된 것이 아니라, 글로벌 반도체 산업의 변화와 세계 경제의 불확실성, 기술 발전의 속도 등 외부적 요인과도 밀접하게 연결되어 있습니다. 삼성전자를 예로 들면 2009년부터 2021년까지의 매출과 이익, 종업원 수의 변화 차트에 따르면, 삼성전자는 2013년 이후 종업원 수는 증가했음에도 불구하고 매출과 이익은 애플에 비해 정체되는 양상을 보이고 있습니다. 특히, 2013년부터 2015년까지 종업원 수 증가에도 불구하고 매출과 영업이익은 하락한 것은 주목할 만한 부분입니다.

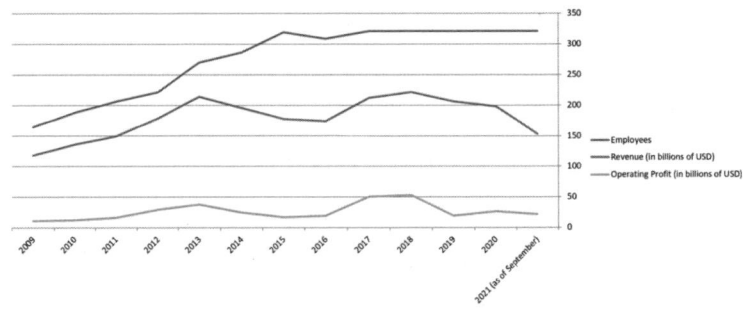

그림 4.4 삼성전자 매출과 영업이익 및 종업원 수, 단위: 조원, 만 명,
출처: 삼성전자 IR자료

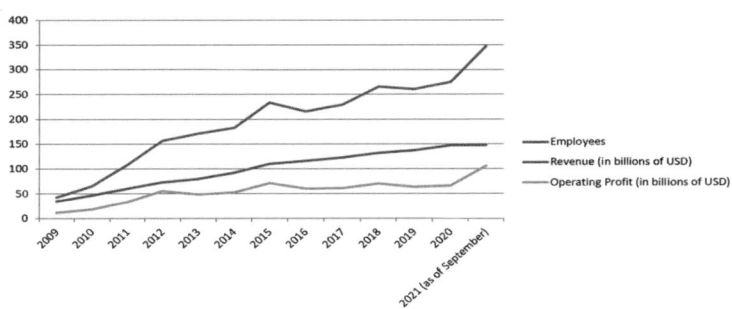

그림 4.5 애플 매출과 영업이익 및 종업원 수, 단위: 조원, 만 명,
출처: 삼성전자 IR자료

　삼성전자의 매출 성장 둔화는 경쟁 심화, 경제 상황, 제품 리콜 및 품질 문제, 특정 제품에 대한 수요 감소, 그리고 공급망 중단과 같은 다양한 요인들에 기인하지만, 이러한 요인들은 특히 글로벌 스마트폰 시장의 포화와 기술 발전의 정체, 그리고 COVID-19 팬데믹으로 인한 공급망 문제로 인해 더욱 복잡해졌습니다. 이와 대조적으로, 애플은 지속적인 제품 혁신과 서비스 확장으로 성장을 지속하고 있으며,

TSMC와 같은 기업들은 반도체 위탁생산 분야에서 선두 위치를 확보하고 있습니다.

국내 반도체 기업들의 현재 상황은 과거의 성공에 대한 자기 만족에 빠져 혁신의 기회를 놓치고 있지 않은지 재검토할 필요가 있습니다. 이는 회사의 장기적인 성장과 산업 내 경쟁력을 유지하기 위한 중요한 과정입니다. 과거 10년 전 세계 IT기업 1위로서의 영광에 대한 고찰은 필수적이며, 이는 회사가 현재 직면하고 있는 새로운 기술적, 경제적, 사회적 도전들에 대응하기 위해 새로운 전략과 혁신적인 접근 방식을 수립하는 데 도움이 될 것입니다. 제가 생각할 때 이런 위기 상황에 처하게 될 원인 중 하나는 우수한 인재 확보와 기존 사업 강화, 그리고 신사업 발굴에 어려움을 겪고 있다는 것입니다. 특히, MZ세대라고 불리는 밀레니엄 세대와 Z세대는 전통적인 고용 형태에 대한 기대와 요구가 이전 세대와는 다르다는 점에서 회사의 인재 관리 전략에 중대한 변화를 요구하고 있습니다. 이 세대는 유연한 근무 조건, 의미 있는 일, 원격 작업의 선호, 전통적 기관에 대한 불신, 경제적 및 재정적 자립성을 추구하며, 이는 전통적인 기업이 제공하는 직장 환경과 크게 대조됩니다. 이러한 새로운 세대의 요구를 충족시키기 위한 좀 더 유연한 환경을 만들기 위해 고민해야 하며, 이는 회사의 기업 문화, 채용 정책, 근무 환경의 혁신을 포함할 수 있습니다. 또한, 전통적인 고용 형태에 대한 변화를 인정하고, 이에 적응할 수 있는 유연성을 가진 조직으로 거듭나야 합니다. 이는 새로운 인재를 유치하고 유지하는 것뿐만 아니라, 회사가 미래 지향적인 혁신을 추진하고 지속 가능한 성장을 달성하는 데 필수적인 요소가 될 것입니다.

노동집약적 산업 반도체

글로벌 시장조사기관 IHS에서 발표된 S&P report "Looming semiconductor talent shortfall indicates a tangled road ahead" 자료에 따르면 총 71개의 반도체 공장이 추가로 2026년까지 건설될 것으로 예상하고 있습니다. 또한 SEMI Foundation 보고서에 따르면, 2030년까지 글로벌하게 대략 1백만 명의 반도체 인력이 부족할 것으로 전망하며 실제로 빅테크, 자동차 업체들도 직접 반도체 개발의 필요성이 커지고 있어서, 그들과의 반도체 인력 경쟁도 심화될 것이라고 합니다. 이러한 인력 부족은 글로벌한 현상이고, 국가이건 회사이건 반도체 인력 공급에 우선권을 갖기 위해 지속적인 노력이 필요한 상황이나, 지난 10년간 줄어든 한국의 노동 인력 감소뿐만 아니라 양성 기관도 부족해서 이 문제는 시간이 갈수록 심각해질 것으로 예상됩니다. 삼성전자 반도체 사업부의 인력은 2023년 3월 기준으로 약 13만 명입니다. 이 중 연구개발(R&D) 인력이 약 4만 명으로 가장 많고, 생산직이 약 3만 명, 영업직이 약 2만 명, 관리직이 약 4만 명입니다. R&D 인력은 반도체의 설계, 개발, 제조, 품질 관리 등을 담당하고, 생산직은 반도체의 제조를 담당하고, 영업직은 반도체의 판매와 마케팅을 담당하고, 지원직은 인사, 재무, 회계, 법무, IT 등 다양한 업무를 담당합니다.

반도체는 매우 복잡한 기술을 필요로 하기 때문에, 반도체를 설계하고 제조하는 데는 많은 인력이 필요합니다. 또한 반도체가 만들어지기까지 걸리는 시간은 반도체의 종류와 공정 기술에 따라 다르지만, 일반적으로 반도체가 만들어지기까지는 약 6개월에서 1년 정도 걸립니다. 반도체 공정은 크게 웨이퍼 제조, 프론트 엔드 공정, 백 엔드 공정으로 나뉩니다. 웨이퍼 제조는 반도체 소자를 형성하기 위한 기판이 되는 실리콘 웨이퍼를 제조하는 공정입니다. 프론트 엔드 공정은 실리콘 웨이퍼 위에 반도체 소자를 형성하는 공정입니다. 백 엔드 공정은 프론트 엔드 공정에서 만들어진 소자들 사이, 그리고 외부 접점과 금속 배선(Interconnect)을 형성하는 공정입니다. 반도체 공정은 매우 복잡하고 정밀한 공정입니다. 반도체 공정은 반도체의 성능, 전력 소모, 가격에 큰 영향을 미칩니다. 매우 복잡하고 긴 시간이 걸리는 반도체 사업은 연구 개발과 생산 인력이 많이 필요합니다. 삼성전자의 경우 세계적으로 약 100여 개국에 진출해 있으며, 미국, 유럽, 중국, 일본, 한국 등 주요 국가에 생산 공장을 운영하고 있습니다. 삼성전자 반도체 사업부는 세계 반도체 시장에서 1위를 차지하고 있으며, 메모리 반도체, 시스템 반도체, 파운드리 등 다양한 분야에서 경쟁력을 갖추고 있습니다만, 그만큼 많은 인력이 필요합니다. 그러나 인력 부족 현상은 어제 오늘의 일만은 아닙니다. 몇 가지 이유를 들자면 첫째, 반도체 산업의 성장으로 인력 수요가 증가하고 있습니다. 반도체는 4차 산업혁명의 핵심 부품으로, 그 수요가 계속해서 증가하고 있습니다. 이에 따라 반도체 기업들은 인력을 더 많이 필요로 하고 있습니다. 둘째, 반도체 산업의 기술 난이도가 높아지고 있습니다. 반도체 기술은 계속해서 발전하고 있으며, 그 기술 난이도도 높아지고 있습니다. 이에 따라 반도체 기업들은 고급 인력을 더 많이 필요로 하고 있습니다. 셋째, 반도체 산업의 경쟁이 치열해지고 있습니다. 반도체 산업은 세계적인 경쟁이 치열한 산업입니다. 이에 따라 반도체 기업들은 경쟁력을 유지하기 위해 인력을 더 많이 필요로 하고 있습니다. 넷째, 한국의 인구가 줄어들고, 다양한 취업의 기회가 있기에 어렵고 힘들어 보이는 반도체 사업에 관심은 있으나 개발과 생산직으로 취업하려는 신입 인력들이 줄고 있으며 관련 전공자의 수도 매우 부족합니다. 이러한 인력 부족 현상을 극복하기 위해 다음과 같은 노력을 하고 있습니다. 첫째, 인재 양성에 투자하고 있습니다. 국내외 대학과 협력하여 반도체 인재를 양성하고 있습니다. 또한, 자체적으로 반도체 인재를 양성하는 프로그램도 운영하고 있습니다. 둘째, 인재 유치에 적극적으로 나서고 있습니다. 국내 반도체 기업들은 다양한 채널을 통해 인재를 유치하고 있습니다. 또한, 인재들에게 다양한 복리후생을 제공하고 있습니다. 셋째, 인재의 이탈을 방지하기 위해 노력하고 있습니다. 인재들에게 다양한 교육과 훈련을 제공하고 있습니다.

디지털 전환(Digital Transformation)을 통한 위기 극복

 기존에 사람이 많이 필요하던 일들을 좀 더 전산화하고 프로세스 및 자동화하여 사람의 의존 비중을 낮추려는 노력을 지속적으로 하고 있습니다. 그 활동의 일환이 Digital Transformation입니다. 『Journal of Interactive Marketing』 2023년 3월호에 실린 〈Opportunities of and Necessities for a Digital Transformation in Sales and Marketing in a Leading Electronics Company〉 논문에 따르면 디지털 기술의 발전으로 인해 고객의 요구가 다양해지고 있으며, 경쟁 환경이 더욱 격화되고 있습니다. 이러한 변화에 대응하기 위해 전자 제품 회사는 영업 및 마케팅 부문에서 디지털 혁신을 추진할 필요가 있습니다.

디지털 전환(Digital Transformation)은 말 그대로 디지털 기술을 사회 전반에 적용하여 전통적인 사회 구조를 혁신시키는 것입니다. 디지털 전환은 기업, 정부, 개인 등 사회 전반에 걸쳐 일어나고 있습니다. 기업은 디지털 기술을 사용하여 새로운 제품과 서비스를 개발하고, 기존의 제품과 서비스를 개선하고 있습니다. 정부는 디지털 기술을 사용하여 공공 서비스를 개선하고, 시민의 삶의 질을 향상시키고자 합

니다. 개인은 이 기술을 사용하여 새로운 방식으로 정보를 접하고, 소통하고, 학습하고, 이로 인해 사회 전반에 큰 변화를 가져오고 있으며, 새로운 일자리와 산업을 창출하고, 기존의 일자리를 대체하고, 새로운 방식의 소비와 생산을 가능하게 하며, 기존의 소비와 생산 방식을 대체하고 있습니다. 또한 이는 새로운 방식의 교육과 의료를 가능하게 하고, 기존의 교육과 의료 방식을 대체하고 있습니다. 디지털 전환을 통해 더 효율적이고, 더 편리하고, 더 공평하게 만들고자 하는 것이 기본 취지이지만 보다 근본적인 이유는 하루가 다르게 IT의 기술은 더욱 복잡해지고 인력은 부족하며 이에 대한 대응은 빨라야 하기 때문에 이를 위한 협업을 보다 효과적으로 하기 위함입니다. 개발자의 아이디어나 자료 등이 개인의 PC 안에 있는 것이 아니라 클라우드에 공통으로 저장되고 공유되며, 협업을 위해 만나서 회의를 하고 해야 할 일들을 정의하고 다시 확인하는 그러한 일들이 Jira & Confluence 등의 협업 툴을 통해 각 개인의 일들이 정의되고 관리되며 투명하게 협업 진행 현황을 알 수 있도록 하며, 모든 데이터들은 DB에 두고 파이썬 등을 활용하여 Data 분석에 집중할 수 있도록 업무의 형태가 바뀌고 있습니다.

과거 리더와 팀원들이 모여서 회의를 통해 일들을 정의하고 나누고 상황을 공유했던 시대였다면 지금은 팀 간의 협업이 대부분이고 그 팀의 규모도 매우 커져서 과거에 비해 복잡도와 경우의 수가 100배 이상 커졌습니다. 더 이상 과거의 방법으로는 경쟁력 있게 업무를 할 수가 없는 상황입니다.

몇 가지 예를 들자면, 반도체를 개발하는 가운데 참고해야 할 데이터 자료(Data Sheet)나 경영 정보들이 누군가의 PC에 있거나 혹은 내

PC에 있더라도 찾아야 하고 이를 참고해야 할 일들이 매우 많아짐에 따라 필요한 정보를 찾는 시간이 과거보다 현저히 많이 걸립니다. 이를 해결하기 위해 사내용으로 AI와 LLM(Large Language Model) 등을 활용하여 위와 같은 정보를 인공 신경망을 이용하여 새로운 데이터를 생성해내는 기술로 명령어를 통해 사용자의 의도를 스스로 이해하고 주어진 데이터로 학습, 활용하여 텍스트, 이미지, 오디오, 비디오 등 새로운 콘텐츠를 생성해내는 AI를 도입하기에 이르렀습니다.

경영 전략에서도 수많은 제품과 각 제품에 대한 다양한 정보들을 기반으로 전략을 수립하고 의사 결정을 내려야 하는 일들이 많지만 이를 일일이 다 확인하기도 어려울뿐더러 여러 가지 경우의 수를 기반으로 전략 시뮬레이션을 하기 위해 많은 데이터들을 경우의 수로 바꾸기에는 시간도 많이 걸리고 정확도도 떨어질 수밖에 없습니다. 이 분야에도 AI 등을 활용하여 경영 정보들을 머신러닝 등을 통해 학습시키고 목표하고자 하는 매출이나 이익을 종속변수(Y)로 하고 각 독립변수(X)들을 제품이 다양한 정보로 하여 원하는 목푯값을 달성하기 위한 주요한 독립변수를 찾아내어 최적화하고자 하는 노력을 하고 있습니다. 이를 스마트폰에 들어가는 애플리케이션프로세서(AP)를 사례로 설명 드리자면 이 제품의 매출이익을 종속변수 Y라고 할때, 매출이익을 계산하기 위한 제품가격 및 원가 정보들 즉, 반도체를 만들기 위한 웨이퍼 가격, 패키지 가격, 테스트 가격 등이 독립변수(X)가 되며, AI 도움을 통해 매출이익을 높이기 위한 독립변수들을 자동으로 우선순위화해줌으로써 무수히 많은 제품들의 이익들을 최적화하는 시간을 효율화할 수 있습니다.

업무적인 관점에서 본 마케팅 시장 분석의 현재와 미래

과거의 업무 형식은 개인이 자신의 컴퓨터에서 오피스 관련 소프트웨어를 사용하여 리포트를 작성하고, 이를 이메일로 보고하거나 정해진 시간에 발표하는 것이 일반적이었습니다. 마케팅 업무의 경우, 신규 사업에 대한 시장 조사를 할 때는 가트너(Gartner), 옴디아(OMDIA), 에스에이(SA) 등의 시장조사 기관의 전망 자료를 구독하여 전체 시장의 규모를 분석하는 전체 시장 규모(TAM) 분석을 하곤 했습니다. 전체 시장 규모 분석은 제품이나 서비스가 포함할 수 있는 전체 시장의 크기를 나타내며, 예를 들어 구글은 전 세계 검색 광고 시장, 애플(Apple)과 삼성전자는 전체 스마트폰 시장의 크기를 TAM으로 볼 수 있습니다. SAM(Serviceable Available Market)은 해당 기업이 실제로 서비스를 제공할 수 있는 시장의 규모를 의미하며, SOM(Serviceable Obtainable Market)은 SAM 중에서 기업이 초기 단계에서 확보할 수 있는 시장 규모를 말합니다. 이러한 분석은 시장의 잠재력을 평가하고, 기업의 사업 전략을 수립하는 데 필수적인 정보를 제공합니다. 그러나 현대의 업무 환경은 이러한 전통적인 방식에 더해 협업 툴의 사용, 클라우드 기반 작업, 실시간 데이터 분석, 원격 및 유연 근무와 같은 새로운 기술과 방식을 접목하고 있습니다. 이는 업무의 효율성과 유연성을 크게 향상시키며, 특히 팬데믹 이후 원격 근무와 디지털 협업이 일상화되면서 더욱 중요해졌습니다.

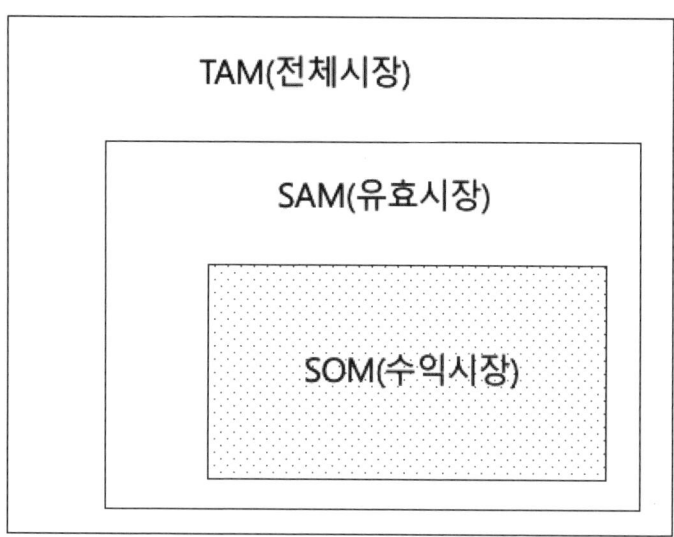

그림 4.6 TAM, SAM, SOM 설명, 출처: Google Cloud

반도체 산업은 주로 B2B(기업 간 거래)로 이루어지며, B2B 시장에서는 이러한 분석이 더욱 복잡해질 수 있습니다. 제품의 복잡성, 고가격, 기술적 지원 필요성 등으로 인해 B2C(기업과 고객) 시장과 다른 접근 방식을 필요로 합니다. B2B 시장에서는 거래 규모가 크고, 장기적인 관계가 중요하며, 고객 맞춤형 솔루션 제공이 필수적입니다. B2B와 B2C의 차이점을 명확히 이해하는 것은 영업 및 마케팅 전략을 수립하는 데 중요합니다. B2B는 대량 생산, 기업 간 기술 서비스, 비즈니스 프로세스 관리를 포함하는 반면, B2C는 일반 소비자에게 직접 제품이나 서비스를 판매하는 것을 말합니다. 따라서 B2C에서는 마케팅과 광고가 중요한 역할을 합니다. 삼성전자와 같은 대기업의 경우, 이러한 시장 분석은 제품 개발, 시장 진입 전략, 경쟁사 대비 우위 확보 등을 위해 필수적이며, 기업이 시장의 변화에 민첩하게 대응하고, 투자 대비 최대의 수익을 실현할 수 있도록 도와줍니다. 반도체의 경우 일반 소비자를 상대하는 것이 아니라 기업을 상대로 제품을 판매하는 것으로 무엇보다 고객사에서 사용하고 있거나 앞으로 사용할 제품의 사양이나 성능과 가격 정보가 매우 중요합니다. 더 나아가 개발비, 인건비 등이 핵심 정보라 할 수 있습니다. 이러한 정보를 수집하고 정리하여 향후 신규 시장에 들어갈 제품을 기획하는 것은 지금도 매우 어려운 일에 속합니다. 고객사의 정보를 얻기도 쉽지 않지만 기존에 판매하고 있는 경쟁사의 정보도 알아야 하고 이를 개발하고 만들고 판매하는 데 들어가는 비용을 예측하기란 매우 어려운 일이지요. 그렇기 때문에 과거에는 경험과 지식이 많은 시니어 마케터가 이 업무를 하거나 리더가 되어 주니어 마케터와 함께 일하는 경우가 많았고 이를 위해 주로 데이터 분석보다는 정보 수집과 워드 또는 파워포인트 작성에 소요되는 시간이 90% 가까이 되었습니다. 그러나 가설이 많고 정보의 객관적 정확도가 떨어질 수밖에 없는 상황에서 상품 개발에 2,000억 원 이상을 향후 3년간 투자한다는 결정을 하기에는 쉽지 않다고 볼 수 있습니다. 이런 형태의 일들은 빈번하고 시간도 많이 소요될 뿐만 아니라 함께 일할 실력 있는 동료도 많이 필요하지만 중요한 것은 빠른 분석과 대응을 통해 신속하게 의사 결정이 이루어져야 한다는 것입니다. 연간 매출이 25억 불이라 할 경우 월 2억 불 이상 매출이 발생해야 하고 이는 2,400억 원이 넘는 규모의 매출이니 하루 차이가 100억 원을 결정하는 것입니다. 이를 개선하기 위해 많은 회사들이 디지털 전환을 통해 데이터들을 전산화하고 이를 수시로 모니터링하면서 시장의 변화에 빠르게 대응하려고 하고 있습니다. 좀 더 구체적으로 설명하자면 전체 시장의 자료인 TAM은 매월 혹은 분기별로 데이터베이스에 업데이트 되며 AI의 도움을 통해 전체 시장의 흐름의 변화나 진입하고자 하는 시장의 크기와 성장률을 시각적으로 도식화하여 분석하기 쉽게 알려주며 시시각각 달라지는 경제 지표와 시장 전반의 상황들을 고려하여 미래 구간의 시장 전망도 알 수 있게 됩니다. 또한 매일 국내외 현장에서 수집되는 정보를 기반으로 가상의 시뮬레이션을 통해 손익정보도 쉽게 예측할 수 있으며 이를 통해 적정 가격이나 손익을 개선할 수 있도록 하고자 하는 것입니다. 물론 가용할 수 있는 고객사와 경쟁사의 정보 또한 DB화되어 있어 수시로 업데이트를 통해 신규 시장 분석을 용이하게 할 뿐만 아니라 신속하게 분석할 수 있는 체계가 만들어지고 있습니다. 과거와 같이, 기본적인 경영 지식과 경험 그리고 지인들을 통해 워드와 파워포인트로 만들어 이메일로 보고하거나 회의를 통해 의사 결정을 하는 방식에서는 마케터의 개인적 역량이 많은 차이를 만들었다면, 앞으로는 시스템을 잘 활용하여 데이터를 잘 이용하는 역량이 중요해질 것입니다. 그러나 이 부분마저도 AI가 친절하게 알려주게 되므로 기존의 업무들은 많은 부분 없어지거나 축소될 것으로 예상됩니다.

원격 근무 사례

현대의 근무 환경은 점점 더 유연해지고 있습니다. 원격 근무의 사례를 살펴보면, 기존의 출퇴근 방식에서 벗어나, 재택근무를 통해 업무를 수행하는 경우가 많아지고 있습니다. 이는 빠른 네트워크 속도와 클라우드 시스템의 도입, 그리고 보안에 대한 제도적 장치와 임직원들의 성숙된 마인드셋 덕분에 가능해진 현상입니다. 예를 들어, 원격 근무를 하는 직원은 자택에서 노트북을 부팅하여 회사의 원격 접속 시스템에 접속하고, 클라우드 컴퓨터를 활용해 업무를 진행할 수 있습니다. 이러한 환경은 물리적인 출근을 필요로 하지 않으므로, 집이나 원격 근무지에서 업무를 처리할 수 있는 유연성을 제공합니다. 원격 근무는 직원들이 출퇴근 시간에 구애받지 않고, 자신의 생활 패턴에 맞춰 업무를 할 수 있도록 해, 일과 생활의 균형을 잡는 데 기여합니다. 또한, AI와 같은 기술을 활용하여 데이터를 정리하고 보고하는 과정을 통합하는 등, 기술적 발전 또한 원격 근무 확산에 일조하고 있습니다. 이러한 원격 근무 환경은 온라인 교육과 같은 자기계발 기회와 결합되어, 직원들이 업무 시간 외에도 자신의 역량을 강화할 수 있는 기회를 제공합니다. 이는 근무 형태의 변화뿐만 아니라, 직원들의 업무 수행 방식과 학습 방식에도 혁신적인 변화를 가져오고 있습니다.

아래 원격 근무의 사례를 소개하고자 합니다.

오조이 신입은 월요일 아침이 되었지만 어제의 캠핑 여독으로 늦잠을 자게 되었다. "아뿔싸, 월요일은 차가 많이 막히는데. 어쩌지? 할 수 없다. 오늘은 차가 안 막히는 시간대인 점심시간에 출근을 해야겠다"며, 간단히 세면을 마치고, 지난주 이케아에서 온라인으로 구입한 식탁 겸 책상에 앉아 아침 식사로 토스트와 우유를 먹으며 노트북을 자연스럽게 부팅시켰다. "자, 그럼 출근을 해볼까?" 학교 다닐 때 사용하던 노트북을 여전히 사용하고 있지만 회사의 원격 접속 시스템으로 접속하고 업무 역시 회사의 클라우드 컴퓨터를 사용하기에 성능은 전혀 문제가 안 되었다. "자, 그럼 로그인 해볼까?" 오조이 신입은 인터넷 브라우저를 열어, 인터넷 주소를 입력하고 회사 시스템에 접속하

였다. 간단히 사용자 ID와 비밀번호를 입력하고 접속한 시간은 오전 8시 15분, 메신저 창을 보니 박 선배가 먼저 출근하셨는지 선배님 이름 옆에 파란 불이 켜져 있었다. "박 선배님, 좋은 월요일 아침입니다.^^", 간단히 아침 인사를 날렸다. "오~ 오조이 님 좋은 아침~"이라고 선배의 답변이 바로 왔다. 선배님께 지금의 상황을 알려야 할 것 같아서 메신저를 날렸다. "선배님, 저 오늘 재택으로 원격 접속으로 업무를 하고 점심때 출근하도록 하겠습니다. 문제없겠죠?"라고 메신저를 날리자 "오조이 님, 좋은 생각입니다. 저도 월요일 아침에 차가 막혀서 방금 집에서 원격으로 접속했어요, 저는 오늘은 종일 재택근무를 할 예정인데, 오조이 님은 오후에 회사에 가야 할 일이 있나 봐?"

아차! 나도 종일 재택으로 근무한다고 말할 걸 그랬어 ㅠㅠ, 에잇. "선배님,

그럼 저도 오늘은 종일 재택으로 업무를 하는 게 좋을 것 같습니다. 괜히 출퇴근 오며 가며 탄소배출도 하고 시간낭비 하느니 그럼 집에서 마무리하도록 하겠습니다.", "오조이 님 좋은 생각이야~ :), 점심때 시간 맞으면 원격근무지 근처에서 같이 점심 할까?"라고 선배님이 점심 식사 제안을 해 왔다. "아! 선배님 원격 근무지 근처에서 점심요?", "ㅇㅇ, 회사에서 제공해준 원격 근무지 근처에서 회사가 지원해 주는 쿠폰으로 식사를 할 수 있거든, 내가 최근에 발굴한 오징어 덮밥집이 있는데 아주 맛나더라고, 후식으로 커피는 내가 살게 :)" 아, 그렇구나. 신입사원 교육 때 집 근처 원격근무지 오피스에서 교육받았던 그때가 생각났다. "좋습니다. 바로 집 근처 5분 거리이니 출발할 때 메신저 날리겠습니다. :)"라고 회답했다. 다행히 선배님도 같은 동네라 가능한 일이었다. 그럼 어서 오전에 지난주부터 수강해온 머신러닝 강좌를 오전 중에 마무리하고, 점심때 시간 맞춰 나가야지 하며 선배님께 메신저를 날렸다. "선배님 그럼 점심시간에 뵈어요~ 감사합니다", "오조이 님, 오 좋아~ ㅎㅎㅎ" 자, 그럼 회사에서 제공해준 사외 온라인 교육을 이수하기 위해 접속을 해야지, 최근 회사의 업무들이 대부분 AI로 데이터들이 정리되고 보고되어 그 원리와 과정에 대해 궁금하던 차에, 온라인 교육에서 진행되고 있는 "머신 러닝 기초부터 응용까지"과정을 수강하게 되었다. 지난 주 매일 2, 3시간씩 들어서 총 13시간 들었는데, 오늘은 복습 차원에서 수학적 모델에 대해서 다시 한번 들어 봐야겠다는 생각으로 챕터 3을 클릭하고, 컴퓨터 부팅 중에 내려 놓았던 아메리카노를 가져다 마시며 원격 수업을 듣기 시작했다.

위의 일상은 최근 회사에서 벌어지고 있는 근무 환경의 예를 이해하기 쉽도록 상황극으로 표현한 것입니다. 과거 출퇴근을 꼭 해야 했던 때와는 달리 최근 빨라진 네트워크 속도와 많은 회사들의 클라우드 시스템 도입으로 원격으로 업무를 처리할 수 있도록 인프라가 잘 갖추어짐으로써 가능해진 일이기도 하고, 회사의 보안적인 문제를 해결하기 위한 제도적 장치나 임직원들의 마음가짐도 성숙되어 유무형의 자산에 대한 중요성을 잘 알고 있기 때문입니다. 꼭 Off Line으로 업무를 해야만 했던 과거와 달리, 최근에는 모든 자료가 클라우드상에 공통의 자료 및 개인의 자료가 저장되어 있고, 온라인 미팅 시스템 또한 잘 갖춰져 있어 시간과 장소에 대한 제약 없이 언제 어디서나 필요시 메신저나 온라인 회의를 통해 쉽게 소통과 정보 전달이 가능하기 때문입니다.

반도체 설계 초안과 친구들과 제주도 여행 계획

반도체 설계 이해를 돕기 위해, 친구 4명과 함께 3박 4일간 제주도로 여름휴가를 계획하는 상황을 통해 설명해 보도록 하겠습니다. 이번 여행의 기간과 필요한 예상 경비가 이미 정해져 있다고 가정해 보죠. 이처럼 계획을 구체적으로 수립할수록 여행이 즐거워질 가능성은 높아집니다. 그러나 실제로는 고려해야 할 사항이 매우 많습니다. 친구들 각자의 일정 확인은 물론, 해당 일정에 맞는 날씨 예보, 교통편, 숙박 등 다양한 요소를 결정해야 합니다. 또한, 각 친구의 개별 취향도 중요한 고려 사항입니다. 여행 계획을 세우는 과정에서 가장 큰 어려움은 계획이 얼마나 객관적이며 모든 친구의 취향을 어떻게 고려할 수 있는지에 달려 있습니다. 예를 들어, 한 친구는 배를 타고 가는 것을 선호할 수 있고, 또 다른 친구는 비행기 여행을 원할 수 있습니다. 어떤 친구는 게스트하우스에서 저렴하게 머물며 현지 음식을 즐기고 싶어 할 수도 있고,

다른 친구는 호텔의 편안함과 뷔페를 선호할 수도 있습니다. 이런 다양한 요구 사항을 충족시키기 위해, 비슷한 상황에서 성공적인 여행을 한 사람들의 후기를 참고하거나, 여행 광고를 참조하는 방법이 있습니다. 그러나 이러한 정보 수집 과정은 시간이 많이 소요되며 때로는 번거로울 수 있습니다. 더욱이 친구들의 선호도가 다양할 경우, 여행 계획 자체가 시작되기도 전에 어려움에 부딪힐 수 있습니다.

이처럼 반도체 설계도 제주도 여행 계획을 세우는 것과 유사하게, 복잡하고 다양한 요구 사항을 고려해야 하는 과정입니다. 예를 들어, 휴대폰의 핵심 구성 요소인 반도체를 설계할 때, 단순히 통화 기능뿐만 아니라, 사용자가 동영상을 촬영하고 편집할 수 있는 기능, 주로 사용하는 앱과 관련된 연속 동작을 이해하여 소비자가 원하는 작업을 더욱 편리하게 할 수 있도록 하는 기능 등을 고려해야 합니다. 이러한 기능을 설계에 반영하기 위해서는 더 많은 회로를 추가해야 하며, 이로 인해 반도체의 크기가 커지고, 필요한 배터리 용량이 증가하며, 발열 문제도 발생할 수 있습니다. 따라서, 설계 과정에서는 이러한 제약 조건들을 극복하며 더 많은 기능과 높은 성능을 달성하면서도 배터리 소모를 줄이고 발열을 최소화하는 것이 중요합니다. 이는 전문가의 영역일 뿐만 아니라, 제품의 경쟁력을 결정하는 요소이기도 합니다. 예를 들어, 아이폰 15Pro에 들어가는 Apple A17Pro 반도체는 약 190억 개의 트랜지스터를 포함하고 있습니다. 반면, 디지털 TV에 사용되는 DTV 수신칩에는 대략 300만 개의 트랜지스터가 들어갑니다. 디지털 TV용 반도체를 개발하는 데 10명의 엔지니어가 필요하다고 가정했을 때, 100억 개의 트랜지스터가 포함된 반도체를 개발하는 데는 적어도 100명 이상의 엔지니어가 필요할 것으로 예상됩니다.

이렇게 볼 때, 많은 엔지니어들이 다양한 제약 조건 속에서 협력하여 반도체를 설계하는 과정은 많은 비용과 시간이 소요될 것으로 예상할 수 있습니다. 이는 반도체 설계가 단순한 기술적 과제가 아니라, 다양한 요구 사항과 제약 조건을 고려한 복잡한 문제 해결 과정임을 보여줍니다. 그러나 챗GPT나 Bard(구글) 등에서 서비스하고 있는 생성형 AI 기술 같은 것을 사용하면 기초 작업에 드는 시간을 획기적으로 줄일 수가 있습니다.

제품명	Apple A17 Pro
출시일	September 12, 2023
개발	Apple Inc.
트랜지스터 숫자	19 billion

표 4.2 Apple A17 사양, 출처: WIKIPEDIA

 그럼 다시 친구들과 제주도 여행을 기획했던 상황으로 돌아가 보겠습니다. 제주도 여행을 계획하는 데 있어 챗GPT와 같은 생성형 AI를 활용하면 기본적인 일정 수립에 드는 시간을 크게 단축할 수 있습니다. 이러한 AI는 대규모 데이터베이스와 기존 사용자 경험을 기반으로 일정을 제안할 수 있으며, 이는 특히 여행 계획이 복잡하거나 정보를 수집하는 데 많은 시간이 소요될 때 유용할 수 있습니다. 이제 20대 대학생 남자 4명이 3박 4일 동안 총 예산 100만 원으로 8월 첫째 주에 제주도 여름휴가를 계획한다고 가정하고, 이에 맞는 여행 일정을 제안해보겠습니다:

챗GPT 답변: 제주도는 아름다운 자연과 다양한 액티비티를 즐길 수 있는 곳으로 대학생들에게 인기가 많습니다. 4명의 대학생이 3박 4일 동안 100만 원

의 예산으로 여행을 계획한다면, 다음의 일정을 고려해 볼 수 있습니다:

제주도 여행 일정 (3박 4일)
1일차: 도착 및 서귀포 탐방

오전: 제주도 도착, 렌터카 수령
오후: 정방폭포, 천지연폭포 방문
저녁: 서귀포 맛집 탐방 및 숙소 체크인

2일차: 남부 해안선 여행

오전: 송악산 등반 또는 산책
오후: 중문 색달해변에서 서핑 체험
저녁: 흑돼지 바비큐

3일차: 동부 해안선 탐험
오전: 성산일출봉 등반
오후: 우도 방문 및 자전거 여행
저녁: 제주 해산물 시식

4일차: 제주시 및 귀가
오전: 제주시 관광 (동문시장 등)
오후: 기념품 쇼핑 및 공항으로 이동
저녁: 귀가

이 일정은 예산, 시간, 인원수 등을 고려하여 대학생들이 즐길 수 있는 활동과 관광 명소를 중심으로 구성되었습니다. 각각의 일정은 여행자들의 취향과 상황에 따라 조정될 수 있으며, 추가적인 정보나 예약 상황에 따라 더 구체적인 계획을 세울 수 있습니다.

AI를 활용하면 이러한 기본적인 틀을 빠르게 제공받아, 개인적인 선호나 조정 사항에 더 많은 시간을 할애할 수 있습니다.

위와 같이 반도체 칩 설계 분야에서 인공지능 언어 모델(Large Language Models, LLM)이 지속 제시되고 있습니다. 예를 들어, Cadence라는 회사는 LLM을 칩 디자인에 적용해보는 실험을 하고 있습니다. 이 기술을 사용하면, 칩을 설계할 때 사람이 할 수 있는 실수를 줄이고, 공정을 자동화하여 시간을 아낄 수 있습니다. LLM은 칩의 설계를 돕기 위해 복잡한 지시사항을 이해하고, 코드를 자동으로 작성하며, 여러 검토 과정을 간소화합니다. 예를 들어, 'JedAI LLM'이라는 플랫폼은 설계자들이 칩에 대한 설계 초안을 만든 후, LLM 챗봇을 사용해 설계를 검토하고 문제를 찾아내며 수정할 수 있게 해줍니다. 이 기술이 계속 발전되면, 사람이 쓴 설계 문서를 기반으로 정확한 하드웨어 코드를 만들어낼 수 있을 것으로 기대됩니다. 이는 반도체 산업에서 기술적인 인력 부족 문제를 해결하고, 칩 설계의 효율성과 정확성을 크게 향상시킬 수 있는 중요한 발전입니다. 또한 최근 발표된 NVIDIA의 "ChipNeMo: Domain-Adapted LLMs for Chip Design"이라는 제목의 연구 논문에 따르면. 반도체 설계를 위해 대규모 언어 모델(Large Language Models, LLMs)을 특화시키는 연구에 초점을 맞추고 있습니다.

전통적으로, 반도체 설계는 고도로 전문화된 지식과 경험을 요구하는 분야입니다. 이 연구에서 제안된 ChipNeMo는 이러한 설계 과정을 지원하기 위해 특별히 조정된 언어 모델을 사용합니다. 이 모델들은 자연어 처리(Natural Language Processing, NLP) 기술을 기반으로 하여, 사람의 언어를 이해하고 생성할 수 있는 능력을 갖추고 있습니다. ChipNeMo 프로젝트의 핵심은 기존 LLMs를 칩 설계 분야에 맞게 '도메인 적응'하는 것입니다. 도메인 적응은 모델이 특정 분야의 언어와 개념을 더 잘 이해하고 처리할 수 있도록 훈련하는 과정을 의미합니다. 이를 위해 연구팀은 다음과 같은 기술들을 사용했습니다.

1. **사용자 정의 토크나이저:** 칩 설계와 관련된 특정 용어와 문법을 더 잘 이해할 수 있게 만듭니다.
2. **도메인 적응형 지속적 사전 훈련:** 모델이 칩 설계와 관련된 텍스트를 더 잘 처리하도록 특화시키는 훈련 과정입니다.
3. **도메인 특화 검색 모델:** 칩 설계와 관련된 질문에 더 정확하고 효율적으로 대답할 수 있게 해줍니다.

ChipNeMo는 세 가지 주요 응용 분야에서 그 효과를 입증했습니다:

엔지니어링 어시스턴트 챗봇: 칩 설계자들이 일상적인 질문을 하거나 문제 해결에 도움을 받을 수 있는 대화형 시스템입니다.
1. **(전자 설계 자동화) 스크립트 생성:** 복잡한 설계 과정을 자동화하는 스크립트를 생성하여 설계 시간을 단축하고 정확도를 향상시킵니다.
2. **버그 요약 및 분석:** 칩 설계 과정에서 발생하는 문제들을 자동으로 분석하고 요약하여, 문제 해결을 용이하게 합니다.

이 연구는 도메인 적응 기술을 사용함으로써 칩 설계 과정에서 기존 모델 대비 상당한 성능 향상을 보여주었습니다. 이러한 접근 방식은 더 작은 모델 크기로도 유사하거나 더 나은 결과를 달성할 수 있음을 보여주며, 칩 설계의 효율성과 정확성을 획기적으로 향상시킬 잠재력을 지니고 있습니다.

컴퓨터가 스마트하게 일을 하도록 가르치기 위해, 세 단계를 거치는데요, 이 세 단계를 우리가 학교에서 배우는 것에 비유해보겠습니다.

1. **훈련(Pretraining)**: 이 단계는 마치 기초 학문을 배우는 것과 같아요. 컴퓨터는 인터넷에서 얻은 엄청나게 많은 데이터(문장들로 이루어진 '토큰'이라고 합니다.)를 사용해 기본적인 언어 이해 능력을 학습합니다. 이 과정에는 10만에서 100만 시간 분량의 GPU(그래픽 처리 장치) 시간이 소요되는데, GPU 시간이란 컴퓨터가 일을 처리하는 데 필요한 시간을 말합니다.
2. **도메인 적응형 사전 훈련(Domain-Adaptive Pretraining)**: 이제 컴퓨터는 특별히 칩 설계에 관련된 공부를 해요. 칩 설계 문서와 코드로 이루어진 240억 개의 토큰을 사용해, 특정 주제에 대해 더 많이 배우고 전문성을 키우고. 이것도 엄청난 시간의 GPU를 사용합니다.
3. **감독된 미세 조정(Supervised Fine-Tuning)**: 마지막 단계에서는 컴퓨터가 실제 칩 설계를 돕기 위한 구체적인 연습을 합니다. 128,000개의 대화 예시(chat instances)와 1,100개 이상의 작업 예시(task instances)를 통해 배운 내용을 실제 상황에 맞게 조정합니다.

이 세 단계를 거친 컴퓨터 프로그램은 반도체를 설계하는 엔지니어들을 도와서 더 좋은 칩을 더 빠르고 정확하게 설계할 수 있게 됩니다. 이런 기술들을 통해, 설계 과정을 가속화하고, 주니어 설계 엔지니어에게 필요한 지원을 제공하며, 고객의 요구 사항에 부합하는 제품을 제시간에 개발하는 데 도움을 줄 수 있습니다.

AI를 반도체 설계에 적용할 때 중요한 고려 사항 중 하나는 각 반도체 회사가 가진 독특한 설계 기술과 비법을 AI 시스템에 통합하는 것입니다. 이는 다음과 같은 이점을 제공합니다.

특화 설계 능력 강화: 회사의 독특한 설계 방법론과 기술적 노하우를 AI에 통합함으로써, AI는 회사의 특정 요구 사항과 기준에 더 잘 부합하는 설계 제안을 할 수 있습니다.
경쟁 우위 유지: 자체적인 기술과 비법을 AI 시스템에 통합함으로써, 회사는 경쟁사와 차별화되는 독자적인 설계 솔루션을 개발할 수 있습니다.
지식 및 경험의 보존: 경험이 풍부한 선임 엔지니어의 지식과 경험을 AI 시스템에 통합함으로써, 이러한 전문 지식을 보존하고 후속 세대의 엔지니어에게 전달할 수 있습니다.
효율성 및 정확성 향상: AI는 반복적이고 시간이 많이 소요되는 설계 작업을 자동화함으로써 설계 과정의 전반적인 효율성과 정확성을 향상시킵니다.

이러한 접근 방법은 반도체 설계의 복잡성과 요구 사항이 계속해서 증가하는 상황에서 기업이 경쟁력을 유지하고 혁신을 추진하는 데 필수적입니다. AI는 설계 과정의 초기 단계에서부터 중요한 역할을 하며, 특히 새로운 기술의 빠른 채택과 통합에 있어 중요한 자산이 될 수 있습니다.

S/W 개발

반도체를 개발할 경우 반도체가 잘 작동할 수 있도록 하는 S/W 개발도 매우 중요합니다. 휴대폰의 경우 안드로이드와 iOS 등이 있지만 이를 잘 돌아갈 수 있도록 반도체와 OS를 연결하는 중간 S/W가 필요한데 이 또한 많은 작업이 필요하고 검증에 많은 노력이 들어갑니다. 최근 ValueCoders는 인도 구르가온에 본사를 둔 사설 IT 서비스 회사에서 발표한 내용을 통해 챗GPT가 S/W 개발에 어떤 도움이 되는지 알려드리겠습니다. 이 회사 소개를 먼저 하자면 2004년 설립되어 현재까지 16년 이상의 비즈니스 경험을 쌓았고, 450명 이상의 개발자가 있는 것으로 알려져 있습니다. 이 회사는 주로 디지털 스타트업과 소프트웨어 아웃소싱에 집중하고 있으며, 비용과 시간을 절약하는 것을 목표로 합니다. 그들은 IT 컨설팅, 웹 애플리케이션, 모바일 솔루션, 인공지능, 블록체인 앱, IoT 앱, 챗봇, DevOps, 빅 데이터, SharePoint, 증강 현실 및 가상현실, 품질 보증, Power BI 등 다양한 서비스를 제공합니다.

아래는 소프트웨어 개발에 챗GPT를 사용하는 10가지 사례입니다.

 1) **코드 최적화**: 챗GPT는 코드를 분석하고 개선할 필요가 있는 영역을 식별하여 개발자가 더 효율적인 코드를 작성할 수 있도록 돕습니다.

2) **버그 수정**: 챗GPT는 소프트웨어 개발에서 버그를 신속하게 식별하고 수정하는 데 사용될 수 있습니다.

3) **코드 생성**: 개발자가 요구 사항을 설명하고 챗GPT가 해당 기능을 수행하는 코드를 생성해 줄 수 있습니다.

4) **테스팅**: 챗GPT를 사용하여 개발자는 커스텀 소프트웨어 개발 서비스의 기능성과 성능을 검증하는 테스트를 빠르게 만들 수 있습니다.

5) **문서화**: 챗GPT는 사용자 요구 사항을 이해하고 정확한 문서를 빠르게 작성하는 데 도움을 줄 수 있습니다.

6) **프로젝트 관리**: 챗GPT는 미팅 일정 조정, 자원 추적, 마감 기한 준수 등을 자동화하여 프로젝트 관리 과정을 간소화할 수 있습니다.

7) **버전 관리**: 챗GPT는 코드 변경 사항을 모니터링하고 관리하는 데 사용될 수 있습니다.

8) **코드 리뷰**: 챗GPT는 코드를 분석하고 오류, 개선 사항을 제안하며 보안 취약점을 지적하는 데 도움을 줄 수 있습니다.

9) **지속적 통합**: 챗GPT는 코드의 실시간 분석을 제공하여 개발자가 버그를 식별하고 추적하며 변경 사항을 테스트하는 데 도움을 줄 수 있습니다.

10) **배포**: 챗GPT는 커스텀 소프트웨어 솔루션을 사용 가능하게 만드는 배포 과정에서 도움을 줄 수 있습니다. 이런 기술 등을 활용하여 테스팅, 버그 수정, 팀 협업 개선 등 일상적인 작업을 간소화함으로써 팀의 효율성과 생산성을 높일 수 있습니다.

생산 향상(Fabrication)

 LLM 기술이 반도체 제조와 생산 분야에서 효율성을 높이고 비용을 줄이는 방법에 대해 여러 사례가 있습니다. 이 기술들은 대량의 데이터를 분석하고 패턴을 식별하여 제조 공정을 최적화할 수 있습니다. 예를 들어, LLM은 과거의 유지보수 로그, 오류 로그, 센서 데이터 등을 기반으로 장비 고장을 예측하여 불필요한 정지 시간을 줄이고 생산성을 높일 수 있습니다. 또한, LLM 기술은 품질 검사를 자동화하여 빠르게 결함을 잡아낼 수 있습니다. 컴퓨터 비전을 활용한 LLM은 생산 라인에서 제조된 제품을 스캔하고 설계 사양에서 벗어난 부분을 감지할 수 있으며, 인간 검사자가 놓칠 수 있는 미세한 균열이나 불완전함을 잡아냅니다. 생산 공정에서 LLM은 기계 작업의 배치, 순서 및 할당을 최적화하여 교체 시간을 최소화하고 다운타임을 줄일 수 있습니다. 또한, 제품 허용 오차와 기계 능력에 대한 데이터를 처리하여 장비의 작동 매개변수를 최적화하고, 생산 중에 모든 센서와 흐름을 모니터링하여 공정 편차를 신속하게 감지하고 조정할 수 있습니다. 이와 같은 LLM 기술의 적용은 제조업의 미래에 매우 중요한 역할을 할 것으로 예상되며, 더 나은 품질의 제품을 더 빠르고 효율적으로 생산하는 데 기여할 수 있습니다.

 자율 로봇은 이미 제조, 최종 조립, 창고 관리 등의 분야에서 활약하고 있으며, 앞으로 5년간 이 분야에서의 성장이 예상됩니다. 이러한 로봇들은 특히 가치는 낮지만 고위험군에 속하는 작업을 수행하는 데 있어 효과적입니다. 자율 로봇은 작업의 효율성과 생산성을 높이고, 오류와 재작업, 위험 비율을 줄이며, 고위험 작업 환경에서 직원의 안전을 개선하는 데 도움을 줍니다. 또한, 로봇이 수집 및 분석하는 기계 데이터를 통한 지속적인 학습을 통해 기업의 전략적 작업에 집중할 수 있도록 직원의 가치를 향상시키고, 브랜드를 강화하며, 혁신적인 기술의 구현을 나타내는 데에도 기여할 수 있습니다. 자율 로봇의 기술과 자율성이 발전하고 가격이 저렴해짐에 따라, 이제는 이러한 로봇이 공급 체인에 통합될 것인지가 아니라 언제 어디에 통합될 것인지가 관건입니다. 이를 통해 기업들은 생산성을 크게 향상시키고 노동 비용을 절감하며 고객 만족도를 개선할 수 있을 것으로 기대됩니다.

Sales & Marketing

반도체 기업에서의 마케팅과 영업은 중요한 역할을 수행합니다. 마케팅은 손익과 비즈니스 전략을 담당하는 반면, 영업은 매출을 책임집니다. 이 두 부서는 고객의 지속적인 수요에 대응하기 위해 긴밀히 협력해야 합니다. 고객은 종종 제품의 수량과 가격 조정을 요구하는데, 이는 기업에게 큰 도전이 됩니다.

한 기업이 다양한 제품을 여러 고객에게 공급하면서, 각 고객별로 수량과 가격을 조정하는 일은 복잡합니다. 예를 들어, 특정 고객이 연간 120만 개의 제품 공급을 요청하고 매월 10만 개씩 개당 1달러에 공급하기로 했지만, 3개월 후에 10만 개를 추가로 요청하거나 반대로 1만 개만 필요하다고 할 때, 제조량을 갑자기 늘리거나 줄이는 것은 어렵습니다. 반도체 제조 공정은 통상 2개월이 소요되며, 웨이퍼라는 원재료를 추가로 투입해도 결과적으로 고객에게 제품을 제공할 수 있는 것은 2개월 후입니다. 또한, 이미 생산 중인 웨이퍼를 중단하면 고가의 반도체 장비가 비가동되는 문제와 더불어, 특정 장소에 웨이퍼를 저장하는 것도 품질 불량으로 이어질 수 있어 어렵습니다.

이러한 복잡한 제조 과정과 외부 상황을 관리하기 위해서는 많은 사람의 참여가 필요합니다. 이를 개선하기 위해, 기업들은 고객사의 상황을 수시로 파악하고 요청 사항을 신속하게 여러 유관 부서와 연결하여 예상되는 변경점을 빠르게 예측하고 대응할 수 있는 시스템을 개발하고 있습니다. 예를 들어, Salesforce.com의 Customer 360 같은 글로벌 기업에서 사용되는 시스템을 도입하는 경우가 늘고 있습니다. 이러한 노력은 제품 개발 범위가 복잡해지고 변동성이 커지는 시대에 빠른 의사결정을 요구하는 상황을 대응하기 위한 것입니다.

변화와 속도의 시대에는 기업이 경쟁력을 확보하기 위해 복잡한 상황 속에서 최적의 신속한 의사 결정을 내릴 수 있도록 전방위적인 디지털 트랜스포메이션을 적용하는 것이 중요합니다. 이는 모든 기업에 공통적으로 도전적인 상황이며, 최적의 의사 결정을 내리기 위해서는 많은 자동화를 통해 핵심 변동 요인을 파악하고 현장 상황을 투명하고 유기적으로 연결할 수 있는 역량이 필요합니다. 실제로 이를 적용하고 좋은 결과를 만들어내는 것은 쉽지 않지만, 도전을 선택하는 기업과 변화를 거부하는 기업 사이의 경쟁력 격차는 점점 커질 것입니다.

제조 현장에서 AI와 고급 기술을 활용하여 변화하는 고객과 시장의 요구에 대응하는 것은 매우 중요합니다. 인력 부족과 복잡해지는 개발 및 제조 과정을 극복하는 방법으로 AI와 하이테크 기술의 학습 및 활용이 강조됩니다. 이는 현재와 미래의 도전에 대처하기 위해 필수적이며, 모든 과정에 관여하는 AI 기술을 이해하고 잘 활용한다면 생산성을 향상시키고 개인의 경쟁력을 높일 수 있는 기회가 될 것입니다.

이러한 변화와 속도에 대응하기 위한 노력은 시간이 지날수록 더욱 중요해질 것이며, 기업들은 복잡한 상황 속에서 최적의 결정을 신속하게 내릴 수 있도록 디지털 트랜스포메이션을 빠르게 적용해야 합니다. 이는 단순히 기술의 도입을 넘어서, 변화를 받아들이고 적응하는 조직 문화의 변화도 포함합니다. 어려운 만큼, 이러한 변화를 성공적으로 이끌어내는 것은 기업에게 큰 경쟁 우위를 가져다 줄 것입니다.

마무리하자면, 반도체 기업을 포함한 모든 산업에서의 빠른 변화와 고도의 복잡성은 전례 없는 도전을 제시합니다. 그러나 이를 기회로 삼아 혁신적인 기술을 채택하고, 유연한 전략을 실행하는 기업은 시장에서 성공적으로 자리매김할 수 있을 것입니다. 따라서, 전방위적인 디지털 트랜스포메이션과 AI 기술의 적극적인 활용은 미래의 성공을 위한 필수적인 요소입니다.

5장 헬스케어

삶의 질을 현격하게 높여줄 인공지능

김진원

AI는 컴퓨팅 파워가 발전함에 따라 복잡한 알고리즘을 만들고 다양한 데이터들에 대한 '머신러닝(Machine Learning)'이 가능해짐으로써 인간의 지능이나 의사 판단 과정을 복제하여 어떤 복잡한 문제나 상황에 대해서도 학습한 데이터와 알고리즘의 논리에 따라 의사 결정을 할 수 있게 되었습니다. 그런 점에서 수많은 데이터와 복잡한 환경 속에서 의료진들이 인간생명과 관련된 중요한 의사 결정을 내려야 하는 '헬스케어(healthcare)' 분야는 AI에 의해 가장 많은 변화가 생길 수 있는 분야 중의 하나입니다. 특히 환자의 질병을 판단하는 데 있어 다양한 의료 진단 기기를 사용하여 획득한 데이터를 가지고 최종적으로 의사가 치료방법을 결정하는 것이 오래된 관행인 만큼 의사들에 대한 의존도가 매우 높습니다. 물론 의사들이 주어진 데이터를 가지고 환자의 상태를 고려하여 최선을 다해 치료방법을 판단하겠지만 의사들의 지식과 경험에도 한계가 있고, 의사들 간 차이도 존재할 수밖에 없는 현실, 그리고 환자의 질병과 건강 데이터를 찾아내는 의료 진단 기기의 수준에 따라 얻어지는 데이터의 양적·질적 차이가 존재하므로 환자의 치료 방법을 의사에만 의존하는 관행은 결국 의사 결정의 정확도에 대한 리스크를 발생시키게 됩니다. 그런 현실적인 한계를 AI가 효과적으로 보완해줄 수 있는 만큼, AI는 환자의 질병 예측이나 분석, 치료, 관찰, 그리고 이후의 환자 관리 등 다양한 헬스케어 분야에 활용될 수 있어 환자의 치료 결과를 개선하는 데 크게 도움이 될 거라 생각합니다. 또한, 지금까지 환자에 대한 의학적인 치료 방식이 기존의 일반화된 임상 경험과 연구에 바탕을 둔 만큼 각 개인별로 차별화된 편차를 인정하는 치료법에 대한 접근은 현실적으로 매우 어려웠고, 이런 예외적인 개인 맞춤형 치료방식은 어쩔 수 없이 높은 비용을 발생시켰습니다. 하지만, AI를 통해 수많은 관련 임상 데이터나 연구 결과에 대한 학습을 통해 개인의 유전자 자료를 분석할 수 있게 된 만큼 개인별 맞춤형 치료가 가능해진 현실은 AI가 앞으로 헬스케어 분야의 새로운 지평을 여는 데 큰 도움을 줄 거라 예상해봅니다. 또한, AI는 의사와 간호사 등 병원 관계자들이 환자에 대한 다양한 데이터를 보다 효율적으로 관리할 수 있게 해줌으로써 환자에 대한 모니터링이나 병원 방문 일정 관리 등 병원 운영에서도 도움이 되어 결국 환자의 치료 결과를 개선할 수 있을 것입니다.

한편 AI는 병원을 벗어나서도 우리의 일상생활에 다양하게 활용되고 있는데요, 헬스케어와 관련되어 우리 생활에 적용되고 있는 사례로서 '애플 워치(Apple Watch)'와 같이 우리 몸에 착용하는 '웨어러블(wearable)' 전자 기기들이 있습니다. 이런 전자 기기 등을 통해 측정된 다양한 '생체 신호(vital sign)'들을 실시간으로 헬스케어 서비스를 제공하는 기업이나 병원 등에 전달하고, 그 데이터들은 AI에 의해 분석되어 개인의 건강 상태를 추적 관찰하고, 이에 따라 개인에게 처저화된 정밀 의료진단이 가능하게 되어 보다 효과적인 맞춤형 건강 관리와 질병 예방 활동을 진행할 수 있게 되었습니다. 또한, 우리가 건강검진을 받기 위해 병원에 가서 엑스레이나 초음파, CT, MR 등의 의료 영상 진단 기기를 촬영하면 이를 의료 영상 전문의가 많은 시간을 투자하여 어렵게 판독하였지만, 이제는 공간의 한계를 극복한 원격 진단뿐만 아니라 AI가 우선 진단을 한 후 이를 참조하여 의사가 최종적으로 판독함으로써 검진의 정확도와 업무의 효율성을 높일 수 있게 되었습니다. 한편 병원에서도 환자들의 증세나 검진 결과에 대한 많은 질문들을 일상업무가 바쁜 의사나 간호사 혹은 병원 관계자들이 직접 대응하는 것이 현실적으로 어렵다 보니, 이런 문제들은 줄곧 높은 빈도로 의료서비스 관련 고객 불만을 촉발시키는 원인으로 작용해왔습니다. 하지만 이제는 AI를 활용한 '챗봇(chatbot)' 등의 가상의료지원이 가능해졌습니다. 시간과 공간의 제약 없이 고객의 문의 사항에 실시간으로 대응할 수 있게 되어 환자나 환자 보호자들로 하여금 의료서비스에 대한 보다 높은 만족도를 창출할 수 있게 되었습니다.

그림 5.1 애플 워치 이미지

좀 더 구체적으로 AI 헬스케어에 대해 알아보면, AI 헬스케어는 '다량의 의료 데이터나 연구 결과에 대해 학습능력, 추론능력, 지각능력, 이행능력 등과 같은 인간 수준의 지능을 활용하여 질병의 진단 및 예측, 그에 따른 개인 맞춤형 치료가 가능하도록 개발된 기술'로 정의하고 있습니다.[1] 이런 AI 기술들이 헬스케어에 접목된 사례로서 '딥러닝'(Deep Learning)'은 스스로 학습하는 능력을 이용해 대량의 의료 영상기록을 처리함으로써 의료진의 의사 결정에 도움을 주어 질병 진단의 정확도를 높여주었으며, '빅데이터 분석(Big data analysis)'은 헬스케어 기관들이 보유하고 있는 방대한 환자들의 의료 데이터를 분석하고 처리하여 개인에게 좀더 적합한 맞춤형 치료법을 제안하거나, 이런 치료법에 대한 정부의 의료정책이나 수가결정에 활용되고 있습니다. 또한, '로봇에 적용되는 AI 기술(Robotics)'을 통해 의사들이 수술을 실행함에 있어 인간의 신체적 한계를 뛰어넘어 그동안 가능하지 않았던 부분의 시술이나 시야를 확보함으로써 수술의 정밀함과 정확도를 높일 수 있게 되었고, 더 나아가 원격조정을 통한 시술과 수술도 가능하게 된 만큼 환자나 의료진의 시간과 공간에 대한 선택의 유연성을 높일 수 있게 되었습니다. 한편, '자연어처리(Natural Language Processing)' 기술을 활용하여 AI를 통한 환자와 의료진과의 커뮤니케이션이 좀더 자연스럽고 편하게 진행할 수 있게 된 것도 AI 헬스케어가 우리 삶에 좀더 가까이 다가왔음을 느낄 수 있게 해줍니다.

그럼 이번 장에서는 이렇게 빠르게 우리 생활에 가까이 파고든 AI가 헬스케어 분야에 어떤 영향을 미칠지에 대해 의료 기기 개발이나 신약 개발, 다양한 의료 서비스 등을 제공하는 헬스케어 관련 비즈니스 영역, 병원에서 일하는 의사, 간호사, 병원 관계자 등의 헬스케어를 제공하는 영역, 그리고 환자나 환자 보호자, 병원 밖에서의 만성질환자, 건강 관리에 관심이 많은 일반인 등 헬스케어가 필요한 개인의 영역, 이렇게 세 분야로 나누어서 다양한 사례들과 함께 현재 트렌드를 설명하고, 미래에는 어떤 방향으로 발전하게 될지에 대한 견해를 공유하고자 합니다.

AI가 헬스케어 비즈니스에 미칠 영향에 대해

첫 번째는 의료 기기, 의료 서비스, 신약 개발 등과 같이 AI를 활용하여 비즈니스를 하는 기업들에게 발생할 변화에 대한 이야기입니다. 기업에게는 AI를 도입하여 새로운 비즈니스 모델을 만들 수 있다는 점은 엄청난 기회라 생각합니다. 특히, 의료 영상 진단의 정확도를 높여 오진의 확률을 낮추거나, 신약 개발에 있어 새로운 물질 발굴이나 조합, 그리고 이를 검증하는 과정에 지나치게 긴 시간과 많은 비용이 소모되는 등 현재 헬스케어 기술이나 환경에서 '한계(unmet needs)'가 분명한 분야들에 대해 AI를 적극적으로 활용하여 이를 개선하며 시장 선점을 통해 자신들만의 차별화된 비즈니스 모델을 플랫폼화하려는 다양한 시도들이 늘어나고 있습니다.

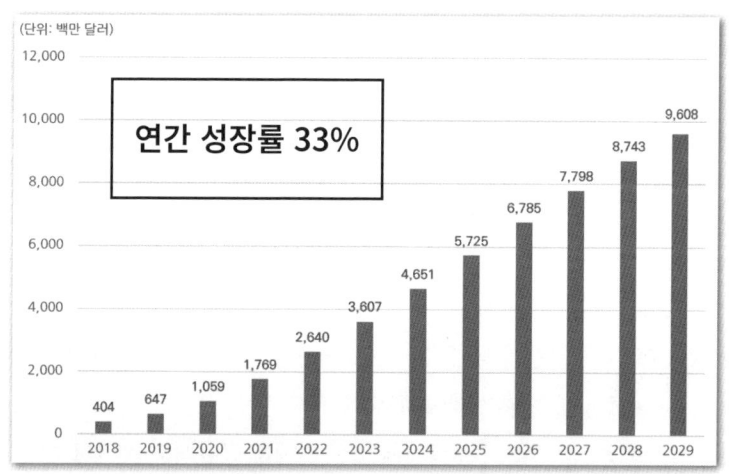

그림 5.2 글로벌 AI 의료 영상 기기 시장 규모 및 성장률('18~'29년)[2]

AI를 헬스케어에 본격적으로 적용하기 시작한 건 IBM의 AI 플랫폼인 '왓슨 헬스(Watson Health)'부터입니다. IBM은 2011년에 왓슨을 '제퍼디!(Jeopardy!)'라는 퀴즈 프로그램에서 처음 선보였는데요, 왓슨은 여기서 두 명의 퀴즈 챔피언들을 압도적으로 제압하면서 대중에게 큰 관심을 받게 됩니다. 이어 2013년 헬스케어 분야에서도 방대한 의료 데이터 분석에 AI를 접목한 왓슨 헬스를 시작하였고, 왓슨 헬스는 AI 기능을 통해 의료진에게 보다 정확한 의사 결정에 도움을 주고, 환자에 대한 의료 행위, 치료 효과 및 의료 연구의 분석 수준을 높이려는 목적을 가졌습니다. 특히, 왓슨 헬스는 AI의 알고리즘상 엄청난 양의 논문, 환자 기록 및 의료 영상 데이터를 분석하고 해석하는 데 뛰어난 능력을 가지고 있어서 '항암 치료(oncology)', '의료 영상 분석(medical imaging)', '신약 개발(drug discovery)' 등에 활용되었고, 특히 AI의 장점을 극대화할 수 있는 '맞춤형 정밀 의료(precision medicine)'로도 발전하였습니다. 이후 2012년에 '스로안 케터링 암센터(Sloan Kettering Cancer Center)'와 파트너십을 맺었고, 이를 통해 암 전문의가 보다 효과적인 항암 치료를 할 수 있도록 지원하였습니다. 왓슨 헬스는 엄청난 양의 의료 논문, 표준 의료행위, 환자 기록 등 암 관련 자료들을 머신러닝하였고, 이런 학습을 통한 증거 중심의 치료를 바탕으로 의사들이 임상에서 보다 정확한 진단과 의사 결정을 할 수 있도록 도왔습니다. 2014년에는 미국 내 최고 병원 중 하나인 '클리브랜드 클리닉(Cleveland Clinic)'과도 협업을 시작하였고, 이후 보다 많은 환자 데이터를 얻기 위해 역시 미국 최고의 병원들인 '엠디 앤더슨 암센터(MD Anderson Cancer Center)'와 '메이요 클리닉(Mayo Clinic)'과도 협업하였으며, 더 나아가 항암 치료와 다양한 임상 시험들, 가상 의료 도우미 같은 병원의 경험 개선, 신약 개발을 위해 병원과 제약회사들과의 협

업에도 활용되었습니다.³⁾

왓슨 헬스는 이런 엄청난 관심과 지원을 바탕으로 많은 가시적인 성과들을 만들어냈지만 인간의 생명을 다루는 의료 시장이라는 특성상 다양한 규제와 개인정보 노출 등의 리스크로 인해 의사와 시장의 니즈를 완전히 맞춘 임상 솔루션으로 발전하는 데는 한계에 부딪혔습니다. 특히 왓슨 헬스의 AI 알고리즘이 미국 식약처인 'FDA(Food and Drug Administration)'의 인증 획득 과정에서 '블랙박스(Black Box)'로 불리는 AI의 알고리즘에 대한 검증 관련 문제점에 대해 임상에 완벽하게 적용할 수 있는 해결책을 제시하기가 어렵다는 현실적인 문제 때문에 왓슨 헬스의 비즈니스는 생각만큼 크게 확산되지 못했습니다. 결국 그런 이유 때문에 2022년 1월에 왓슨 헬스의 데이터 및 분석 자산은 사모 펀드인 '프란시스코 파트너스(Francisco Partners)'에 미화 십억 달러(한화 약 1.3조 원)라는 투자 대비 상대적으로 낮은 가격에 매각이 되었고 회사명도 '머레이티브(Merative)'로 변경되었습니다. IBM의 설명에 의하면 이 매각 결정은 왓슨 헬스와 같이 헬스케어 한 분야에만 집중하는 것이, 왓슨을 보다 다양한 분야로 적용하려 한 IBM 왓슨의 비즈니스 모델과 상충되기 때문이라고 밝혔습니다.⁴⁾ 당시엔 비록 IBM의 왓슨 헬스가 기대와는 달리 엄청난 성공을 거두지는 못한 것 같았지만, 왓슨 헬스가 헬스케어 시장에 본격적으로 AI를 접목한 선구자 역할을 한 덕분에 앞으로 보다 쉬운 개인정보 접근성 등 AI를 잘 활용할 수 있는 사회 경제적 환경이 조성된다면 조만간 다양한 AI 헬스케어 플랫폼이 만들어져 각 비즈니스 모델 간에 상호 연결되어 시장의 소비자들인 의사, 환자, 병원 관계자, 일반인들까지 쉽게 접목되는 시점이 빠르게 우리 눈앞에 조성될 것으로 예상해봅니다. 한국의 경우에도 2013년

출시된 왓슨의 'Watson for Oncology(WFO)'는 2016년 가천대 길병원을 시작으로 다수의 병원들이 앞다퉈 도입하여 화제가 되었지만, 한국 역시 앞서 설명했던 미국에서의 왓슨 헬스의 운명처럼 목표한 성과에 크게 미치지 못했고, 심지어 이를 처음 도입한 가천대 길병원마저도 몇 년 후 계약을 해지하게 되었습니다. 이에 대한 원인으로는 수많은 환자 데이터를 일일이 수동으로 입력해야 하는 불편함이나, 현장에서 의사들이 의학적 판단을 하는 데 있어 실질적으로 도움이 크지 않았기 때문이라 합니다.[5] 하지만 앞서 언급한 대로 AI 인프라 환경이 좀 더 조성이 되고, 병원이나 의사가 사용하는 데 있어 쉽게 머신러닝이 가능해져 편의성과 정확도가 높아지고, 그에 따라 의사들이 의료 현장에서 실질적인 도움을 받을 수만 있다면 AI 헬스케어는 우리 사회의 의료 서비스에 있어 중요한 역할을 하게 될 것으로 예상해봅니다. 즉 '한 번도 사용해 본 적이 없는 사람은 있어도 한 번만 사용해본 사람은 없다'라는 격언처럼 AI 완성도의 향상과 사회 인프라 확충이 잘 이루어진다면 AI 헬스케어는 의료행위에 있어 빠르게 중요한 축이 될 수 있다고 생각합니다.

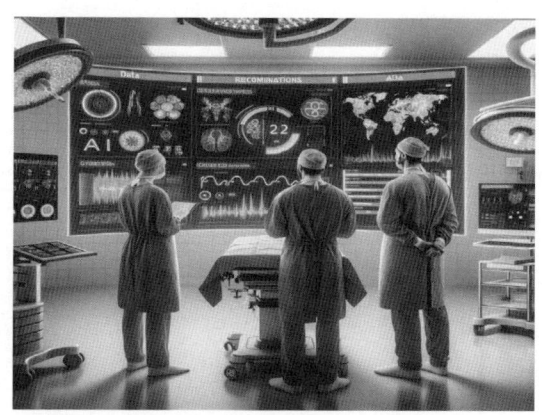

그림 5.3 AI 환경의 수술실의 미래

 한편 AI가 헬스케어 비즈니스에서 크게 영향을 미칠 수 있는 분야 중에 하나는 신약 개발일 것입니다. 신약을 개발하는 과정은 먼저 신약이 목표로 하는 질병을 정하고(target identification), 이에 대한 신약 개발을 시작해야 하는 명확한 이유에 대해 검증하고(target validation), 일단 검증이 되었다면 이 질병을 치료할 신약의 목표 물질을 찾아보고(lead identification), 이 물질의 구조를 만듦으로써 이 신약의 유효성을 강화하고 독성과 같은 부작용을 줄이는 과정을 실행하고(lead optimization), 이렇게 신약의 유효물질을 개발하였다면 인체시험 전에 안전성과 유효성을 검증하고 약의 이동과 속도를 'ADME - Absorption(흡수), Distribution(분포), Metabolism(대사), Excretion(배설)' 단계로 측정하는 '약동학(pharmacokinetics)'이나 약의 치료 효과와 이상 반응을 확인하는 '약력학(pharmacodynamics)'에 관해 시험관 실험이나 동물을 대상으로 전임상을 진행하고(preclinical testing), 이렇게 전임상이 성공적이었다면 사람을 대상으로 실제 임상을 진행하여 그 결과에 따라 FDA나 식약처와 같은 정부 기관으로부터 승인을 받아 신약을 판매하게 됩니다. 또한, 이들 신약이 정부 기관의 승인을 받았다 하더라도 신약을 판매하는 동안 계속해서 정부 공인기관으로부터 관리를 받아야만 합니다(post-marketing surveillance).

이렇게 복잡하고 다양한 단계를 거쳐야 하는 신약 개발 과정은 시간과 비용의 투자도 너무 크지만 실패 확률 역시 매우 높은 만큼 '투자 대비 수익률(Return On Investment, ROI)'을 예상하기가 어려워 대형 제약사들을 제외하곤 일반 제약사들이 복제약 대신 신약 개발에 과감히 투자한다는 것은 매우 힘든 일이었습니다. 그런 이유 때문에 글로벌 제약시장은 '화이자(Pfizer)', '노바티스(Novatis)', '존슨앤존슨(Johnson & Johnson)', '머크(Merck)' 등과 같은 일부 글로벌 대형 제약사에 의해 독과점처럼 운영되어 왔습니다. 그러므로 신약 개발에 있어 가장 도전적인 문제는 신약의 안전성과 유효성을 검증하기 위해 소요되는 매우 긴 개발 기간과 엄청난 투자 비용이 요구되는 사업 환경뿐만 아니라, 그럼에도 불구하고 존재하는 신약 개발의 높은 실패 확률에 대한 리스크일 것입니다. 한국보건산업진흥원에 따르면 전통적인 방식의 신약 개발에는 평균 15년이 필요한데, 그 이유는 약 오천에서 일만여 신약 후보 물질 중 동물 실험의 전임상 시험까지 들어가는 물질 하나를 찾는 데만 적어도 5년 이상이 걸리고, 이후 인간에 대한 독성 시험과 몇 단계의 임상시험, 그리고 최종 허가까지 무려 10년 이상이 소요되기 때문입니다. 하지만 AI를 활용한다면 연구자 수십 명이 달라붙어 새로운 물질을 찾기 위해 수백 편 이상의 논문을 검토하는 데 투입되었던 많은 시간들이 단 며칠도 아니고 고작 몇 시간이면 충분하게 되었습니다.

즉, 이렇게 AI를 통해 신약 개발 과정 속에서 유전자 분석, 단백질 구조나 그에 대한 부작용을 예측해 신약 개발 기간을 획기적으로 줄일 수 있고 이에 따른 비용 절감도 가능해진 만큼 신약 개발의 성공률이 크게 높아지게 될 것입니다.[6]

한편 한국과학기술정보연구원에 따르면 글로벌 AI 신약 개발 시장의 규모가 매년 45.7%씩 성장해 2027년에는 40억 달러, 한화 약 5조 원 이상에 이를 것으로 전망하고 있습니다. 물론 아직까지는 AI를 통해 신약 개발에 즉시 도움이 된 사례가 공식적으로는 많지는 않지만, 최근 코로나 백신을 빠르게 개발한 회사로 잘 알려진 '모더나(Moderna)'가 IBM과 손잡고 AI와 양자컴퓨터 기술을 이용해 'mRNA(messenger RNA)' 치료제 개발에 나선다고 발표하였고, 국내 제약사들 역시 이런 움직임에 동참하고 있다고 합니다.

결국 엄청난 비용과 시간의 투입이 필요한 신약 개발 과정에 있어 AI를 잘 활용한다면 기간과 비용을 획기적으로 줄일 수 있게 되어 AI는 신약 개발에 있어 선택이 아닌 필수 요건으로 빠르게 자리매김할 거라 예상합니다.[7]

이렇듯 AI가 신약 개발의 발전에 큰 도움을 주게 된 이유로는 디지털화를 통해 많은 환자들의 유전자 데이터와 진료 및 진단 데이터에 대한 접근이 가능해졌고, 동시에 좀더 세밀하게 알고리즘 구현이 가능하게 된 컴퓨팅 파워의 발전에 따라 의사 및 헬스케어 담당자들이 보다 정확한 의사 결정을 할 수 있게 되었기 때문이죠. 이에 따라 인간의 생명을 다룬다는 이유만으로 그동안 의사와 병원 중심으로 지극히 보수적으로 운영되어 왔던 헬스케어 분야에서도 AI 적용이 점차 활발하게 이루어지고 있습니다.

특히 AI를 통해 기존의 연구에서는 알지 못했던 새로운 신약 물질을 찾아내거나 이미 발명된 신약 물질이었지만 정확한 치료 목표와 맞지 않아 제대로 활용되지 못하고 있었던 신약 물질들을 보다 적합한 치료 목적으로 재사용하게 된 것도 신약 개발에 필요한 많은 비용과 시간의 투자를 생략할 수 있게 되어 사회적 비용을 크게 절감하게 되었습니다. 물론 모든 신약 개발 과정을 AI를 통해 진행할 수는 없을 것입니다. 하지만 그동안 인간의 창의성과 노력에만 의존했던 신약 개발 과정을 AI를 통해 보다 효과적이면서도 빠른 진행이 가능해져 글로벌 대기업 제약사 외에도 희귀병과 같이 하나의 목표 치료 분야에 대한 신약 개발에 집중하고 있는 벤처기업들의 더 많은 출현도 기대할 수 있어 AI 기술로 인해 우리 사회가 좀더 건강해지는 긍정적 영향이 발생할 것입니다. 이렇듯 신약 개발 목표 물질을 빨리 예상하고 임상시험 결과를 미리 예상하여 실패 확률을 크게 줄일 수 있게 됨으로써 평균 신약 개발에 소요되는 비용인 8억 달러(한화 약 1조원)를 획기적으로 절감할 수 있을 것으로 예상합니다.[8]

한편 기존의 임상 시험 대신 AI를 활용하여 진행하는 가상의 임상시험을 'In Silico Trials'이라고 부르는데요, 실제 사람을 대상으로 하여 유효성과 안전성을 검증해야만 하던 위험하고 어려운 임상 시험을 AI가 대신 기존의 데이터를 활용하여 임상 시험 결과를 예측해봄으로써 신약 개발의 비용과 시간을 단축하는 것뿐만 아니라 임상 시험의 부작용에 따른 사회적 비용도 획기적으로 줄일 수 있게 되었습니다. 신약 개발에 있어 AI를 활용하여 얻을 수 있는 많은 장점들 때문에 궁극적으로 신약 가격의 하락으로 이어져 소비자들도 큰 혜택을 얻게 될 것으로 예상해봅니다. 또한, AI가 환자의 다양한 유전자 데이터를 분석할 수 있는 만큼 그동안 범용적인 환자를 대상으로 했던 신약 개발을 좀더 '개인 맞춤형 신약 개발(personalized medicine)'로의 전환도 가능하게 될 것입니다.

하지만 신약 개발에 있어 AI의 사용이 항상 긍정적인 면만 있는 것은 아닙니다. 앞서 설명한 것과 같이 신약 개발에 AI를 잘 활용함으로써 얻을 수 있는 효과를 극대화하는 동시에 주의할 사항들도 명심해야 합니다. 신약 개발은 인간의 생명을 다루는 만큼 더욱 완벽하고 안전하게 AI가 활용되어야 할 것입니다. 그런 점에서 아래와 같이 몇 가지 주의 사항과 고려 사항들에 대해 설명해보고자 합니다.

첫째, AI는 스스로 의사 결정을 하는 것처럼 보이지만 사실은 오랜 기간 동안 인간이 의사 결정에 이르기까지의 과정을 알고리즘으로 개발하였고 그 알고리즘에 활용할 수 있는 수많은 데이터들을 학습시켰기에 AI가 최적의 의사 결정이나 분석을 할 수 있게 된 것입니다. 이처럼 앞으로 계속해서 학습시킬 데이터의 질과 양은 AI의 의사 결정의 정확도에 영향을 미치게 될 것입니다. 특히 의료 데이터와 같이 민감한 개인 정보의 경우 접근이 쉽지 않아 자칫 AI에 의한 의사 결정의 정확도를 떨어뜨릴 수도 있지요. 또한, 이런 의료 데이터를 학습시킴에 있어 자칫 데이터가 편향되거나 윤리적으로 투명하지 않을 경우 AI의 활용에 큰 장애가 될 것입니다. 그러므로 신약 개발에 AI의 활용을 더욱 장려하기 위해서는 모든 인류에 편견 없이 잘 활용할 수 있는 양질의 데이터를 어떻게 지속적으로 확보할 수 있는가에 대한 고민이 있어야 할 것입니다.

둘째, 아무리 좋은 의료 데이터가 있더라도 알고리즘을 지속적으로 확인하고 검증하며 업그레이드 시키지 않는다면 AI의 의사 결정 과정을 알 수 없는 '블랙박스' 이슈가 발생할 수 있습니다. 그러므로 AI가 충분한 양질의 데이터를 지속적으로 학습한다는 전제하에 그에 따른 적합한 의사 결정을 내리는 알고리즘을 기업의 내부나 외부에서 검증할 수 있는 규정을 만들어야 AI의 의사 결정과 분석의 신뢰도를 높일 수 있을 것입니다. 아무리 좋은 데이터가 있다 하더라도 자칫 AI의 알고리즘이 공정하지 않고 편협하거나, 환자 중심의 판단이 아닐 경우 AI가 지금까지의 상식적인 의료행위와는 상당한 차이가 나는 의사 결정을 내릴 수 있습니다. 특히 신약 개발이나 헬스 케어에 활용되는 AI의 경우 인간의 생명과 건강에 영향을 줄 수 있는 만큼 이런 AI의 의사 결정에 따른 유효성과 반복성 등에 대해 정부의 인허가 과정 전이나 후에도 지속적으로 검증해야 할 것입니다.

셋째, 앞으로 계속해서 양질의 데이터가 AI에 의해 학습되고, 알고리즘 역시 지속적으로 검증을 받으면서 이를 통한 AI의 의사 결정 정확도가 높아진다면 인간은 더욱 AI에 의존하게 되겠지만, 그럼에도 불구하고 AI가 흉내 낼 수 없는 인간의 독창성이나 창의력, 공공선과 같은 윤리적 판단 등과 같은 이슈들에선 인간과 AI가 보다 효과적으로 협업해야 합니다. 예를 들어 인간의 존엄성을 유지하기 위해 지금까지는 아주 일부 경우를 제외하고는 '존엄사(尊嚴死)'를 많은 국가들이 인정하지 않고 있습니다. 하지만 AI의 판단은 데이터에 의한 논리적인 판단을 뛰어넘는 인간의 가족애나 존엄과 같은 가치를 이해할 수 없는 만큼 전적으로 AI만의 의사 결정을 따르는 것이 항상 우리 사회에 바람직한지는 지속적으로 논의해볼 필요가 있습니다. 결국 인간과 AI가 공존하며 더욱 발전적인 우리 사회와 의료환경을 만들어가는 것이 가장 바람직한 모습일 것입니다.

넷째, 이렇게 AI가 긍정적이고 안전한 방향으로 발전하게 된다면 각 병원들은 자신들에게 최적화된 의사 결정을 위해 AI를 구글, 아마존, 마이크로소프트와 같은 거대 클라우드 기업에 의존하는 대신 자신들만의 AI 플랫폼에 사용될 데이터와 알고리즘을 개발하고자 할 것입니다. 왜냐하면 지금은 AI를 거대 글로벌 IT 기업들이 제공하는 플랫폼에서 매우 싼 금액으로 사용하고 있지만 언젠가 AI가 인간이 완전히 신뢰하여 전적으로 의존하는 수준까지 발전한다면, 개인, 기업, 병원들의 AI 사용에 대한 의존도가 높아짐에 따라 AI를 계속해서 학습하고 운영하는 비용이란 명목으로 일방적으로 가격을 인상할 가능성이 높습니다. 결국 AI를 직접 운영하고자 하는 다양한 사회적 요구가 늘어날 것이고, 이에 따라 AI 플랫폼을 자체적으로 가지고 있는 병원과 그렇지 않은 병원 간 의사 결정의 정확도에 따른 환자의 치료 결과가 크게 차이가 날 수도 있을 것입니다. 즉, 이들간 의료행위 결과나 비용 측면에서 점차 차이가 나게 됨으로써 환자의 쏠림 현상이 발생하여 헬스케어 분야에서의 부익부 빈익빈 현상이 더욱 극단적으로 나타날 가능성이 높아질 수 있습니다.

이런 AI의 단점을 극복하기 위해서 AI를 잘 활용하고 있는 기업이나 병원들로부터 서로에게 유용한 '성공 사례(Best practice)'들을 소개받고, 필요하면 검증된 데이터들을 공유하고, 각 현장들에서 AI와 기존의 시스템을 잘 연결시켜 효과적인 활용을 돕는 전문가들의 확보도 중요할 것입니다. 또한 AI를 잘 활용할 수 있는 방안에 대해서 개인, 기업, 병원뿐만 아니라 정부와 공공기관에서도 다양한 정책과 예산 지원을 통해 우리 사회 전체가 적극적으로 AI를 활용할 수 있는 환경 조성도 필요합니다.

특히 신약 개발처럼 기술 개발과 비즈니스가 서로 잘 연결되어 각자의 분야에서 AI를 보다 잘 활용할 수 있는 방안을 지속적으로 발전시켜야 하고, 이를 잘 진행할 수 있는 AI 업무 환경 조성이나 AI의 효과적인 운영을 담당할 수 있는 인재 채용과 교육도 중요할 것입니다. 특히, 디지털 사회에서 이미 데이터가 자산이라는 인식이 자리잡은 만큼 데이터를 제공하는 측과 이를 사용하는 측이 서로 '윈-윈(win-win)'할 수 있는 방안을 잘 만들어서 보다 좋은 데이터들이 사회적으로 필요한 곳에 적시에 공유되고, 이를 통한 AI 활용도를 높임으로써 우리 사회에 AI 사용에 대한 긍정적인 가치를 높여나가야 한다고 생각합니다.

이런 사회적 인프라가 잘 만들어진다면 우리 사회 곳곳에 활용되는 AI 솔루션들을 개발하는 기업들, 특히 다양한 특정 사업 영역을 가진 스타트업이나 벤처 기업들이 등장하게 되어 시장과 소비자가 원하는 최적의 비즈니스 모델을 만들게 될 것이고, 이런 성공 사례들은 국내를 넘어 해외로까지 확장되어 우리나라가 신약 개발에 있어 AI의 글로벌 리더 역할을 할 수 있기를 기대해봅니다. 이렇듯 AI를 활용한 신약 개발의 효용을 극대화함으로써 궁극적으로 더 많은 환자들이 더 빠르고, 더 효과적으로, 더 저렴하게 치료받을 수 있는 방향으로 우리 사회가 발전해가길 기대해봅니다.

그와 함께 AI와 같은 혁신기술이 기존 산업의 기득권을 가진 단체나 이해관계가 있는 사람들에 의한 일부 문제 제기와 반발에 대해선 해결책을 마련하는 노력은 해야 하지만, 단지 그런 문제 제기 때문에 AI를 활용한 신약 개발을 막아야 한다는 논리적 비약에는 적극적으로 대응해야만 할 것입니다. 즉, 정부는 AI의 활용을 무조건 규제하기보다는 AI 기술이 적용되는 각 분야의 구체적 사항에만 한정하는 핀셋 규제가 이루어져야 할 것입니다.

그러므로 새로운 AI 기술을 더욱 적극적으로 자신의 회사에 접목하여 시장의 차별화 전략을 만들고자 하는 헬스케어 기업의 리더들이라면 자신뿐만 아니라 회사 임직원 모두가 AI 기술을 과감하게 포용하도록 요구하고, AI가 접목될 수 있는 다양한 분야의 전문가 그룹과 적극적으로 협업하여 시장 내 이런 기술과 환경의 변화에 대해 잘 적응하도록 기업 문화 조성과 임직원들의 관심을 이끌어내야 할 것입니다. 특히 이런 변화를 실행함에 있어 항상 자신들의 서비스가 고객들의 보다 개선된 경험과 치료 결과를 통해 만족도를 높여가야 한다는 책임을 가져야만 합니다.

AI 기술이 임상 현장에 미치는 영향

두 번째는 전문적으로 헬스케어 서비스를 제공하는 병원에서 일하는 의사나 간호사, 병원 관계자들에게 AI가 어떤 영향을 줄 것인지에 관한 이야기입니다. 누구나 오랫동안 지켜온 업무 방식이나 절차 등을 바꾸는 것은 쉽지 않습니다. 하지만 이번 AI의 헬스케어 분야로의 접목은 '할까, 말까'를 고민하는 단순한 문제가 아니라, 병원의 생존이 걸린 문제이니만큼 병원 내 AI를 적극적으로 받아들이는 조직 문화로의 확실한 전환이 필요할 것입니다.

특히, AI를 헬스케어 분야에 접목시키고자 했던 초기엔 마치 AI가 많은 의사들을 즉시 대체할 것처럼 예상되어 임상에서 AI의 적용에 반발하는 의료진들의 많았지만, 이제는 의사나 간호사, 병원 관계자 모두가 AI를 적극적으로 활용하여 보다 나은 치료 성과를 만들어내는 수단으로 인식하게 되었습니다. 만약 그럼에도 불구하고 AI를 적극적으로 활용해야 한다는 시대적 요구를 거부한다면 생각보다 빠른 시간 안에 오히려 자신들의 우려대로 AI가 인간을 대체하는 현장에 자신이 먼저 서 있을 가능성이 높습니다. 그런 만큼 의사를 포함한 의료진들은 이런 변화를 적극적으로 수용하는 마음자세가 필요하고, 이를 위해 AI로 인한 헬스케어 분야의 변화에 대한 지속적인 학습이 요구되며, 이런 교육을 통해 습득한 지식을 바탕으로 더욱 깊이 있고 광범위하게 AI를 자신의 업무에 적극적으로 활용할 필요가 있습니다.

한편 앞으로 AI기술을 접목한 다양한 헬스케어 솔루션들이 많아질 것인 만큼 이럴 때 가장 유용한 적용기준은 '과연 이 기술이 고객 만족을 높이고 긍정적인 고객 경험을 끌어낼 수 있을까?'가 될 것입니다. 그러므로 AI를 적극적으로 병원 현장에 접목해야만 하는 책임이 있는 병원 경영자라면 더욱 AI와 관련된 헬스케어 분야에 과감히 투자해야 하고, 이와 동시에 앞서 강조했던 대로 민감한 개인 데이터를 다루는 모든 병원 종사자들이 예외 없이 이들을 책임 있게 다뤄야만 하고, 절대 사이버 해킹 등을 통해 소중한 고객 데이터를 탈취하려는 외부 세력들이 감히 접근하지 못하도록 높은 대응태세를 유지해야 할 것입니다. 즉, AI를 적용해서는 안 되는 여러 작은 이유들을 찾기보다는 그럼에도 불구하고 이를 해결해 나가면서 AI를 적극적으로 병원에 활용하고자 하는 병원 관계자 전체의 합치된 마음가짐이 우선돼야겠죠.

헬스케어 분야는 AI로 인해 좀 더 환자 맞춤형 서비스를 제공하는 것이 가능해질 것이고, 이를 통해 고객 만족을 높이면서 비용 절감도 가능할 것으로 예상합니다. 특히 병원 내 일자리 구조도 AI 기술의 적용 전과 후가 확연히 다를 것이며, 이런 영향에 대해 '세계보건기구(WHO, World Health Organization)'는 2030년까지 전 세계적으로 4천만 개의 새로운 일자리가 생길 것이라 예상하였습니다.[9] 물론 새로운 일자리의 창출과 동시에 상당수의 기존 일자리 역시 AI에 의해 사라지게 될 것입니다. 그런 만큼 AI의 병원 내 도입은 의사나 간호사와 같은 헬스케어 제공자들의 일자리 구조에 상당한 변화를 줄 것으로 예상됩니다. 이제 AI에 의한 병원 내 변화는 더 이상 상상이 아닌, 우리 곁에 아주 가까이 다가온 현실입니다. 특히, 병원에서 AI에 의해 변화할 잠재성이 큰 분야로는 '로봇 수술(robot-assisted surgery)', '가상 간호 지원 서비스(virtual nursing assistants)', '행정 절차 개선(administrative workflow assistance)', '환자 투약 관련 실수 방지(dosage error reduction)', '임상실험 참석자 구분(clinical trial participants identifier)', '초기 진단(preliminary diagnosis)', '자동영상진단(automated image diagnosis)'등이 있습니다. 좀 더 구체적으로 설명하자면 로봇 수술의 경우 의료진이 의료 행위를 하는 데 있어 실시간으로 과거의 참고 자료들을 빠르게 검색하여 신속하고 정확한 의사 결정을 하는 데 도움을 준다든지, 혹은 수술 부위에 대한 정확도를 높이기 위해 가상의 표식을 통해 수술에 도움을 주는 방식으로 약 20% 정도의 수술 시간 절감도 가능할 것으로 예상하고 있습니다.[10]

또한, 가상 간호지원 서비스를 통해 환자가 병원을 방문하는 빈도수를 줄여줌으로써 의료진들이 맡은 환자들을 간호하는 데 좀더 집중하도록 도움을 줄 수 있고, 말로 하는 자동 기록 장치 같은 다양한 AI 기술들을 통해 의료 행위와 관련된 여러 기록 관리 업무를 줄여줌으로써 환자에 대한 집중적인 조치가 가능해져 치료의 성공률을 높이고, 동시에 환자들의 만족도를 개선함으로써 의료진이 느끼는 업무의 질을 높이는 데 도움을 줄 수 있을 것입니다.

AI를 병원에 성공적으로 적용한 좋은 사례로서 미국의 최고 병원 중 하나인 '클리블랜드 클리닉(Cleveland Clinic)'이 있습니다. 이곳에서는 환자 치료뿐만 아니라 다양한 헬스케어 분야 파트너들과의 연구 중심 병원으로도 잘 알려져 있어 이 병원이 앞장서 AI를 적용했다는 점은 매우 의미가 있습니다. 앞서 AI가 헬스케어 서비스를 제공하는 의사와 간호사 등이 일하는 병원에서 적용될 수 있는 분야들을 소개했었는데요, 아래 클리블랜드 클리닉에서 실제로 AI를 활용하여 환자를 잘 관리하여 치료 성공률을 높였던 사례들을 참고해본다면 AI의 임상 활용에 대한 아이디어를 얻는 데 도움이 될 것입니다. 클리블랜드 클리닉은 IBM 왓슨 헬스와 의료 영상을 분석하는 데 AI를 도입하여 영상 진단 의사들을 지원함으로써 진단의 정확성과 치료의 효율성을 높였습니다. 특히 병원 내 환자들의 많은 데이터들을 IBM 왓슨이 머신러닝 알고리즘을 통해 분석함으로써 질병의 원인과 종류를 빠르고 정확하게 분류하여 그에 맞게 효과적인 치료를 제안할 수 있었습니다.

또한, AI의 장점인 데이터 분석 기능을 활용하여 병원 내 환자들의 치료 정보 및 유전자 데이터들을 분석하여 좀 더 빠르고 정확하게 질병으로의 진화가능성을 예측하여 선제적인 치료와 효과적인 치료법을 찾는 데 활용함으로써 정밀 의료 분야에도 접목할 수 있었습니다. 그와 함께 클리블랜드 클리닉에서는 새로운 치료법에 대한 연구나 신약 개발 등에도 AI를 통해 병원 내 방대한 임상 자료나 연구 결과를 분석하여 효과적인 치료 성과를 만들어내었고 이를 제약회사 및 다양한 연구파트너들과 함께 적극적으로 활용하였습니다.

한편, AI를 의사들의 치료 분야뿐만 아니라 병원의 서비스 및 운영에도 성공적으로 활용했는데요, '가상 의료 지원(virtual health assistants)' 같은 AI 서비스를 활용하여 환자들의 병원 방문 일정이나 투약시간 알림, 치료 후 건강 관리 방법 등을 소개하는 프로그램을 통해 환자들의 만족도뿐만 아니라 치료율도 높였습니다.

이렇게 환자 관리에도 AI 프로그램을 효과적으로 활용함으로써 의사나 간호사 등 의료진들이 좀 더 환자들의 치료나 관리에 집중할 시간을 확보할 수 있게 되었고, 이를 통해 우발적인 실수나 불필요한 치료 등이 일어날 확률을 낮춤으로써 병원을 방문한 환자들의 만족도를 전반적으로 높일 수 있었습니다.

특히, 클리블랜드 클리닉은 AI를 적용한 환자 중심의 치료를 통해 치료 성공률을 높여 15% 정도까지 환자의 병원 재방문 빈도를 줄였을

뿐만 아니라, 병원 업무의 효율을 높여서 많은 비용 절감을 달성하는 등 가시적인 성과를 만들어냈다는 점은 임상에서의 개인정보 보호, 의료 규제 준수, 윤리적인 정보 활용 등과 같은 예상되는 우려들을 충분히 극복해낼 수 있음을 검증하였기에 앞으로 병원 내 AI의 활용이 보다 빠르게 늘어날 수 있다고 예상할 수 있습니다.[11]

AI 기술을 임상에 활용하고 있는 좋은 사례로서 디지털 트윈(Digital Twin) 기반의 의료 AI 솔루션을 개발하고 있는 국내 벤처 기업인 '메디컬아이피(Medical IP, 대표이사 박상준)'를 소개하고자 합니다. 2015년에 서울대 병원 1호 창업 기업으로 시작한 메디컬아이피는 '의학에 힘을 실어주어 생명을 구하자(Empowering Medicine, Saving Lives)'라는 비전과 '디지털 트윈으로 의료를 보다 정확하고 이해하기 쉽게'라는 핵심 가치를 가지고, AI, 디지털 트윈, 3D 프린팅 등과 같은 혁신적인 기술을 바탕으로 다양한 의료 영상 분석 솔루션을 개발하고 임상에 제공하여 의료진과 환자 모두에게 효과적인 치료 성과를 창출하는 데 도움을 주고 있습니다.

메디컬아이피의 현 제품으로는 CT 기반 AI 체성분 자동 분석 소프트웨어인 '딥캐치(DeepCatch)', 의료 영상 AI 분석 및 디지털 트윈 구현 솔루션인 '메딥프로(MEDIP PRO)', 엑스레이의 정량화 및 치료 모니터링 AI 플랫폼인 '티셉(TiSepX)', 해부학 교육 특화 제품이자 해부학 디지털 트윈 기반 의료 메타버스 플랫폼인 '엠디박스(MDBOX)', 의료 영상 기반 3D 프린팅 솔루션인 '아낫델(ANATDEL)'이 있습니다.[12]

메디컬아이피의 기술은 AI를 통해 의료 영상 내 장기와 병변 등을 3차원 분할과 AI 분석기술을 통해 해부학적으로 빠르고 정확하게 인체를 디지털화하여 3차원 가상공간에서 활용 가능한 디지털 트윈 환경을 상용화하고 있습니다.

AI 기술을 활용하여 인체의 다양한 구성 요소를 디지털 트윈으로 구현할 수 있다는 사실은 이를 임상에서 좀더 가치 있게 활용할 수 있도록 '가상현실(Virtual Reality, VR)', '증강현실(Augmented Reality, AR)', '메타버스(Metaverse)'등으로 확장하여 의료 영상 데이터를 치료나 시술뿐만 아니라 의학 교육, 수술, 예방, 예측에까지도 활용할 수 있음을 나타냅니다.

즉, 회사는 AI 의료 영상 분할 기술, 정량화 기술, 3D 구현 기술 등을 활용하여 환자의 의료 영상에 새로운 의미를 부여함과 동시에, 의료진의 지식과 경험에 보다 객관적이고 직관적인 자료들을 더해줌으로써 질병 예측, 모니터링, 수술에 이르기까지 의료 전 주기에 걸쳐 의료 기술의 고도화 환경을 구축하고 있습니다. 또한 이는 환자와 의료진의 상호작용에 있어 양과 질적인 개선을 통해 환자는 의료진으로부터 자신의 질병과 치료 과정에 대한 이해도를 높일 수 있어 의료진의 의사결정에 보다 적극적으로 참여함으로써 자연스럽게 치료 효과를 높여 회사의 목표인 헬스케어 AI 기술을 통한 환자 중심적 의료 행위를 강화해나가고 있습니다.[13]

한편 의료 메타버스 분야에서는 AI 기술이 활성화되기 전까지는 일반적인 메타버스의 사례처럼 콘텐츠와 흥미 위주로 발전해 왔지만 메디컬아이피의 기술을 통해 임상에서의 보다 나은 의료 서비스 구축과 헬스케어 산업의 발전에 기여할 수 있게 되었습니다. 현실적으로 사람의 생명을 다루는 헬스케어 분야는 가장 보수적으로 새로운 기술을 도입하고, 마지막까지도 다양한 규제를 통해 신중하게 적용을 결정하는 분야이지만, 메디컬아이피 같은 '게임 체인저(game changer)'에 의해 AI 기술을 바탕으로 한 디지털 트윈과 메타버스 기술을 잘 활용할 수 있다면 임상에서의 치료 성과와 환자 서비스 개선에 있어 긍정적인 영향을 줄 것으로 예상해봅니다. 예를 들어, 메디컬아이피의 제품을 통해 단 한 번의 CT 촬영만으로 정확한 체성분 분석뿐만 아니라 AI 기술을 통해 동시에 여러 추가 질환의 검사까지 가능해진 만큼 다양한 질환의 예측과 예방, 나아가 '기회검진(opportunistic screening, 한 번의 영상 촬영으로 미래에 유병 가능성이 있는 질환을 동시에 찾아내서 추가 검사로 연계하는 절차)'을 통해 선제적 진료의 기회를 추천하는 혁신적 의료 기술의 활용이 가능해진 거죠. 그러므로 스스로 자기 몸에 대해 정확히 파악하고 효과적으로 관리하며 살아가야 하는 시대로의 전환에 있어 앞서 소개한 메디컬아이피의 기술을 활용하여 병에 걸리기 전에 자기 몸의 정보를 정확히 분석하여 질병 발생 가능성을 미리 예측할 수 있다면 헬스케어 분야에서 눈부신 혁신 기술로 자리매김할 것입니다.[14)]

위의 메디컬아이피의 사례에서 보듯이 AI 기술을 임상에서 사용하느냐 아니냐에 따라 병원 의료진의 궁극적인 목표인 환자의 치료성공률과 만족도를 높이는 데 있어 상당한 차이가 발생할 수 있는 만큼 검증된 AI 기술이라면 적극적으로 임상에 활용할 필요가 있습니다.

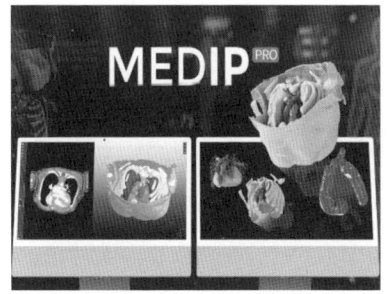
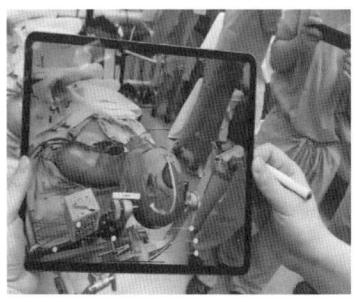

그림 5.4 메디컬아이피의 메딥프로/ 출처: 메디컬아이피 홍보자료

AI 기술이 우리 사회의 일상 생활에 미치는 영향

　마지막 세 번째 내용은 앞서 소개했던 두 분야의 헬스케어 제공자들을 통해 치료를 받거나 질병을 예방해야 하는 환자 및 보호자, 그리고 건강 관리에 관심이 많은 우리들 모두와 관련된 이야기입니다. 앞으로 AI 기능을 탑재한 의료 기기를 만들거나 AI를 통해 건강을 진단하고 질병을 예방해주는 서비스를 공급하는 기업들, AI를 활용하여 병원을 방문하는 환자나 고객들에게 좀 더 좋은 서비스를 제공하려는 병원이나 의사, 간호사 등의 헬스케어 서비스 제공자들이 더욱 많아지게 될 것입니다. 하지만 아무리 뛰어난 AI 기능을 결합한 헬스케어 서비스를 제공한다고 해도 이를 환자나 고객들이 제대로 활용하지 못한다면 그 효과를 최대치로 누리기는 어려울 것입니다.

　물론 이런 AI 서비스를 제공하는 기업이나 병원에서 환자나 고객들을 잘 교육시켜야 할 책임도 있겠지만, 가장 중요한 것은 그들 스스로 시대적 변화에 맞춰 AI를 열린 마음으로 받아들여야만 하고, AI에 대한 학습을 통해 AI로 실현 가능한 것과 그렇지 않은 것들을 직접 구분할 수 있다면, AI 시대에 맞는 자신의 헬스케어 관심사에 대해 합리적인 접근이 가능해질 것입니다.

　또한, 자신의 개인정보 활용에 대해서도 동의할 부분과 그렇지 않은 부분에 대해서도 명확히 할 필요가 있습니다. 만약 무조건 동의한다면 자신의 중요한 개인정보가 제대로 보호받지 못할 가능성이 크지만, 그렇다고 무턱대고 동의하지 않는다면 AI 시대에 개인 데이터를 활용해 얻을 수 있는 다양한 혜택들을 제대로 누릴 수 없을 테니까요. 그런 만큼 헬스케어 서비스를 활용하는 당사자 스스로가 적극적으로 AI에 대해 이해하려 노력하는 마음자세가 중요할 것입니다.

특히, 노령화 사회로 빠르게 전환하고 있는 대한민국을 포함하여 일본, 유럽, 미국 역시 2050년엔 인구의 1/4이 65세 이상의 노령화 사회가 될 것으로 예상되는 만큼 헬스케어 비용이 빠르게 늘어날 것입니다.[15] 결국 앞으로 병원에서 제대로 치료, 진단, 예방 등을 받기 위해선 각 개인이 훨씬 많은 비용을 지불해야 하지만, AI를 통한 다양한 의료 서비스를 활용할 수 있다면 전반적으로 의료 비용을 낮출 수 있을 것으로 예상됩니다. 그러므로 AI 시대의 헬스케어 분야에서는 의료 서비스를 제공하는 병원이나 기업뿐만 아니라 이를 활용하는 환자나 고객 역시 AI 기술을 적극적으로 활용하는 것이 반드시 필요하며, 새로운 AI 기술에 대해 나이 혹은 환경 탓만 하기보다는 스스로 'AI 문맹(AI illiteracy)'이 되지 않도록 새로운 헬스케어 시대에 대해 적극적으로 적응해나가야 할 것입니다.

이를 위해 앞서 소개한 글로벌 헬스케어 회사들이나 대형 병원들의 AI 기술에 대한 적용 사례뿐만 아니라, 좀 더 개인들이 쉽게 접할 수 있는 AI 기능을 활용하여 헬스케어 서비스를 제공하고 있는 회사의 사례를 소개한다면 개인들이 어떤 기능을 활용하여 스스로의 건강 관리를 효율적으로 잘할 수 있을지 이해하는 데 도움이 될 것입니다. 우리나라의 경우 정부가 의료 행위와 가격을 통제하는 '의료수가'라는 매우 특수한 구조의 건강보험제도를 오랫동안 실행해오고 있어 다른 국가들에 비해 병원의 문턱이 매우 낮다는 장점이 있습니다. 하지만 모든 의료 행위에 대해 의사나 병원의 차이를 인정하지 않고 획일적으로 의료수가를 책정함으로써 실력이 검증된 의사에게 진단받거나, 더 나은 서비스를 제공하는 병원에서 치료를 받거나, 아직 허가가 나지 않은 새로운 치료법을 자신이 위험 부담을 감수하고 적용 받고 싶어 하는 환자들의 요구를 만족시킬 수 없다는 단점도 동시에 존재하고 있습니다.

즉, 정부와 국민건강보험의 한정된 재정을 활용해야 하는 만큼 감기 같은 일반적인 진료나 간단한 치료를 위한 병원 방문에는 장점이 있지만, 많은 비용이 수반되는 치료는 아예 접근이 불가능할 뿐만 아니라 검증된 '명의(名醫)'에게 진료를 받으려면 무려 몇 개월, 몇 년을 기다려야 하는 기이한 현상이 일어나기도 하지요.

특히, 현재의 의료 시스템이 우리나라가 경제성장을 막 시작하던 시기에 만들어졌던 만큼 현재와 같은 노령화 사회 속에서 훨씬 더 많은 의료비 지출이 발생하는 상황을 예상하지 못했기에, 지금보다 더 많은 건강보험료를 국민들에게 청구하지 않는 이상 정부의 의료 재정은 빠르게 줄어들 수밖에 없을 것입니다. 하지만 그동안 빠른 재정 감소 속도로 인한 국민들의 보험료 추가 지급에 대한 저항이 매우 심했던 만큼 쉽게 손을 대지 못했던 정부와 입법기관들은 몇 년 전 예기치 못한 '코로나 사태(Covid-19 pandemic)'를 통해 그동안 기술은 있었지만 의료법에 막혀 활용하지 못하고 있었던 원격진료와 같은 디지털 헬스를 한시적이지만 시행하게 되었고, 다행스럽게도 이런 디지털 헬스가 부작용보다는 긍정적인 면이 훨씬 더 많음을 확인할 수 있었습니다.

특히 많은 국가들에선 이미 의사나 간호사 등 헬스케어 서비스 제공자들의 부족과 의료 기술의 발전에 따른 인간 수명의 증가로 인구 노령화로 인한 의료비 지출이 기하급수적으로 늘어나고 있어 AI 헬스케어의 적용이야말로 부득이한 선택이 되었습니다. 비록 우리나라에서는 의료법 규제 때문에 완전한 적용이 당장은 어렵겠지만 언젠가 AI 헬스케어 서비스를 활용하여 병원에 가지 않고도 자신의 건강을 지속적으로 관리하고 이를 통한 선제적인 진단과 간단한 치료법에 대해 AI나 전문가로부터 원격진료를 받고 약까지 처방 받을 수 있는 시기가 곧 다가올 것이라 예상해봅니다.

실제로 의료 서비스에 대한 국민들의 불만이 많은 국가들부터 이런 AI 헬스케어 서비스가 시작될 것으로 예상하는 것은 당연할 텐데요, 그 좋은 사례가 국민의 의료서비스 만족도가 낮은 영국에서 2013년에 창업한 '바빌론 헬스(Babylon Health, 이하 바빌론)'입니다. 바빌론은 2023년 8월에 eMed 헬스케어에 인수되었습니다.

그림 5.5 바빌론 헬스의 모바일 플랫폼 이미지

바빌론은 AI 기반 플랫폼을 통해 환자들에게 헬스케어 서비스를 제공하는 디지털 헬스 회사로서, 환자나 고객들에게 웹이나 모바일을 통해 의료 전문가와 연결시켜주는 서비스를 개발하여 제공하고 있습니다. 바빌론의 헬스케어 서비스로는 AI를 활용한 '증상 진단 기능(AI-powered symptom checker)'이 있습니다. 이를 통해 고객들은 자신의 증상에 대해 바빌론이 제공하는 디지털 플랫폼에 입력하면 바빌론이 가지고 있는 AI 알고리즘을 통해 회사가 가지고 있는 많은 데이터베이스를 분석하여 예상되는 진단과 이에 대한 치료법을 제안하게 됩니다.

또한, 바빌론은 의사나 의료 전문가들을 원격으로 연결하는 '텔레메디슨(telemedicine)' 서비스 및 챗봇을 활용한 '가상 진료(virtual consultation)' 서비스를 24시간 제공함으로써, 고객들은 언제 어디서나 쉽게 자신의 증상에 대해 원격으로 의료전문가의 조언을 듣고 처방까지 받을 수 있게 되었습니다. AI를 활용한 디지털 헬스 플랫폼을 통해 고객과 의료진 간의 시간과 공간이라는 한계를 뛰어넘은 거죠. 특히, 바빌론의 서비스는 긴급한 상황의 환자보다는 만성질환을 가지고 있는 환자들에게 더욱 효과적인 서비스가 될 것으로 예상합니다. 최근 일상생활에서의 다양한 '생체신호(vital sign)'를 읽어낼 수 있는 웨어러블 기기의 출시가 많아지면서 이를 AI가 관찰하고 분석하다가 어떤 의심되는 상황이 발생하면 바로 고객에게 병원을 방문하거나 치료를 제안함으로써 심각한 질병이나 상황으로 악화되는 것을 사전에 예방할 수 있게 된 거죠.[16]

또한, 이런 AI 기반의 디지털 헬스케어 플랫폼은 각 개인의 정보가 지속적으로 분석되어 각 상황에 맞는 혹은 시간이 지남에 따라 필요한 여러 의료 지식이나 교육을 제공할 수 있게 된 것도 큰 장점일 것입니다. 이렇게 바빌론과 같은 AI 기반의 디지털 헬스 플랫폼을 통해 만성 질환 환자들이 스스로 자신의 질병을 관리하고 예방할 수 있도록 도움을 줘서 병원을 방문하는 환자들의 수를 줄여줌으로써 정부, 의사와 병원, 환자 모두에게 의료 진료와 관련된 도움뿐만 아니라 사회적 비용 절감에도 큰 효과를 창출해낼 것으로 예상되는 만큼 비록 우리나라에는 의료법 같은 규제가 존재하긴 하지만 결국 시간의 문제일 뿐 AI 헬스케어는 더욱 확산될 것입니다. 그런 만큼 항상 자신의 건강에 신경을 써야 하는 만성질환자나 자신의 건강에 관심이 많은 사람들이라면 본인 스스로가 헬스케어 분야에 접목되는 AI를 더욱 적극적으로 받아들일 필요가 있습니다.

다음은 AI가 일상생활 속 헬스케어에 영향을 미치는 또 다른 사례를 소개하고자 합니다. 자기 건강에 관심이 많은 일반 시민들이나 당뇨 등 만성질환 병력이 있는 환자, 그리고 병원에 입원 후 퇴원한 사람 등 병원 전문가들의 서비스에서 벗어나 스스로 건강 관리에 관심을 가져야 하는 사람들이 생각보다 많습니다. 물론 응급 상황이나 의료 기기의 사용을 통한 전문적인 치료나 진단이 필요한 경우는 반드시 병원을 방문해야겠지만, 만성 질환의 경우 병원을 계속해서 방문하는 것이 경제적으로, 또 시간적으로 여의치 않은 경우가 많은 만큼 어쩔 수 없이 스스로 건강 관리를 잘 해야만 하죠.

특히 이런 분들은 음식을 섭취하는 데 있어 영양을 잘 챙겨야 하는 만큼, 음식은 질병을 예방하고 관리하는 필수 요소입니다. 병원에서도 식단 관리를 환자의 치료에 있어 매우 중요하게 생각하고 있고, 특히 암, 당뇨, 비만 등의 질병에선 더욱 중요합니다. 하지만 식단을 개인 스스로 조절한다는 것이 절대 쉬운 일은 아닙니다. 음식의 종류와 양, 영양소, 칼로리 등을 매번 확인하는 것은 물론, 집이 아닌 외부에서의 식단도 신경 써서 음식을 섭취하는 것은 더욱 어렵지요.

그래서, AI 기술이 등장하기까지는 이렇게 영양을 챙겨야 하는 분야는 전문가의 영역으로 간주되어 'MTM(Medically Tailored Meal, 의료적으로 처방된 식단)'이나 'MNT(Medical Nutrition Therapy, 의료 영양 치료법)'의 개념으로 성장했습니다. 병원을 방문해서 의사나 간호사를 만나서 조언을 듣는 대신, 다른 헬스케어 전문가 집단이 자신의 몸에 적합한 식단을 만들어주면 이를 잘 먹기만 하더라도 만성 질환을 가진 사람들이나 건강 관리에 민감한 사람들에게는 실질적인 도움이 되는 거죠.

특히 대한민국과는 달리 국가 건강보험 제도 대신 개인 건강보험 시스템에 의존하여 비싼 의료비 때문에 병원의 문턱이 매우 높은 미국 등과 같은 국가의 시민들이라면 스스로 건강을 지키고자 하는 노력을 더 많이 해야만 하죠. 그러므로 지금까진 MTM이나 MNT의 경우 병원을 방문하거나, 의사나 영양사를 통한 전문가 서비스를 제공하는 기업에서 자신에 맞는 식단 관리 프로그램을 받을 수 있었겠지만, 최근 AI 기술과 디지털 기술이 빠르게 발전함에 따라 이 분야의 서비스 역시 전문가 그룹의 도움 없이도 스스로 실행할 수 있는 다양한 솔루션들이 개발되고 있는 상황입니다.

이에 대한 좋은 해결책으로 최근 KT가 선보인 'AI 의료영양사 프로그램'이 있습니다. 앞서 설명했듯이 만성 질환 관리의 핵심이 자신의 몸에 맞는 영양과 관련된 식이 관리인데요, KT는 'AI 푸드 태그(food tag)'라는 기술을 통해 자신이 먹은 음식들을 사진으로 찍으면 AI가 음식을 인식한 후 음식 종류와 양, 영양 정보, 칼로리 계산 등을 자동으로 기록해 주는 식이 관리 프로그램입니다. 특히 이 AI 기술을 통해 음식 종류를 인식할 뿐만 아니라 음식의 영양 성분을 분석해줌으로써, 당뇨나 암과 같은 만성질환 환자의 식단을 관리하는 데 효과적일 것입니다.

이와 함께 KT는 원격으로 만성 질환을 관리할 수 있는 'AI 케어 프로그램'도 발표했는데요, 이런 AI 기술로 만성 질환자의 데이터를 바탕으로 KT의 고객센터를 통해 간호사나 영양사로 구성된 케어 코디네이터가 AI로 분석해서 만들어낸 '케어 플랜(care plan)'에 대해 앱이나 전화로 이용자와 함께 상담하며 관리할 수 있는 서비스입니다. 물론 AI를 통한 챗봇 상담도 가능하고요. 이는 국내의 경우 아직 활용이 제한적인 원격 진료의 개념과는 별개의 비의료 서비스입니다.

예를 들어 고객이 그날의 식단을 AI 푸드 태그로 인식하면 케어 코디네이터나 AI가 케어플랜에 맞는 식단인지 확인을 하고, 만약 열량이 높다면 그날의 걷기 목표를 평소보다 높여 제시하는 방식입니다. 이렇듯 AI 기술을 통해 AI와 사람과의 협력을 통해 전문의료현장뿐만 아니라 일반 시민의 일상적인 삶에도 긍정적인 영향을 미치게 될 것입니다.[17]

그림 5.6 AI 푸드 태그 이미지

이번 장에서는 앞서 소개한 기업, 병원, 환자로 대표되는 세 가지 측면에서 AI가 헬스케어 분야에 어떤 영향을 미칠 것인가에 대해 알아보았습니다. 대부분의 사례에서 보았듯이 새로운 기술은 분명 우리의 삶의 질을 좀 더 개선하는 방향으로 우리 생활 속에 빠르게 다가올 것입니다. 특히 AI가 헬스케어에서는 좀 더 개인에게 적합한 정밀 치료, 의료 영상 등의 데이터에 대한 정확한 분석, 병원에서 제공되는 헬스케어 서비스의 효율성 제고, 치료를 넘어 예방의학으로의 폭넓은 활용, 원격 진료 효과성 증가, 신약 개발 기간 단축 등 그 활용도가 높아져 긍정적인 면이 매우 크다고 판단합니다.

하지만 AI 헬스케어에선 개인의 건강 관련 데이터에 대한 잘못된 활용이나 외부로의 노출 위험도 존재하는 만큼 이런 개인 데이터를 활용하는 헬스케어 기업이나 병원 등은 개인정보 보호에 항상 주의를 기울여야 할 것입니다. 특히, 앞으로 병원의 디지털화가 더욱 빠르고 광범위하게 적용되면서 더 많은 환자들의 자료나 웨어러블 기기를 착용한 고객들의 수많은 데이터가 한 곳에 모아지게 됨으로써 이런 데이터들을 수집하여 활용하는 기업들 모두 더욱 주의해서 고객들의 개인정보를 정직하고 안전하게 활용해야 할 책임이 있을뿐더러, '사이버보안(cybersecurity)'에 대한 예산이나 인력 등에 충분한 투자를 선행해야 할 것입니다.

지금까지 AI가 어떻게 헬스케어 분야에 영향을 줄지, 그에 따른 긍정적인 측면과 부정적인 측면에 대해서 알아보았습니다. 물론 최근에 급성장한 AI가 헬스케어 분야에 본격적으로 접목되고 있는 만큼 많은 장점과 단점이 동시에 눈에 띄게 될 것입니다. 하지만 그런 단점에도 불구하고 우리 삶의 질을 극적으로 높여줄 AI의 헬스케어 분야로의 접목은 앞으로 더 늘어날 것이고, 당연히 확산되어야 한다고 생각합니다. 특히, 우리나라의 헬스케어 분야 기업이나 병원, 헬스케어 서비스를 제공하는 의사나 간호사 등 의료 서비스 종사자의 수준은 글로벌 시장과 비교해서 많은 차별적인 장점이 존재하는 만큼 AI를 헬스케어 분야에 접목하는 기회들을 더욱 많이 경험할 필요가 있습니다. 마이크로소프트의 창업자 '빌 게이츠(Bill Gates)'가 '우리들은 몇 년 후 발생할 변화에 대해서는 지나치게 확대하는 경향이 있지만, 반대로 앞으로 10년 후에 닥칠 변화에 대해서는 간과하는 경향이 있다(We always overestimate the change that will occur in the next two years and underestimate the change that will occur in the next)' 라고 말한 취지처럼요.[18]

6장 HR 테크

AI 시대의 HR 탐험 지도

하재선

인공지능과 데이터 기술의 발전은 기업 HR(인사) 분야에서 큰 변화를 불러왔습니다.[1] 이 새로운 기술의 유입은 채용, 신입사원 교육 등과 같은 다양한 HR 업무를 자동화하고 있고, 또한 이 새로운 기술을 적극 차용한 HR 분야의 탐험가들은 데이터 분석 기술을 활용하여 입퇴직 추세를 비롯한 다양한 분야의 의사 결정을 보다 과학적으로 수행하는 데 적용하고 있습니다. 기업 내 타 기능보다 보수성이 강한 HR조직이지만, 새로운 기술은 역시 근본적인 변화를 불러오고 있다 할 수 있겠습니다.[2]

이러한 HR 분야의 새로운 기술을 HR 테크(HR Tech)라고 말하고 있습니다. HR 테크는 "진보된 인공지능을 포함한 다양한 디지털 기술을 활용하여 기업이 당면한 사람과 일에 관련된 다양한 문제를 해결하는 데 도움을 주는 다양한 기술과 솔루션"을 의미합니다. HR 테크는 기업들이 사람과 관련하여 당면한 가장 큰 문제들인 포스트 코로나 시대에 대응하기, 경기 침체 리스크, 기업에 딱 맞는 최고 인재의 확보와 유지, 디지털 트랜스포메이션의 가속화 등에 적극 활용되고 있습니다. 이런 추세에 발 맞춰 HR 업무 분야에 있어서도 인공지능 기술이 적용된 다양한 도구들이 개발되어 소개되고 있습니다.[3]

그러나 HR 테크의 서비스 수준이 높아도, 이를 제대로 활용하기 위해서는 HR 팀 구성원들의 데이터 문해력도 함께 향상되어야 합니다. 이전에는 소수의 HR 조직 내 데이터에 재능을 가진 사람들이 수행하던 HR 데이터의 디자인과 가공, 혹은 회사 내에서 데이터 기반의 프로젝트를 수행하던 사람들이 하던 일들 중 데이터와 관련된 일과 관련된 전문직군이 새로이 등장하였습니다. 이들은 "피플 애널리스트"라고 불리고 있고, HR조직 내 데이터 기술에 특화된 전문가로서 상당한 비즈니스 성과를 제공하고 있습니다. 이들을 통해 과거에는 고액의 외부 컨설팅을 통해서만 할 수 있었던 수준 높은 프로젝트들이 이제는 어느 정도 데이터 기술과 연구 방법론으로 훈련된 HR 내부 인력들만으로도 수행할 수 있게 되어 가고 있습니다(물론 지속적으로 데이터 사이언티스트를 발굴하고 육성한 기업에서만 그렇습니다). 이러한 인력들은 이제 피플 애널리스트(People Analyst)라는 HR 분야에서는 완전히 새로운 전문 직무군으로 뿌리 내리고 있습니다. 이러한 일련의 최근 흐름이 긴 기업 경영에 영향을 미치는 외부 환경 변화 역시 이러한 변화를 촉진하고 있습니다. 1990년대 후반 이후 세계적으로 경제, 사회, 자연 재해 등의 변화 때문에 기업들은 경쟁력을 유지하고 기회를 살리기 위해 여러 분야에 적극적인 투자를 이어가고 있으며, 특히 과업 수행 능력(Performance)을 향상시키는 투자에 매우 적극적으로 나서고 있습니다.

1. 피플 애널리틱스 People Analytics

1) 인력 분석, 인재 분석, 인적 자원 분석, 사람 분석은 무엇이 다른가?

새로운 분야가 생성될 때에는 반드시라고 할 수 있을 정도로 그 분야를 무엇이라 명명할 것인가에 대한 논쟁이 업계와 학계에서 일어나곤 합니다. 피플 애널리틱스도 이 분야를 어떻게 부를 것인가에 대한 논쟁이 있어왔고, 각각의 표현은 개념상 중복이 많지만, 조금씩 다른 맥락과 의미를 가지고 있는 것도 사실입니다. 피플 애널리틱스와 관련하여 가장 과거부터 사용해 온 표현은 인력 분석(Workforce Analytics)이었습니다. 그러다 2010년 하버드 비즈니스 리뷰를 통해 IBM에서 수행한 인재 분석 사례가 소개되면서[4], "인재 분석(Talent Analytics)"이라는 표현이 부상했으며, 2020년 이후 HR 조직이 피플 조직으로 패러다임이 바뀌어 가는 것과 병행하여 HR애널리틱스라는 표현도 피플 애널리틱스로 전환되어 가고 있습니다.[5] 그렇지만 이는 단순한 용어의 변화라고 보기에는 상당한 함의가 포함되어 있다고 봐야 합니다. 다만, 인사 분석(HR Analytics) 혹은 HRA는 HR을 하는 사람들이 인사 분석을 바라볼 때 부르는 직관적인 표현으로 사용되어 왔으며, 자연스럽게 통용되어 왔던 용어로 생각됩니다

구분	정의
인력 분석 Workforce Analytics	인력 분석은 인적 자원 분석의 일부로서, 직원 관련 지표(인덱스: 직원 수, 병가 발생 건수 등)를 누적 및 측정하고 이를 통해 인적 자원 관리에 대한 의사 결정을 최적화하는 접근 방식입니다. 인력 분석은 채용과 해고 이외에도 많은 내부 지표에 초점을 맞추고 있으며, 모든 인력에 대한 가치와 생산성 향상에 집중합니다.[6]
인재 분석 Talent Analytics	인재 분석은 조직의 운영을 위한 더 나은 의사 결정을 내리기 위해 대규모의 인력군의 데이터를 활용하여 통계 분석을 수행하는 데 중점을 두고 있습니다. 대규모 통계의 다른 특정 하위 집합과 마찬가지로, 인재 분석은 다양한 (대시보드와 같은) 비즈니스 정보BI 도구와 시스템을 사용하여 회사 직원에 대한 보다 전체적인 데이터 기반의 뷰를 제공합니다. 이를 통해 기업은 실제 과거의 성과에 기반한 분석 결과를 기반으로 최선의 결정을 내릴 수 있습니다.[4]
인적 자원 분석 HR Analytics	인적 자원 분석은 채용 소요 시간, 유지율 등과 같은 HR 지표가 HR 성과 지표에 미치는 영향을 측정하는 프로세스입니다.(인용: microstrategy.com) 주로 통계적인 방법을 적용하여 HR 조직 내부의 전문적인 관리 지표를 분석하는 데 활용하는 기술을 의미합니다.[7]
사람 분석 People Analytics	HR 리더가 HR 조직 내부적인 데이터뿐 아니라, 마케팅, 생산, 품질, 영업, 서비스 부문에서 생성되는 다양한 수행 Performance 데이터를 통계적 기술에 각 분야별 전문가의 직관과 전문지식을 활용하여 통합적으로 수행하는 분석입니다. 이 프로세스를 통해 더 나은 의사 결정을 내리고 경쟁력 있는 인재와 인력 투자에 대한 수익을 구체적으로 보여줄 수 있습니다.[8]

표 6.1 인력 분석, 인재 분석, 인적 자원 분석, 사람 분석의 정의 비교

많은 실무자들은 인적 자원 분석(HR Analytics)이 인력 분석, 인재 분석, 사람 분석을 포괄하는 대표 용어로 사용되며, 이들 분석이 지향하는 최종 목표는 동일하다는 점에 대해 동의하고 있습니다. 일부는 "사람 분석"이 "인적 자원 분석"보다 더 인간적이라고 지적하며, 다양성(Diversity), 평등(Equality), 포용(Inclusion)과 관련한 분석이 포함된다는 이유로 구분할 필요성이 있다고 주장하지만, 이러한 분석은 이미 인력 분석, 인적 자원 분석에서도 수행되고 있어서 구분할 필요성은 크지 않다고 볼 수 있습니다. 다만 기업에서 인적 자원 분석 분야를 명명할 때에는 실질적인 내용성과 더불어서 그렇게 표현하는 가치를 고려하므로, 많은 조직에서 최근 인적 자원 분석에 전문화된 조직은 "피플 애널리틱스" 조직이라고 부르고 있는 트렌드입니다.

HR 분야에서 데이터 분석은 사실 아주 오래전부터 해 온 일이겠지만, 그것이 하나의 새로운 트렌드로 받아들여지게 된 계기는 2010년 하버드 비즈니스 리뷰를 통해 "인재 분석 경쟁(Competing on Talent Analytics)"이라는 제목으로 소개되면서부터입니다.[9] 이 글에서 인재 분석은 2006년부터 헤라스 엔터테인먼트(Harrah's Entertainment: 현재의 시저 엔터테인먼트(Caesar Entertainment))에서 수행한 프로젝트를 언급하고 있습니다. 헤라스는 애널리틱스를 활용하여 수익 잠재력이 가장 높은 고객을 선별하고 목표 고객 세그먼트에 대한 특별 가격 전략 및 프로모션을 개선하는 데 활용하는 등 마케팅과 영업에서 활용할 뿐만 아니라, 데이터 분석을 통해 도출된 인사이트를 사용하여 적합한 직원을 적합한 업무에 배치하고 프런트 데스크 및 기타 서비스 지점에서 고객을 응대할 최적의 직원 수를 계산하는 모델을 만드는 등의 응용으로 HR 분야의 의사 결정에도 활용하였습니다. 또한 헤라스는 직원의 복리후생 정책에도 애널리틱스를 활용하였는데, 건강 보건 프로그램에 대한 참여도가 기업 수익에 미치는 영향을 분석하였습니다. 사내 클리닉을 통해 예방적인 치료 방문이 증가하여 최근 12개월 동안의 긴급 치료 비용이 수백만 달러 절감되었고, 이는 곧 직원의 행복과 직무 참여(Job Engagement)로 이어져, 행복하고 건강해진 직원이 더욱 만족스러운 고객을 만들어낸다는 사실을 확인하였고, 행복해진 직원의 높아진 직무 참여도가 매출에 긍정적인 기여를 한다는 사실을 검증하였습니다. 헤라스는 이 프로젝트를 "워크포스 애널리틱스"라는 이름으로 소개하였습니다. 이 사례는 이후 스타벅스와 베스트바이 등의 기업들이 인재 분석에 관심을 가지게 되는 계기가 되었고, 미국의 거대 가전 유통업체인 베스트 바이(Best Buy)에서는 특정 매장에서 구성원의 직무 참여도가 0.1% 상승하면 연간 매출이 10만 불이 상승한다는 것을 확인하였습니다.

헤라스의 초기 시도에서 영감을 받아서 HR데이터를 활용한 본격적인 프로젝트를 수행한 것은 IBM이었습니다.[9] 학계에서는 널리 알려진 것처럼 IBM은 2009년 6월 학자들이 논문 작성을 위해 가장 많이 활용하는 SPSS라는 통계 패키지를 개발한 SPSS사를 합병하였고, 이어서 2009년 당시 IBM의 최고인사임원(CHRO)였던 다이앤 거슨(Diane Gherson)은 데이터를 활용하여 직원의 퇴직률을 낮추는 프로젝트의 가능성과 가치를 깨닫고 리서치 분야의 동료에게 분석과 더불어 퇴직률을 낮출 해결책을 제안해 달라는 요청을 하였습니다.[10] 이 프로젝트를 통해 구성원의 이직률을 낮추는 것과 조직 내부의 직무 이동을 촉진할 수 있는 솔루션을 개발하였을 뿐만 아니라, 인사 분석 분야 그 자체적으로도 데이터를 통해 조직의 맥락을 이해하고, 개인이 가진 편향을 극복하고 현상에 대한 과학적인 이유를 탐색할 수 있게 되었으며, 직원들이 생성하는 디지털 정보를 통해 인사 분석가들은 끝없이 배울 수 있다는 점을 깨닫게 되었습니다. 이 프로젝트를 IBM에서는 인재분석(Talent Analytics)이라고 불렀으며 이는 IBM이 그 구성원을 바라보는 관점 자체가 전원 고객 컨설팅을 하는 "인재(Talent)"라는 것이었기 때문이 아니었나 하는 생각입니다. 당시의 프로젝트에 활용된 데이터는 지금도 피플 애널리틱스를 시작하는 사람들에게 학습 자료로 제공되고 있습니다.[11]

2) 피플 애널리스트가 갖춰야 할 탐험 장비는 무엇인가?

(1) 팬시한 직업으로서 데이터 사이언티스트

"데이터 사이언티스트는 21세기의 가장 섹시한 직업이다."라는 말은 2006년부터 하바드 비즈니스 리뷰를 통해 데이터 분석의 가치를 계속 소개해 온 다벤포트 교수가 2012년 10월에 같은 저널에 기재한 글에서 인용한 표현입니다.[11] 이 글에서 다벤포트는 데이터 사이언티스트란 "빅데이터의 세계에서 학습과 호기심을 통해 새로운 발견을 만들어 내는 고위 전문가"라고 말하고 있으며, 또한 "데이터 사이언티스트는 하둡(Hadoop: 현재까지 가장 광범위하게 상용되고 있는 분산 프로세싱 파일 시스템), 데이터를 정제하고, 분석하고, 시각화하는 다양한 오픈 소스 툴, 클라우드 컴퓨팅, 대시보드 등의 분석 결과 시각화 도구들을 잘 활용하는 사람"이라고도 말했습니다. 페이스북(현재의 메타), 링크드인, 팔로 알토 네트워크 등의 실리콘밸리 기업 대상으로 초기 단계 벤처 투자사인 그레이락 파트너스의 전문가 확보팀의 리더 댄 포르틸로는 "데이터 사이언티스트들은 일단 데이터가 주어지면 그 속에서 인사이트를 찾아낼 수 있는 사람"이라고 표현하였습니다.

(2) 피플 애널리스트가 추가로 갖춰야 할 역량

데이터 사이언티스트를 빅데이터 분석과 시각화에 전문화된 사람이라고 한다면, 기업의 각 직무별로 이에 대응하는 분야별 데이터 과학자/분석가(Domain Data Scientist)들이 있습니다. 이들은 데이터 분석 기술을 배워서 데이터 과학자/분석가가 되기보다는, 기존 해당 업무를 하던 사람이 데이터 기술을 배워서 분야별 데이터 과학자/분석가가 되는 경우가 더욱 일반적입니다. 마케팅 활동과 관련된 데이터를 수집하고 분석하는 '마케팅 애널리틱스', 고객 데이터를 수집하고 분석하여 고객 행동, 구매 패턴, 만족도 등을 추적하는 '고객 애널리틱스', 기업의 운영과 관련된 데이터를 수집하고 분석하여 비용, 효율성 및 성과를 추적하는 '오퍼레이션 애널리틱스' 등 분야별로 헤아리자면 기업 직무의 숫자만큼 생겨나겠지만, 이들을 통상적으로 총칭할 때에는 '영역별 데이터 사이언티스트(Domain Data Scientist)', 혹은 자생적으로 발생하였다는 의미로 '시민 데이터 사이언티스트(Citizen Data Scientist)'라고 부르고 있습니다.

피플 애널리스트는 이러한 영역별 데이터 사이언티스트 중 사람과 관련된 데이터에 특화된 사람을 의미합니다. 피플 애널리스트는 기업 내에서 사람과 관련된 데이터를 수집, 분석, 해석하는 일을 합니다. 이들은 이러한 데이터를 분석하여 조직이 채용, 보상, 인재 육성 등 직원에 대한 더 나은 의사 결정을 내릴 수 있도록 하는 분석 결과를 제공합니다. 그러기 위해 피플 애널리스트는 일반적인 HR 부문 인원 대비 통계, 데이터 과학에 대한 스킬을 갖춰야 합니다. 피플 애널리스트는

HR 부문에서 데이터 기반의 의사 결정을 할 수 있도록 지원하는 강력한 인력 풀입니다. 피플 애널리스트가 일반적인 데이터 사이언티스트들과 차별성을 가지는 것은, 그들은 사람 중심의 윤리성을 핵심에 가지고, 리서치 기반의 과학적 접근방식을 기반으로, HR과 관련된 다양한 연구에 깊은 바탕을 두면서도 최신의 데이터 분석 및 시각화 기술을 포함한 광범위한 사람과 관련한 데이터 분석 방법을 섭렵하여, 이를 분석하고, 그 결과를 경영진부터 실무자, 때로는 고객들에게 설득력 있게 설명해 낼 수 있다는 점입니다. 이를 위한 피플 애널리스트들은 아래와 같은 스킬을 반드시 갖추어야 합니다.

- **사람에 대한 이해**: 윤리적 기준을 포함하여 인적자원 원칙 및 관행에 대한 지식
- **강력한 분석 기술**: 다양한 통계 분석 방법론과 시각화 능력
- **뛰어난 커뮤니케이션 기술**: 최고 경영층에서 고객까지 포괄하는 소통 능력
- **독립적으로 또는 팀의 일원으로 일할 수 있는 능력**: HR조직을 뛰어넘은 팀 구축 역량
- **데이터 분석 소프트웨어에 대한 친숙함**: R, Python을 비롯한 데이터 가공, 분석 소프트웨어 중 최소 1개 이상에 전문가 수준의 기량을 갖춰야 함
- **리서치 역량**: 과학적 문제해결 방법론과 프로젝트 수행력

표 6.2 피플 애널리스트가 갖춰야 할 필수 스킬들

가. 사람에 대한 이해

사람에 대한 이해는 피플 애널리틱스의 처음이자 마지막이라고 할 수 있습니다. 피플 애널리스트가 갖춰야 할 윤리적 법적 기준에 대한 이해, 사람에 대한 다양한 영역에 대한 폭넓고도 깊은 지식과 경험, 사람이 수행하는 측면에서의 사업에 대한 이해가 골고루 갖춰져 있어야 가치 있고 사업적인 영향력(impact)을 줄 수 있는 분석을 수행할 수 있습니다.

나. 윤리적 법적 원칙을 지키는 마인드

미국 인사관리학회(SHRM)은 2019년 9월 17일 피플 애널리스트에 대한 윤리 지침을 발표하였습니다.[12] SHRM은 전 세계적으로 인사 분야에서 가장 큰 영향력을 가진 글로벌 협회입니다. 당시 SHRM은 피플 애널리틱스 분야에서 데이터 분석의 사용이 증가함에 따라 이 원칙을 개발하였습니다.

- **개인정보 보호 Privacy**: 인사 분석가는 직원의 프라이버시를 존중하고 분석 목적에 필요한 데이터만 수집해야 합니다. 또한 암호화 및 액세스 제어를 사용하는 등 데이터의 기밀성을 보호하기 위한 조치를 취해야 합니다.
- **투명성 Transparency**: 인력 분석가는 데이터 수집 및 분석 방법에 대해 투명해야 합니다. 또한 직원들에게 분석 결과를 검토하고 이의를 제기할 수 있는 기회를 제공해야 합니다.
- **공정성 Fairness**: 인력 분석가는 공정하고 편견 없는 방식으로 데이터를 사용해야 합니다. 차별을 피하고 분석이 직원에 대한 불공정한 대우로 이어지지 않도록 해야 합니다.
- **책임감 Accountability**: 인력 분석가는 자신의 행동에 대해 책임을 져야 합니다. 데이터 수집 및 분석 방법을 설명하고 분석 결과를 정당화할 수 있어야 합니다.

표 6.3 SHRM의 피플 애널리스트 윤리지침

피플 애널리틱스에 대한 윤리 기준은 인공지능 윤리기준을 전제로 하고 있습니다. 우리나라에서는 2020년도 과기정통부에서 "사람 중심의 인공지능 윤리 기준"을 발표하였는데[13], 여기에서 AI는 인간의 생명은 물론 정신적 및 신체적 건강에 해가 되지 않는 범위 내에서 개발 및 활용되어야 하며, 안전성과 견고성을 갖추어 인간에게 해가 되어서는 안 된다고 하는 인간 존엄성의 원칙, 소외되기 쉬운 사회적 약자와 취약계층의 접근성을 보장하도록 개발 및 활용되어야 한다는 사회 공공선 원칙, 인류의 삶에 필요한 도구라는 목적과 의도에 부합되게 개발 및 활용되어야 한다는 기술의 합목적성 원칙을 제시하고 있습니다. 3대 기본 원칙에 기반하여 ①인권 보장 ②프라이버시 보호 ③다양성 존중 ④침해 금지 ⑤공공성 ⑥연대성 ⑦데이터 관리 ⑧책임성 ⑨안전성 ⑩투명성의 10가지 핵심 요건도 정의하고 있습니다. 이러한 원칙들은 단순한 도덕적인 기준으로 제시되고 있을 뿐 아니라 법률 및 제반 법적인 장치(소송 제도, 사법 절차)와 연계되어 점점 더 명확화되어가는 추세입니다.

해외의 경우 캘리포니아 소비자 프라이버시 법(CCPA: California Consumer Privacy Act)[14]에서는 개인이 개인의 데이터에 대한 결정권을 규정하고 있고, 유럽에서는 유로연방 차원에서 일반 데이터 보호규제(GDPR: General Data Protection Regulation)에 의해서 개인의 데이터를 수립하고 활용하는 것에 대한 통제를 가하고 있는 일반적인 법률 이외에도, 미국의 경우 공정 신용 정보 제공 법(FCRA: The Fair Credit Reporting Act)에서는 소비자들을 불공정하고 정확하지 않은 신용정보 데이터로부터 보호하고 있고, 미국 장애우 법(ADA: The Americans with Disabilities Act)에서는 장애우에 대한 차별을 금지한다거나 좀 더 포괄적인 차원에서 평등 고용 기회법(EEOA: The Equal Employment Opportunity Act)에서는 인종, 피부색, 종교, 성별, 태생에 따른 고용상의 차별을 금지하는 법률을 지정하고 있습니다. 이러한 법률은 소극적으로는 개인이 갖는 프라이버시를 보호하고, 적극적으로는 헌법조차도 초월하는 인간의 기본권인 자결권(The Self Determination)을 확대하는 원칙히에서 적용되어야 한다는 것이 중론입니다. 피플 애널리스트들은 프로젝트의 수행에 있어서 이러한 원칙과 법을 반드시 준수하며 실행하여야 할 것입니다.

상기와 같은 원칙하에서 피플 애널리스트는, 개인정보 보호 원칙에 따라 직원의 개인정보 자결권을 존중하고 분석 목적에 필요한 데이터만 수집해야 합니다. 또한 암호화 및 액세스 제어를 사용하는 등 데이터의 기밀성을 보고하기 위한 조치를 취해야 합니다. 투명성의 원칙은 데이터 수집 및 분석 방법에 있어 투명해야 한다는 원칙입니다. 또한 직원들에게 분석 결과를 검토하고 이의를 제기할 수 있는 기회를 제공할 수 있어야 합니다. 공정성의 원칙은 공정하고 편견 없는 방식으로 데이터를 사용해야 합니다. 이는 데이터 수집 과정에서부터 발생할 수 있는 데이터의 왜곡 현상을 사전에 감안하고 수집, 분석에 활용해야 하며, 데이터 분석의 결과가 직원에 대한 불공정한 대우로 이어지지 않도록 유의해야 한다는 것입니다.

특히 이러한 불공정은 여러 차례 법적인 제재를 받은 사례도 있습니다. 2018년 떠오르는 화상 인터뷰 솔루션 회사였던 하이어뷰(HireVue)는 미국 고용평등 위원회(U.S. EEOC: United States Equal Employment Opportunity Commission)로부터 하이어 뷰의 화상 인터뷰 솔루션이 유색 인종과 여성에 대해 불공정한 차별을 한다는 혐의로 제재를 받았습니다.[15] 이런 사건 이후 채용과 관련한 HR 솔루션을 제공하는 기업에서는 솔루션 개발에 있어서 아래와 같은 원칙이 제시되고 있습니다. ①우선 솔루션에 사용할 데이터는 이미 채용된 소수의 데이터가 아닌 채용할 대상의 모집단의 데이터를 사용할 것이며 ②솔루션 개발에는 가능한 다양한 집단을 대변할 수 있는 사람들이 참여할 것이고 ③채용 솔루션은 투명하여 사용자들이 어떤 기준이 적용되었는지를 명확히 알 수 있게 해야 하고 ④고용 평등과 관련하여 발생하는 불만 사항에 대해 신속하게 보고하고 대처하여야 한다는 것입니다.

다. 분석 주제에 대한 전문적인 이해와 통찰

피플 애널리스트는 분석의 대상이 사람과 관계된 데이터인 만큼, 부족한 전문성에 의한 잘못된 데이터 분석이 사람에 대해 매우 크고 민감한 영향을 끼칠 수 있으므로, 특정한 주제에 대해서 분석하려고 하는 사람은 먼저 관련한 주제에 대한 충분한 사전 공부와 리서치가 선행되어 있어야 할 것입니다.

예를 들어 특정한 기업에서 미래의 리더를 조기 발굴하고 육성하기 위해 해당하는 기업에 맞는 리더십 모델을 정의하고 이를 활용하여 기존 리더들을 대상으로 리더십을 측정하려는 프로젝트를 추진하려 한다고 가정해 봅시다. 이러한 프로젝트를 추진하는 팀에는 분석 전문가뿐 아니라 심리학, 조직 행동, 전략 등 다양한 분야의 전문가와 관계자들이 포진되어 있어야 할 것입니다. 잘 되는 프로젝트라면 프로젝트의 결과에 대한 책임을 추진하는 팀 구성원 전체가 공유하는 것이라는 인식을 가지고 있어야 할 것이며, 그러려면 리더십 전문가 + 분석 전문가 형태의 팀 운영이 아닌 리더십 전문가 × 분석 전문가의 운영이 되어야 할 것인데, 그 의미는 피플 애널리스트 역시 리더십 측정에 있어서 상당한 수준의 지식과 스킬을 보유하고 있어서 분석 모델의 개발과 측정 및 파생 효과에 있어서 전문가 수준의 판단을 할 수 있어야 한다는 의미입니다. 그러므로 피플 데이터 분석 담당자는 당연히 리더십 전문가와 마찬가지로 다양한 리더십의 측정 변수와 방식, 해석 방식과 한계에 대해 책과 연구 자료의 사전 분석을 통해 이해하고 있어야 한다는 의미입니다. 과거의 리더십 모델 구축 프로젝트를 수행하는 사람이 시중에서 인기 있는 리더십 모델을 가지고 적용하고 프로젝트가 끝나면 떠나버리는 시대는 이제 전문적인 피플 애널리스트가 수행할 책임 있는 리더십 모델 구축 프로젝트로 대체되어 가는 추세입니다.

시대 변천에 따른 리더십 이론의 변화

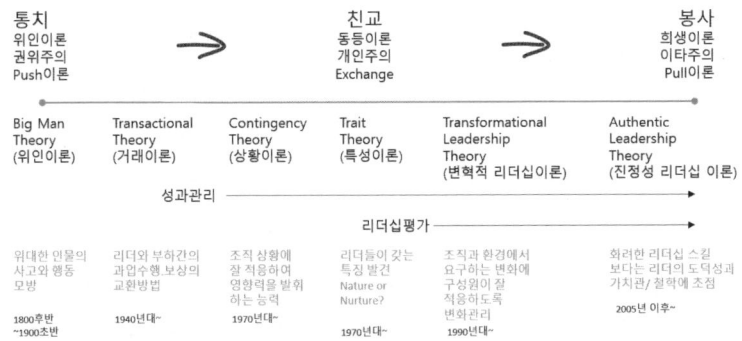

그림 6.1 시대 변천에 따른 리더십 이론의 변화 조사

라. 강력한 분석 스킬

통계는 수학 분야 중 사회에서는 가장 많이 쓰이는 주제이지만, 우리 교육 시스템에서는 일부 대학 전공을 제외하고는 초중고 시절을 포함하여 제대로 가르친 적이 없는 분야인 것 같습니다. 대부분의 사람들은 확률과 통계 이론을 상식적인 수준에서 알고 활용하고 있어, 실제로 특정한 데이터가 주어졌을 때 잘못된 지식에 의해 통계 결과를 잘못 읽는 경우가 허다한 것 같습니다. 우리나라 고등학생의 키와 몸무게를 비교해 보려 할 때 어떤 통곗값으로 비교해야 할까요? 만일 평균(mean)이라는 기준만 떠올렸다면 피플 애널리스트 관점에서는 이는 용납할 수 없는 수준의 통계 지식 수준이라 아니할 수 없을 것입

니다.

　HR 조직에서 피플 애널리스트 역할을 수행하는 사람이라면 통계의 전반적인 지식을 반드시 갖춰야 할 것입니다. 우선은 현업에서 가장 많이 사용되는 기술통계(Descriptive statistic)는 아주 전문적인 수준까지 이해하고 활용할 수 있어야 할 것입니다. 사람과 관련한 데이터에서 발생하기 쉬운 다양한 편향과 이상치들을 통계적인 방법으로 발견해 내고 이에 대한 조치를 낼 수 있는 수준이 되어야 할 것입니다. 이를 위해서는 탐색적 데이터 분석(EDA: Exploratory Data Analysis)을 단순하게 차이 분석(t-test, ANOVA, 카이 자승 검증 등) 차원을 뛰어넘어 탐색적 분석(EDA: Exploratory Data Analysis) 심화 이론과 데이터 기술을 갖춰야 할 것입니다. 또한 가설을 검증하는 다양한 통계적 기법에도 능통해야 할 것입니다. 단순 회귀부터 탄성(Elastic) 회귀분석에 이르기까지 데이터의 인과를 밝혀내는 다양한 인과분석의 기술과 그 한계까지 명확히 알 수 있어야 할 것이며, 드물게 필요하겠지만 구조방정식을 만들어 가설을 검증할 수준까지 갖추게 되어야 온전한 피플 애널리스트라고 할 수 있을 것입니다. 이외에도 HR 분야에 있어서는 양적인 데이터 이외에도 많은 질적인 데이터도 존재합니다. 이러한 질적인 데이터를 수집하고 이를 분석하고 해석하는 기술 또한 피플 애널리스트가 갖춰야 할 중요한 전문 역량입니다.

　머신러닝과 딥러닝 기술 또한 최근에는 HR 분야에 많이 적용되고 있습니다. 이러한 기술 또한 명확히 이해하고 활용할 수 있어야 하겠지만, 더 중요한 것은 피플 애널리스트는 그 한계 또한 명확히 알고 있어야 할 것이라는 점입니다. 예를 들어 많은 기업에서 각광을 받았던 인사 데이터를 분석하여 퇴직가능성을 비율(%)로 분석해내는 사례에서 보면 "해외 출장 횟수"가 퇴직 가능성에 끼치는 지표로서 중요하게 분석되고 있습니다. 머신러닝은 결과는 알 수 있지만 왜 그렇게 해석되었는지 내용은 알 수 없는 "알고리즘"을 사용하기 때문에 이 알고리즘의 블랙박스를 살짝 들여다볼 수 있는 기술인 설명 가능한 AI(XAI: eXplainable AI) 기술을 동원하여 각 변수의 가중치를 보여줄 수는 있겠지만, 결국은 퇴직 가능성에 사람에 따라 긍정적으로도, 부정적으로도 적용될 수 있는 "해외 출장 횟수"를 제대로 해석하려면, HR에 대한 통찰을 가진 분석가가 개입하지 않으면 안 된다는 점을 이해해야 할 것입니다.

마. 뛰어난 커뮤니케이션 기술

능숙한 피플 애널리스트라고 할지라도 분석된 결과를 사업적으로 의미 있는 비즈니스 인사이트로 재해석하여 경영자에게 설명할 수 없다면 공들여 분석한 보고서도 쓸모없게 될 것입니다. 다행한 것은 대부분의 경영자들은 숫자에 능숙하다는 것입니다. 그렇다면 분석이 제대로 수행되었다면 우호적인 분위기에서 결과를 마음껏 보고할 수 있을 것입니다. 피플 애널리스트의 커뮤니케이션 기술은 다른 데이터 사이언티스트와 같이 성공을 위한 핵심적인 능력 중 하나입니다. 피플 애널리스트는 자신의 분석의 결과를 이해하기 쉽게 설명하고, 다른 사람에게 공유할 수 있어야 합니다. 이를 위해서는 분석에 사용한 기술적인 용어를 듣는 사람들도 상식의 수준에서 쉽게 이해할 수 있도록 설명할 수 있어야 하는데, 이를 위해서는 기술적인 세부적인 사항까지도 완벽하게 이해해서 이를 일상에서 발견하기 쉬운 비유를 활용하여 설명할 수 있어야 합니다. 분석가들 사이에서만 이해되는 어려운 통계 용어를 중학생도 이해할 수 있는 레벨까지 낮춰서 설명할 수 있는 기술을 갖춰야 합니다. 또한 필요하다면 최대한 시각화해서 보여 줄 수 있도록 하여야 합니다. 분석 결과로 도출된 숫자를 표와 그림으로 전환하여 보여주는 것은 물론, 동적인(Dynamic) 혹은 상호작용하는(Interactive) 결과는 필요하다면 대시보드로 만들어서 보여줄 수 있도록 하여야 합니다. 조금 더 나아간다면 분석 결과를 활용하는 사람들이 스스로 쉽게 분석 결과를 변형하여 활용할 수 있는 도구를 제공해 줄 수 있다면 금상첨화라 할 수 있겠습니다.

바. 독립적으로 또는 팀의 일원으로서 일할 수 있는 능력

어떻게 보면 서로 상충되는 이 두 가지 능력을 동시에 갖춰야 하는 것은 PA의 직무의 본질을 매우 잘 보여주는 것이라 하겠습니다. 피플 애널리스트는 자신의 목표를 달성하기 위해 스스로 계획을 세우고, 실행하고 평가할 수 있는 자기 관리 능력을 갖춰야만 합니다. 자기 관리 능력이 곧 독립적으로 일할 수 있는 능력입니다. 이를 위해서는 자신의 목표를 명확하게 설정하고 목표를 달성하기 위한 계획을 세울 수 있는 목표 설정 능력과, 자신의 시간을 효율적으로 관리하고 목표를 달성하기 위한 일정을 준수할 수 있도록 하는 시간 관리 능력, 스스로 동기를 부여하고 목표를 달성하기 위해 꾸준히 노력할 수 있도록 하는 자기 동기 부여 능력, 문제를 해결하고 어려움을 극복하게 하는 문제 해결 능력을 갖춰야 합니다. 이러한 독립적으로 일하는 능력은 단기간에 개발할 수 있는 능력이 아닙니다. 꾸준한 노력과 경험을 통해서만 독립적으로 일하는 능력을 향상시킬 수 있습니다. 독립적으로 일하는 능력을 향상시키기 위해서는 자신의 목표를 명확하게 설정하고, 목표를 달성하기 위한 계획을 세우고, 실행하고, 평가하는 경험을 쌓는 것이 중요합니다.

또한 피플 애널리스트는 더 큰 조직의 구성원으로서 여러 사람과 조직이 공동의 목표를 공유하고 이를 달성하기 위해 각 역할에 따라 책임을 다하고 함께 힘을 합해 협력해 나가는 활동의 흐름에서 절대도 벗어나서는 안 됩니다. 이를 위해서는 위에서 이미 언급한 의사소통 능력 이외에도, 팀원들과 협력하여 문제를 해결하고, 의견을 조율하고, 작업을 분담하고 함께 목표를 달성할 수 있는 협업 능력과 때로는 팀을 이끌고 동기를 부여하고, 공동의 목표를 달성할 수 있도록 타인을 지원할 수 있는 리더십 능력과 더불어, 팀원들에게 신뢰를 줄 수 있는 것이 무엇보다도 중요한 능력입니다. 타인에게 신뢰를 주는 것은 솔직함과 정직함에서 시작됩니다. 항상 일관되게 진실되고 정직한 태도를 유지하면 타인은 피플 애널리스트를 신뢰하기 시작할 것입니다. 또한 약속을 지키는 것도 신뢰를 유지하는 데 중요한 부분입니다. 실수를 저질렀을 때 이를 재빨리 인정하고 책임을 지는 태도를 보이는 것도 신뢰를 구축하는 데 매우 중요한 부분입니다. 또한 사람에 관한 데이터를 다루는 분석가는 특히 지켜야 할 비밀들이 많을 수밖에 없습니다. 피플 애널리스트 일의 가장 중요한 본질이자 기본 중의 하나가 개인 정보 보호이며, 이 연장선 하에서 피플 애널리스트는 수행하는 업무상의 타인의 비밀을 지키는 것은 중요한 것을 떠나서, 지킬 수 없다면 피플 애널리스트로서의 윤리적인 책임과 더불어 법적인 책임까지도 질 수밖에 없는 중요한 부분입니다. 마지막으로 피플 애널리스트는 맡은 직무의 전문가로서 타인의 관점과 생각의 방식을 존중해야합니다. HR조직 내의 구성원뿐 아니라, 타 조직, 나아가서 관계 맺고 있는 관련자들을 존중하는 마음가짐과 태도가 전제되지 않으면 의미 있는 결과를 만들어 내지 못할뿐더러, 개인으로서도 가야 할 길을 잃게 될 것입니다.

사. 데이터 분석 소프트웨어에 대한 친숙함

사실 피플 데이터 분석가로서의 일의 시작은 데이터 분석 소프트웨어에 대한 호기심에서 출발했을 가능성이 높습니다. 국내에서는 2017년 이후로 불기 시작한 빅데이터 붐에 편승하여 R이나 파이썬과 같은 데이터 과학을 위한 프로그램들에 대한 관심이 서서히 높아졌습니다. 이외에도 기존 통계 분석을 위해 사용해 오전 SPSS나 SAS 같은 프로그램들을 사용해 온 사람들도 많이 있었지만, 그 데이터 처리 기능의 막강함과 기업이든 개인이든 무료로 사용할 수 있다는 비용 효율성, 이 프로그램을 배울 수 있는 온라인 교육 과정들의 대거 등장, 해당하는 소프트웨어를 다루는 사람들이 모인 글로벌 수준의 커뮤니티를 통한 소통의 확대에 따라 서서히 고가의 소프트웨어는 인기를 잃고, 많은 데이터 사이언티스트들이 R과 파이썬을 주로 사용하기 시작한 것 같습니다.

티오베(TIOBE) 인덱스[16]란 네덜란드의 티오베 소프트웨어사에서 개발한 프로그래밍 언어의 인기도를 측정하는 지표입니다. 이 지표는 구글, 빙(Bing), 야후(Yahoo!), 위키피디아(Wikipedia), 아마존(Amazon), 유튜브(YouTube), 바이두(Baidu)와 같은 인기 있는 검색 엔진에서 프로그래밍 언어에 대한 검색 횟수, 프로그래밍 교육 과정, 서드파티 공급업체의 데이터를 기반으로 합니다. 티오베 인덱스는 매월 업데이트되며, 2023년 6월 기준으로 파이썬이 1위를 차지하고 있습니다. 데이터 사이언스만 특화해서 보면 양상은 다소 다릅니다. 데이터캠프(Datacamp)는 데이터 사이언스를 배울 수 있는 온라인 교육 플랫폼으로서, 데이터 사이언스를 배우는 학습자들이 선택하는 언어를 기준으로 2023년도 데이터 과학자들이 선택한 언어를 아래와 같이 발표했습니다.

그림 6.2 대표적인 데이터 분석 언어

데이터 과학자들이 가장 많이 사용하는 언어는 파이썬과 R이고, 두 언어는 각각의 장단점을 갖추고 있습니다. 두 언어에 모두 능통하면 가장 좋겠지만, 그렇지 않다면 우선 주로 사용할 언어를 선택해서 깊게 배우는 것이 중요합니다. 깊게 배운다는 것은 상기의 "강력한 분석 기술"의 장에서 이야기한 기술-진단-예측-처방단계에 사용되는 통계 기법은 질적 방법론과 양적 방법론 두루 넓고 깊게 배워야 하는 것을 말합니다. 기업과 연구기관의 분석가로서의 일 중 가장 많은 시간을 보내는 일이, 데이터를 불러들여서 분석하기에 용이하도록 가공하는 일이라는 것은 전혀 놀라운 일이 아닙니다. 데이터를 가공하는 일은 데이터 분석자로서의 기본기라고 할 수 있지만, 가공에 익숙해진 전문가는 이미 중급 수준을 넘어선 데이터 애널리스트로 인정받는다는 사실로 미루어보면, 데이터를 가공하는 일이 얼마나 피플 애널리스트를 숙련시키는지 알 수 있을 것입니다. 기업에서는 전체 HR 사람들도 같이 사용할 수 있도록 하기 위해 보기 좋고 배우기 쉬운 도구를 우선 도입하려 할 수 있습니다. 일부 기업에서는 그래서 파워 BI나, 태블로, 퀵센스 등의 시각화 도구를 도입함으로써 피플 애널리틱스를 수행하기 위한 인프라 투자를 다한 것으로 생각할 수 있겠습니다. 그렇지만 이는 피플 애널리스트가 시각화 도구만 다루는 것으로 분석을 모두 수행할 수 있다는 말은 전혀 아닙니다. 오히려 시각화 도구의 도입은 분석자가 고심하여 개발한 분석의 결과들을 보다 많은 사람들이 활용하도록 하기 위한 방편으로 이해하는 것이 맞을 것입니다.

3) 피플 애널리스트의 리서치 절차[17]

HR 실무를 하는 중에 리서치를 하는 경우는 많지 않을 것입니다. 그러나 HR 업무 경험이 쌓이게 되면 필연적으로 여러 기관과 컨설팅 업체, 전문 컨퍼런스 등에서 제공하는 리서치 보고서를 많이 접하게 되고, 그러다 보면 HR 부문의 일도 마케팅, 생산, 품질, 공급망 관리(SCM) 등의 많은 다른 업무와 마찬가지로 수많은 학자들과 실무자들이 쌓아온 노하우와 기술이 축적된 것이라는 것을 깨닫게 됩니다. 그렇게 정보의 바다에 둘러싸이게 되면, 일부는 전해진 지식을 저항 없이 받아들이고 무조건적으로 신봉할 수도 있겠지만, 또 다른 일부는 비록 전해 받은 지식이지만, 그 노하우가 급격해 변해가는 현재의 상황에도 맞는지, 또 자사에 적용해도 되는지에 대해 확인해 보고자 하는 사람들도 틀림없이 있을 것입니다. 특히 각 기업은 각자가 일반론적인 지식을 받아들이기에는 이미 너무 많이 다릅니다. 기업의 규모와 업종이 다르고, 처해진 경쟁상황도 다르고, 경영자의 비전과 지향하는 바도 모두 다릅니다. 그래서 일반화된 지식을 받아들이기보다는 그 지식이 우리에게 맞는가를 같이 고민하는 것이 정상적인 경영자들이 가지는 자세라고 할 수 있겠습니다.

그러한 경영자의 관점 때문에 HR의 현장에서 발생하는 리서치 주제는 매우 특별할 수도 있지만, 아주 일상적일 수도 있습니다. 예를 들어, "10월 현재 직원들의 휴가 소진 추세를 미루어 봤을 때, 연말까지 최종 휴가 소진이 얼마나 될 것으로 예측할 수 있는가?", "영업 조직에서 강압적인 리더들과 배려해 주는 리더를 비교해 보았을 때 어느 쪽이 더 나은 성과를 내는가?" 등의 일상에서 궁금증을 가지지만 특정한 계량적인 예측값이 없어 근거 없이 실적만 강요하거나 참신하지만 효과성은 의심되는 제도를 도입하여 실패를 맛보는 경우를 애널리틱스 기반으로 합리적인 방법으로 문제를 해결하고자 할 때 유효한 것입니다. 이러한 마인드와 접근방식이야말로 피플 애널리스트를 리서치의 길로 이끄는 기본적인 동력이 될 것입니다. 각기 기업 내부적인 환경에 비추어 정확한 문제 해결 방법을 찾아내기 위해서는 필히 자체적인 데이터에 기반한 리서치가 필요할 것입니다. 그렇다고 해서 피플 애널리스트들이 실무적이며 단편적인 리서치만 해야 한다는 것은 아닙니다. 피플 애널리스트들의 직무 경력이 쌓이게 되면 기술적인 데이터 분석 스킬과 얕은 HR조직 내 경험만으로 분석을 수행하는 것에는 한계가 금방 닥칠 수밖에 없습니다. 이러한 피플 애널리스트들의 커리어의 변곡점을 넘어서기 위해서는 반드시 다양한 수준의 리서치를 수행할 수 있는 피플 애널리스트만의 리서치 프로세스를 갖춰야 한다는 것이 여러 전문가의 공통적인 생각입니다. 지난 수십 년간 HR 분야의 지적인 구루(Guru)로서 활약해 온 데이브 얼리치(Dave Ulrich) 교수는 피플 애널리스트를 위한 리서치 프로세스를 9단계로 정의했습니다.

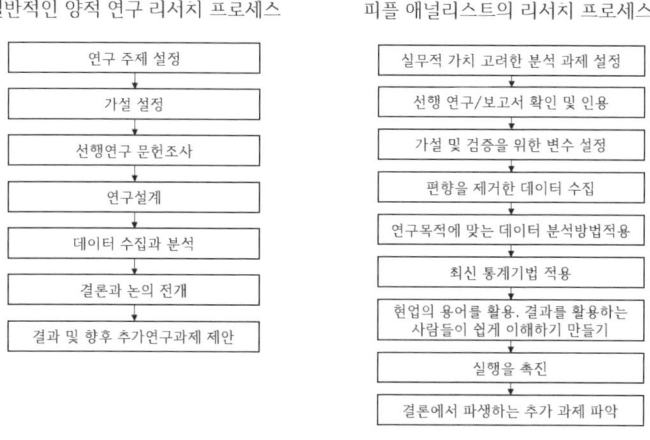

그림 6.3 피플 애널리스트의 리서치 프로세스: 데이브 얼리치

(1) 실무적 가치를 고려한 분석 과제 설정

통계학자들은 1종 오류나 2종 오류를 만드는 것을 두려워하지만, 실무자들은 오히려 잘못된 과제를 설정하는 것을 더 두려워해야 합니다. 분석할 만한 가치도 없는 개인적인 흥미 위주의 과제 설정과 분석은 피플 애널리스트의 경쟁력을 약화시킵니다. 과제 설정 시 "이 과제(주제)는 고객에게 흥미와 가치를 제공하는가?"라는 질문과 더불어 "이 과제를 해결함으로써 우리가 배울 수 있는 점은 무엇인가?"를 동시에 생각하면 과제를 설정해야만 합니다.

(2) 선행 연구/보고서 확인 및 인용

연구자에게는 "거인의 어깨에 서서 세상을 바라본다."라는 오래된 격언이 있습니다. 특히 선배와 후배 간, 각 조직 간 사일로 현상이 큰 HR 조직에 있어서는 다른 곳에서 이미 연구해서 성과로 연계시킨 과제를 완전히 새로운 과제나 되는 것처럼 다시 프로젝트를 수행하는 경우가 너무 많습니다. 깊이 있고 가치 있는 분석을 위해서는 반드시 학계와 컨설팅, 컨퍼런스 등에서 발표된 선행 분석 보고서와 더불어 조직 내부적으로 관련 분야의 전문가에 의해서 수행된 분석 결과를 우선 찾아보고, 거기에서 프로젝트의 목표와 범위를 설정하는 것이 필요합니다. 이런 접근 방법을 통해서 독립적인 분석 프로젝트가 관련된 인원들에게 영향력을 미칠 수 있는 프로젝트로 업그레이드 될 수 있습니다.

(3) 가설 및 검증을 위한 변수 설정

성과를 창출하는 피플 프로젝트는 사전에 분석을 위한 독립변수와 종속변수를 포함한 분석 모델을 꼼꼼히 설계해야 합니다. 설계 단계를 거치지 않은 프로젝트들은 분석에 있어서도 탐색적 기술 분석의 범위를 뛰어넘지 못하고 마는 경우가 너무 많습니다. 결국 좋은 프로젝트는 그 결과 "HR의 특정 프로젝트가 임직원과, 사업과 전략의 실천과 고객들과 투자자들에게 어떤 가치를 제공하는가?"라는 질문에 대해 대답을 제공해야 하기 때문입니다.

(4) 편향을 제거한 데이터 수집 및 가공

서베이 결과에 영향을 미치는 강제성을 띠는 설문조사를 통해 수집되는 데이터는 정당한 결과를 만들어내기 어렵습니다. 즉, 수집된 데이터에서 명백한 편견이 드러나지 않도록 질문의 내용에 주의를 기울여야 한다는 것입니다. 또한 결과 보고서에서는 설문조사 방법과 분석방법까지 공유하여 편향 가능성이 없는지 보고서를 읽는 사람이 판단할 수 있도록 하여야 합니다.

(5) 리서치 목적에 맞는 데이터 분석 방법 적용

리서치의 목적과 방법에 따라 각 데이터 수집 방법에는 엄격한 기준이 있습니다. 예를 들어 단순하게 Linkedin 팔로워들이나 친구, 고객 등을 대상으로 수행한 설문조사를 통해 수집된 데이터는 분석 결과 보고서에 대한 신뢰도를 떨어뜨릴 수 있습니다. 피플 애널리스트는 특정한 데이터 수집 방법과 분석 방법을 선택한 이유를 보고에 포함시키고, 데이터 수집 방법이 정확히 사용되었는지를 보고할 수 있어야 합니다.

데이터 수집 방법	예시	1차 목표	기대 결과
질적 연구: 관찰	인류학적 연구	귀납적, 다양한 사례를 탐색	사례 연구
질적 연구: 인터뷰	포커스 그룹	상징적: 사례에 대한 심화 연구	개인적 경험 연구
양적 연구: 서베이	서베이 응답자의 의견 조사	연역적: 데이터 패턴의 분석을 통한 예측 분석	표와 그래프를 통해 일어난 사선에 대한 보고
양적 연구: 기존 데이터 활용	기존 데이터를 AI/자연어처리	사람과 조직 행동의 추적 연구/ 과거에 일어난 일과 이유에 대한 탐색	분석을 통해 편향 없이 일어난 일에 대한 객관적 보고

표 6.4 데이터 수집 방법과 연구방법론 예시

(6) 최신의 통계기법 적용

모든 경영관리 기법과 마찬가지로 통계 방법도 더욱 정교한 분석방법들이 계속 나오고 있어, 발전된 문제들에 대한 답을 제공할 수 있게끔 진화하고 있습니다. 올바른 분석 기법을 사용하려면 고급 통계에 대한 훈련이 필요합니다. 중요한 리서치를 하는 경우라면 그래서 반드시 고도로 훈련된 분석가가 필요합니다.

(7) 현업의 용어를 활용하여 결과를 활용하는 사람들이 쉽게 이해하게 만들기

복잡한 데이터를 활용할 수 있는 정보로 전환시키는 것이야 말로 기업이 데이터 분석가가 필요한 이유입니다. 리서치 보고서에 그림, 표, 그래프 등의 기법으로 데이터를 공유하지만, 이러한 도표는 쉽게 해석할 수 없습니다. 기업에서의 리서치들은 경영자와 리더들이 올바른 의사 결정을 하는 데 도움을 제공할 수 있어야 하며, 그러기 위해서는 결과를 활용하는 사람이 알아듣기 쉬운 표현으로 재해석하여 보고되어야만 합니다.

(8) 실행을 촉진

학계에서의 연구와 기업에서의 리서치의 가장 큰 차이 중 하나가 바로 기업에서의 리서치는 실행을 촉진할 수 있어야 한다는 점입니다. 실행을 통해 생산성을 포함한 기업 경영의 목적을 달성하고, 전략을 실행하는 데 기여할 수 있는 포인트를 피플 데이터 분석 프로젝트가 제안할 수 없다면 그것은 단기적으로는 프로젝트에 대한 기대의 하락과 장기적으로는 피플 애널리틱스 기능 자체의 존속을 위협하는 일이 될 것입니다.

(9) 결론에서 파생하는 추가 과제 파악

모든 리서치는 본질적으로 불완전하고, 그러므로 진화하는 과정에 있다고 봐야 합니다. 그것은 리서치 결과가 완벽하지도 확정적이지도 않다는 것입니다. 그러므로 피플 리서치를 수행하는 사람은 한계를 인정하고, 그럼으로 오히려 신뢰를 높이고 스스로의 자신감을 높일 수 있습니다. 이러한 접근 방식은 뒤를 돌아볼 시간도 없이 바쁜 기업의 입장에서는 어려울 수 있겠지만, 어느 정도 지속 가능성을 갖춘 기업에서는 더 큰 기회와 성공을 제공할 수 있는 방식입니다. 이를 위해 조직 간의 사일로는 과감하게 허물고 과거의 분석을 공유하면서 그 기반 하에 나아간다면 단단한 조직 역량을 갖춘 피플 애널리틱스의 실행 체계를 구축할 수 있으리라는 의견입니다.

(10) 인접 분석가들과 협업

조직 내에서 피플 애널리스트들이 활약하고 있다면, 아마 마케팅, 개발, 품질, 생산 등 타 분야에서도 광범위하게 데이터 애널리스트들이 활약하고 있을뿐더러, AI와 관련된 전문 조직이 구축되어 있을 가능성이 높을 것입니다. 피플 애널리스트는 사람과 관련된 데이터를 다루는 전문가들이지만, 다른 직무 분야에서도 사람과 관련된 데이터를 다루고 있는 경우는 상당히 많을 것입니다. 예를 들어 마케팅에서는 "고객"이라는 사람을 중심으로 다각도에서 사람과 관련된 데이터를 다루고 있을 것이며, 내부적으로는 마케팅과 영업 인력에 대한 생산성과 관련된 데이터 또한 마케팅 혹은 관리 회계 분야에서 주요하게 다루는 데이터일 것입니다. 이 데이터는 HR 분야에서의 직원들의 데이터와 연결되면 이전에는 생각하지도 못했던 시너지를 낼 가능성이 매우 높습니다.

또한 HR 외의 부문에서 애널리틱스를 활용하는 창의적인 사례를 서로 공유하면 기존의 데이터도 새로운 관점에서 다시 바라볼 수 있게 됩니다. 많은 자료에서 경영자들이 당면한 많은 문제들은 사람과 관련된 이슈라고 하지만, 그것이 HR조직에서 주관하는 업무와 관련된 이슈라고 생각하기에는 너무 이르다는 생각입니다. 경영자들이 가진 사람과 관련된 이슈는 HR과 관련된 이슈라기보다는 기업의 리소스 관리 차원에서 바라보는 좀 더 광범위한 "사람과 그와 관련된 다양한 자원의 결합과 효율성" 문제일 경우가 대부분이며, HR에서도 그런 관점에서 피플 애널리틱스 발전의 방향성을 잡아가야 할 것입니다.

3. HR 테크(Tech)와 트렌드

　HR업무의 본질적인 성격은 조직 내 사람과 관련된 다양한 프로세스에 대한 개입(Intervention)입니다. HR 테크는 이러한 HR활동을 보다 효율적이고 정확하게 수행하는 것을 도와주는 소프트웨어 기반의 솔루션[18]이라 정의할 수 있습니다. 데이터 기반의 애널리틱스의 발달에 따라, 많은 기업들이 사람과 연관된 경쟁력 강화를 위해 HR 테크에 많은 투자를 해 왔습니다. 하지만, HR 테크의 중요성에도 불구하고 아직도 많은 기업들이 각 기업의 환경에 맞는 적절한 HR 테크를 도입하는 데에 있어서는 어려움을 겪고 있습니다. HR과 관련된 솔루션의 도입은 솔루션의 도입 이후에도 기업의 인프라로서 구성원에 대한 조직 문화에도 지속적이고 깊게 영향을 끼친다는 점에서 신중해야 합니다. 하지만, 이러한 신중함 때문에 오히려 도입의 적기를 놓치는 것은 곧바로 기업 경쟁력의 하락에 영향을 끼치는 점을 감안해야 합니다. 이런 리스크에 대해 디즈니 왕국의 창업자인 월트 디즈니는, "인생은 위험으로 가득 차 있지만, 그중에서 혼신의 노력을 다해 피해야 할 가장 큰 리스크는 아무 일도 하지 않는 리스크"라고 하였습니다. HR 테크의 도입은 기업의 경쟁력을 강화하는 데에 중요한 역할을 할 수 있습니다. 하지만, HR 테크를 도입할 때는 기업의 환경과 특성을 고려하여 신중하게 결정해야 할 것입니다.

1) HR 테크 Tech[19]

AI 기반의 데이터 기술이 적용된 HR 테크 솔루션은 크게 두 가지로 분류할 수 있습니다.
- 기존 HR의 기반시스템에 AI 기술이 접목되어 향상된 솔루션
- 새로운 AI와 데이터 기술의 등장으로 인해 기존에 없었지만 HR 문제를 해결하는 데 도움을 주는 새로운 솔루션

대부분의 기업들이 유사하겠지만, 기존에 있던 HR시스템에는 아래와 같은 하위 시스템들이 있거나 더 상위의 시스템에 포함되어 존재할 것입니다.

> 채용, 온보딩, 성과 관리, 승계 계획에 도움이 되는 인재 관리 소프트웨어(Talent Management System)
> 급여 계산 및 지급 프로세스를 자동화하는 급여 관리 시스템(Compensation System)
> **출장 및 경비 관리 기술**: 직원의 출장비를 추적하고 환급하는 프로세스를 간소화하는 기술입니다.(Travel budget management and reimbursement system)
> 관리자가 직원의 성과를 추적하고 평가하는 데 도움이 되는 성과 관리 시스템(Performance Management System)
> 직원에게 온라인 교육 과정에 대한 액세스를 제공하는 학습 관리 소프트웨어(Learning Management System)
> 기업이 직원 만족도를 측정하고 개선하는 데 도움이 되는 직원 참여 소프트웨어(Employee Experience Management system)
> 기업이 직원 복리후생을 관리하는 데 도움이 되는 복리후생 관리 시스템(Employee Perk Management system)

표 6.5 HR 핵심 시스템 구성 요소

이러한 시스템들은 기업의 규모가 커지고 직원에 대한 관리의 제도들이 많아질수록 더욱 세분화되어 발전되고 있습니다. 복잡한 데이터 속에서 직원의 업무 생산성을 높이고, 비용을 최적화하며, 나아가서는 긍정적인 직원 경험을 확대할 수 있는 인사이트를 찾아서 이를 경영 개선 활동에 적용함으로써 지속 가능성 높은 기업으로 발전시키고자 하는 것은 정상적인 경영을 하는 기업이라면 누구든지 원하는 것입니다. 다시 말하자면 HR 테크를 적용하는 것은 아래와 같은 기대 때문입니다.

> **효율성 향상**: HR 테크는 시간이 많이 소요되는 작업들을 자동화하여 HR 전문가가 보다 전략적이며 중요한 일에 집중할 수 있도록 도와줍니다.
> **정확성 향상**: HR 테크는 급여, 복리후생 관리 및 기타 HR 프로세스의 오류를 줄이는 데 도움이 될 수 있습니다.
> **데이터 인사이트 향상**: HR 테크는 기업이 직원에 대한 데이터를 수집하고 분석하여 채용, 교육, 보상에 대한 더 나은 결정을 내리는 데 사용할 수 있도록 지원합니다.
> **직원 참여도 향상**: HR 테크는 기업이 직원과 더 효과적으로 소통하고 직원에게 성공에 필요한 리소스를 제공하는 데 도움이 될 수 있습니다.

전반적으로 HR 테크는 모든 규모의 비즈니스에 유용한 도구가 될 수 있습니다.[20]

2) AI 기술을 접목한 HR 테크 솔루션들

(1) 인재 관리(Talent Management) 분야

인재 관리(Talent Management)는 사실 HR 기능 중 다수의 하위 기능이 통합된 결과를 활용한 사람과 관련된 의사 결정을 하는 분야입니다. 다시 말하자면, 인재를 채용하고, 교육을 통해 육성하고, 창출한 성과를 분석하고, 적절한 보상과 인센티브를 부여하며, 최종적으로는 퇴직에 이르기까지의 의사 결정을 지원하는 시스템이라고 볼 수 있습니다. 이런 인재와 관련된 올바른 의사 결정을 위해서는 사람과 관련된 정보에 대해 숲과 나무를 자유자재로 오가며 종합적으로 판단해야 하지만, 현재 시스템들은 사람이 의사 결정을 하는 과정(Process)에서 원하는 특정한 정보를 빠르고 정확하게 제공하는 데 한계가 있었던 것이 사실이었습니다. 그러나 생성형 AI 기술과 결합된 새로운 방식으로 인재 관리 시스템은 매우 큰 잠재력을 보여주고 있습니다.

미국과 네덜란드에 근거지를 둔 크런HR(Crunchr)사[21]에서는 챗GPT와 같은 방식으로 필요한 HR 정보를 제공하는 솔루션을 발표하였습니다. 이 시스템은 사용자가 원하는 정보를 챗GPT와 같은 문장(프롬프트)을 작성하는 방식으로 질문하면 결과를 제공하는 솔루션을 제공하고 있습니다. 필요하다면 약간의 기술 분석이 가미된 그래프 방식의 데이터도 제공하니 그동안 HR 부서에서 경영자가 필요한 데이터를 가공하는 데 많은 시간을 소요하던 담당자의 부담을 크게 줄여줄 수 있는 가능성을 볼 수 있습니다. 이 기술은 유사한 형태로 데이터 분석을 하는 데 많은 시간과 노력을 소비하는 HR 이외의 다른 직무 분야에도 공통적으로 적용할 수 있는 기술이라는 점에서 큰 잠재력을 보여주고 있습니다. 또한 현재의 챗GPT 기술이 데이터 코딩에 대한 어드바이스도 매우 높은 수준으로 제공하고 있는 것을 감안하면, 단순히 기술분석을 뛰어넘은 다양한 통계방식을 적용하여 데이터를 분석하여 그 결과를 해석하여 취해야 할 조치까지 제공하는 수준까지 도달하는 것은 단순히 시간의 문제로 보입니다.

(2) 채용(Hiring) 분야

채용 분야는 AI와 데이터 기술의 비약적인 발전의 시대 이전에도 활발하게 데이터를 활용한 여러 가지 솔루션들이 개발되어 적용되고 있었던 분야일 것입니다. 채용지원자들이 입사를 지원하는 기업에 대해 공식적인 웹사이트에 게재된 내용 이상의 정보를 얻거나, 입사 지원 기업에 어필할 수 있는 입사 지원 방식에 대한 컨설팅을 제공하는 데 있어서 축적된 데이터들을 활용하거나, 기업 입장에서 채용과 관련된 각종 제약 요건들을 데이터 기반으로 일괄적으로 검토하거나, 아니면 채용 행위 그 자체에 대해 자동화하는 도구로서 HR 테크 기반의 솔루션들이 다양하게 도입되었습니다.

우선 채용과 관련해서는 크게 4가지 분야에서 AI 기술들이 적용되고 있습니다.

- 지원자 추적 시스템(ATS: Applicant Tracking System): ATS는 기업이 후보자 소싱부터 제안에 이르기까지 전체 채용 프로세스를 관리하는 데 도움이 되는 소프트웨어 애플리케이션입니다. ATS는 이력서 심사 및 면접 일정 예약과 같은 작업을 자동화하는 데 도움이 될 수 있으며, 채용에 걸리는 시간 등 채용 프로세스에 대한 인

사이트를 제공할 수도 있습니다. 지원자 추적 시스템의 데이터 분석을 통한 인사이트를 활용하여 사업적인 효과(Impact)를 도출한 사례는 기 소개된 롤스로이스사의 사례에서 보실 수 있습니다.

- **비디오 인터뷰**: 화상 면접을 통해 기업은 후보자를 원격으로 면접할 수 있으므로 시간과 비용을 절약할 수 있습니다. 화상 면접은 커뮤니케이션 및 대인관계 기술과 같은 후보자의 소프트 스킬을 평가하는 데에도 사용할 수 있습니다. 비디오 인터뷰 분야는 화상인식 AI 기술이 적용되어 2010년도 후반에 가장 각광을 받았다가 이후 비디오 인터뷰 AI 엔진 개발에 적용된 학습용 데이터 자체가 소수자에 대해 편향이 되어 있다는 혹평을 받고 위축된 분야였습니다. 2018년에 미국의 한 회사는 안면인식 기술을 사용하여 화상 인터뷰를 진행하여 인식된 화상 정보에 기반하여 채용 적합도를 %로 평가해주는 솔루션을 제공하였었습니다. 그러나 이 기술은 여성과 유색 인종 지원자들을 불리하게 평가하는 것으로 나타났습니다. 이 사건으로 인해 많은 기업들이 안면 인식 AI 기술이 적용된 화상 인터뷰 기술을 도입하려다가 중단하였습니다. 안면 인식 기술은 분명히 객관적인 평가를 할 수 있는 잠재력이 있지만, 학습용 데이터의 편향으로 인해 불공정하게 작동할 수 있다는 것을 알게 되었습니다. 이후 많은 기업에서 이러한 편향을 제거하는 기술들이 대거 발전하는 계기가 되었습니다.

- **소셜 채용**: 소셜 채용은 링크드인과 같은 소셜 미디어 플랫폼을 통해 후보자를 소싱하는 방식입니다. 소셜 채용을 통해 기업은 더 많은 지원자를 확보하고 이미 회사에 관심이 있는 지원자를 찾을 수

있습니다. 링크드인의 기능을 채용뿐 아니라 영업 담당자가 정확한 고객 혹은 의사 결정자를 찾는 데도 활용되고 있습니다.

- **AI 기반 채용**: AI 기반 채용 솔루션은 인공 지능을 사용하여 지원자의 기술과 역할 적합성을 평가합니다. AI 기반 채용은 채용 프로세스에서 편견을 줄이고 더 많은 정보에 기반한 채용 결정을 내리는 데 도움이 될 수 있습니다. 예를 들어 소프트웨어 스킬을 갖춘 인재를 채용할 때 AI 기반의 채용 지원시스템은 매우 강력하게 입사지원자에게나 채용 담당자에게 도움을 줄 수 있습니다. 우선 지원자의 코딩 시험을 온라인 AI 평가 플랫폼으로 실시함으로써 코드가 기술적으로 정확하며, 가독성을 갖추고 있으며, 효율적으로 작성하였는지를 거의 실시간으로 확인하는 코드 평가 시험을 실시할 수 있으며, 질문 인터뷰에 있어서도 소프트웨어 업무를 할 사람들에게 요구되는 문제 해결 능력, 의사 소통 능력, 협업 능력 등을 확인할 수 있는 면접 질문을 제안할 수 있으며, 필요시에는 간단한 서베이를 통해 면접응시자들의 백그라운드 테스트를 수행할 수 있는 도구를 제공할 수 있습니다. 이러한 AI 기반 채용 시스템의 발전은 또한 지원자들이 원하는 직장과 자리에 맞는 스킬을 갖출 수 있도록 사전에 학습을 할 수 있는 교육시스템으로 즉시 전환되어 활용될 수 있습니다.

챗봇 기술은 채용뿐 아니라 HR 분야 전반적으로 초기부터 많은 기대를 모았던 기술이었다고 생각됩니다. 최근의 거대 언어 모델(LLM: Large Language Model) 기반의 오픈 AI의 챗GPT가 등장하기 전의 챗봇들은 충분히 영리하지는 않았지만 상당히 유용하기는 하였던 것으로 평가됩니다. 채용을 지원하는 챗봇으로 알려진 마야(Mya)는 지금은 독일의 스탭스톤에 합병되었지만, 프랑스에서 개발된 초기의 AI 기반 채용 지원 챗봇입니다. 이 챗봇은 "봇"이라는 이름처럼 링크드인이나 페이스북을 돌아다니면서 채용에 적합한 사람을 검색하여 정보를 제공하거나, 면접 후보자로 확정된 사람들에게 링크드인 메시지를 통해 대화하는 방식으로 인터뷰 일정을 수립하는 데 도움을 제공하였습니다. 채용 담당자가 면접 후보자를 검색하고 면접 일정을 잡는 데 많은 시간을 소요하는 것을 마야(Mya)가 도입됨으로써 회사에서 제공하는 통계이지만, 채용담당자의 업무 시간의 70%를 절약하는 데 도움을 제공했다고 합니다.

(3) 성과 관리(Performance Management) 분야

성과 관리는 HR부서보다는 실제 현장의 조직 책임자들이 더 많이 활용하는 시스템입니다. 조직 책임자들은 구성원들의 업무 목표를 합의하고, 업무의 진척도를 관리하고, 최종 결과를 평가하고 피드백을 제공하는 것이 조직 책임자의 일이라고 하겠지만, 업무의 종류에 따라서 관리해야 하는 데이터는 매우 광대하고 다양합니다. 예를 들어 영업 조직의 책임자라면, 연간, 월간 매출 성장률, 평균 마진율, 영업 기회 발굴 추이, 영업 성사까지 걸리는 시간 관리, 수주까지 필요한 비용, 고객 만족도 등 수많은 목표 KPI도 관리해야 하지만, 이를 달성하기 위해서 일하는 영업 사원들 개개인의 목표 달성과 관련된 하위의 수많은 지표들도 관리해야 합니다. 이는 생산부서의 책임자는 그 나름대로, 연구 개발 분야의 책임자도 그 나름대로 매우 다양한 조직 목표의 성공적인 달성을 위해 필요한 지표들을 가지고 관리하고 있을 것입니다. 이러한 현장 관리에서 나오는 데이터들은 광의의 성과 관리 시스템으로 통합되는 데이터라고 할 수 있을 것이며, 충분히 진보된 성과 관리 시스템은 이러한 광의의 수행정보 데이터를 통합하여 관리하여야 할 것입니다.

현장의 수행정보 데이터를 활용한 성과 관리 시스템은 보통은 HR이 보유하지 않은 시스템입니다. 영업 관리 시스템, 생산 관리 시스템, 개발프로젝트 관리 시스템 등의 이름으로 각 분야별 수행과 관련된 개인의 정보들은 보관되어 있습니다. 세일즈포스(Salesforce)는 이러한 시스템 중 영업과 관련된 정보를 가공하고 제공하는 시스템으로서 가장 성공적인 기업입니다. 세일즈포스는 고객의 데이터를 한곳에 저장하고 관리하는 CRM시스템에서 출발하였지만, 단순히 보관하는 데 그치지 않고 이를 분석하여 고객의 행동을 이해하고 고객관계를 개선하기 위한 정보를 제공하고 있습니다. 이러한 정보를 활용하여 영업 담당자는 고객에게 개인화된 마케팅 및 영업 활동을 전개할 수 있습니다. 또한 세일즈포스는 고객의 피드백을 수집하고 그 정보를 활용하여 고객 만족도를 높일 수 있습니다. 또한 세일즈포스는 개별 거래정보를 추적하고 거래를 성사시키는 데 도움을 주는데, 이러한 개별 거래정보의 데이터는 정확히 영업 담당자의 영업 효율성 관리에 활용될 수 있는 정보들입니다. 개개 영업 담당자의 새로운 매출 기회 발굴 건수, 금액, 매출 제안 건수와 금액, 거래 성사 횟수와 금액, 매출 기회 대비 거래 성사 성공률 데이터 등은 영업 정보임과 동시에 성과 관리 정보입니다. 영업 담당자의 성과는 사실 매우 단순하다고들 이야기하지만, 영업 과정을 관리하는 수준이 높아질수록 매우 다양한 성공의 지표들을 관리해야 함을 알 수 있습니다. Salesforce와 같은 영업 시스템은 이에 필요한 데이터와 분석을 제공하고 있습니다.

그림 6.4 세일즈포스의 영업 파이프라인 대시보드 화면: Flicker[2]

(4) 교육 운영에서 스킬과 경험 기반 경력 개발 시스템으로

인공지능은 우리의 일하는 방식을 매우 빠르게 변화하도록 하고 있으며, 이러한 추세는 앞으로 더욱 가속화될 전망입니다. 그러므로 기업은 다가올 변화에 대비해야 합니다. 이 과정에서 기업 교육이 해야 할 일은 매우 막중하다고 할 수 있습니다. 우선 기업의 전략을 감안하여 미래에 수요가 증가할 스킬들이 무엇인지를 파악하는 것이 우선입니다. 인공지능 기술이 현재 사람이 수행하는 많은 작업을 자동화 할 가능성이 매우 높으므로, 기업은 미래에 사람이 필요한 기술을 먼저 파악해야 합니다. 이러한 기술에는 데이터 분석, 문제 해결력, 창의력, 시스템적 사고력 등이 포함될 수 있습니다. 필요한 스킬이 파악되었으면 지체 없이 교육에 투자해야 합니다. 기업은 직원들이 인공지능 시대에도 계속 경쟁력을 유지하는 데 필요한 기술을 갖출 수 있도록 해야 합니다. 기업에서 직접 해당하는 교육을 제공하거나, 사내에서 그러한 자원을 확보하지 못할 시에는 외부의 경쟁력 있는 교육자원을 도입해야 합니다. 새로운 기술을 배워야 한다고 강요하지 않아도 스스로 새로운 트렌드에 관심을 가지고 연구하고 전파하는 트렌드 탐험가들이 이미 있을 수 있습니다. 그런 인재를 발견하여 스스로 발전해 나가는 것을 지원하고 보상하는 체계를 구축해야 합니다. 프롬프트 엔지니어링은 생성형 인공지능이 급격히 성장하면서 나타나 새로운 직업의 이름으로 여겨지고 있지만, 향후에는 독립적인 직업이라기보다는 모든 직종에서 일하는 종사자들이 갖춰야 할 하나의 스킬로 자리 잡을 가능성이 큽니다. 인공지능과 소통하는 방식을 직원들이 광범위하게 갖추고 지속적으로 활용할 수 있는 조직 문화를 조성하는 것이 매우 중요합니다. 새로운 많은 것을 배워야 하는데, 기업들은 사내에 그런 교육을 개발하고 전파할 자원이 없을 경우에는 과감하게 외부 교육기관과 협력하에 새로운 스킬에 대한 직원 교육을 추진해야 합니다. 이런 외부에서 내부로의 도입(outside-in) 방식은 전혀 낭비가 아니며, 오히려 조기에 적용하면 할수록 경쟁력을 우선 갖출 수 있기 때문에 매우 높은 투자효율성이 있으며, 직원들은 최상의 교육을 조기에 받고 성공에 필요한 기술을 갖출 수 있기 때문에 스스로 시대에 적응하며 성장하는 것을 느낄 수 있게 될 것입니다.

인공지능이 사회에 전반적인 영향을 끼치게 될 시대에 미래 업무 환경에 직원들이 대비하기 위해 기업이 당장, 또한 지속적으로 실천해야 할 몇 가지 조치 사항들입니다. 인공지능을 활용하여 자체 교육 프로그램을 개선합니다. AI를 사용하여 학습을 개인화하고, 진행 상황을 추적하고, 직원에게 학습에 대한 피드백을 제공할 수 있습니다. 이를 통해 기업은 인력 교육 프로그램이 효과적이고 직원들이 이를 최대한 활용할 수 있도록 보장할 수 있습니다. Josh Bersin 컨설팅의 창립자이자 학자인 조쉬 버신(Josh Bersin)은 이렇게 인공지능이 기업 교육을 운영하는 소프트웨어 플랫폼에 영향을 끼치는 방식을 세 단계로 분류하고 있습니다.[23]

인공지능 기반 HR 시스템 공급자 세대 분류		
초기	1세대	2세대
AI 기능 추가 (AI added on)	AI 내장 (AI Built in)	AI 기반 (Built On AI)
예측분석 자연어 처리 지능형 채팅 이미지 생성 생성형 AI	기계 학습 확장된 데이터 기반 예측 진보된 후보자 매칭 컨텐츠 추천	초거대 언어모델 인공신경망 벡터 데이터베이스 외부 데이터 연계 진화된 모델링
대다수의 현재 HR 시스템	워크데이, 링크드인, 코너스톤, SAP의 최신 솔루션	에밋폴드, 글로트, 비머리, 시크아웃

그림 6.5 AI 공급자의 3세대: 조쉬 버신: 원 도표에서 재구성

우선 인공지능의 기능이 일부 적용된 AI 내장(AI Added On) 단계입니다. 현재 대부분의 교육 운영 시스템(LMS: Learning Management System)은 이 단계에 머물러 있다고 볼 수 있습니다. 제대로 인공지능이 전면적으로 적용된(AI Built In) 단계의 교육 운영 시스템에서는 머신러닝 기능이 기본적으로 내장되어 있고, 이를 활용하여 내부, 외부 데이터를 활용하여 예측 분석을 시도하여 개인에게 가장 맞는 콘텐츠를 제안해 주는 추천 기능을 포함하고 있습니다. 아직 선도적인 몇몇 기업들이 시도하고 있는 수준이지만 본격적인 인공지능 적용 2단계가 되면, 인공지능 기반에 오히려 교육 운영 시스템이 구축되게 되는 AI에 설치(Built On AI) 단계가 됩니다. 이 단계에서는 인공신경망이 적

용된 챗GPT와 같은 거대언어모델을 활용하여 벡터 기반의 데이터베이스를 활용하여 더욱 진보된 분석들을 시도하여 초개인화로 진화되어 갈 것이라는 예측입니다. 실제로 AI 내장(AI Built In) 단계인 워크데이(Workday)의 경우에는 머신러닝 기반의 플랫폼을 적용하여 다양한 정보를 분석하여 필요에 따라 사용자가 원하는 리포트나 과업, 콘텐츠를 자유롭게 확인해 볼 수 있는 기능을 구축하고 있습니다.

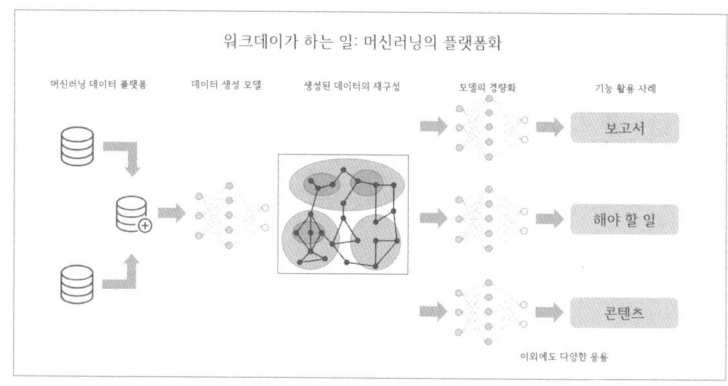

그림 6.6 워크데이의 플랙폼으로서의 머신러닝: 원 도표에서 재구성

또한 코너스톤(cornerstone)의 경우에는 초거대언어모델 기반으로 피플 지능(People Intelligence)를 중심으로 인재 육성 시스템을 기본부터 완전히 재구축하는 플랫폼을 제시하고 있습니다.

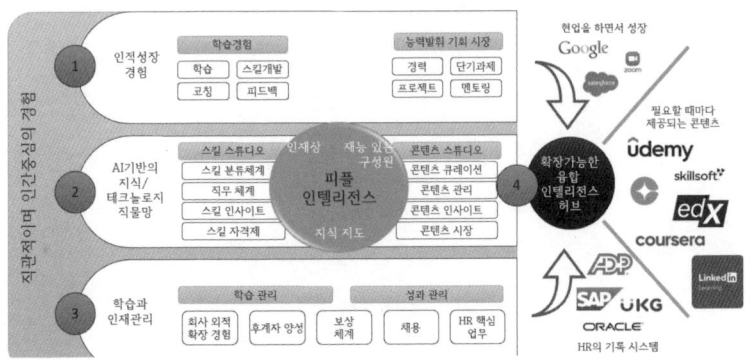

그림 6.7 코너스톤의 피플 인텔리전스 프레임워크: 원 도표에서 재구성

    기업은 직원들에게 다가올 변화에 대해 솔직하고 개방적으로 알려야 하며, 이러한 변화의 영향을 받는 직원을 돕기 위한 지원을 제공해야 합니다. 또한 인공지능으로 사업을 하는 기업이건 그렇지 않건, 생성형 인공지능의 사용이 거의 필연적이 될 것이 불가피하다면 이에 대한 연구 개발에도 투자해야 합니다. 기업은 인공지능 시대에 앞서 나가기 위해, 나아가 생존을 위해 연구 개발에 투자해야 합니다. 이는 기업이 새로운 제품과 서비스를 개발하는 데 도움이 될 뿐만 아니라 AI를 사용하여 비즈니스를 개선할 수 있는 새로운 방법을 찾는 데도 도움이 될 것입니다.

    AI 시대의 업무의 미래는 불확실하지만, AI가 우리의 업무 방식에 큰 영향을 미칠 것임은 분명합니다. 위에서 설명한 단계를 수행함으로써 기업은 다가올 변화에 대비하고 미래의 성공을 보장할 수 있을 것입니다.

7장 리더십

AI 시대, 그래도 사람이 답이다

김진원

지금까지 각 산업현장에서의 AI 적용사례들을 설명하였다면 이번 장에서는 새롭게 다가오는 AI 시대에 기업의 경영자들이 준비할 사항들에 대해 이야기해보고자 합니다. 앞에서 AI 기술이 산업 현장과 기업에서 성공적으로 적용된 사례들을 보았는데요, 반대로 시간이 흘러감에 따라 AI 시대에 오히려 도태되는 회사들도 분명 발생하게 될 것입니다. 이들 회사에게는 AI 시대가 '위기(危機)' 상황으로 인식될 것입니다. 사실 위기란 의미가 기업이나 경영자에게는 많은 경우 부정적으로 사용되어 왔습니다. 하지만 '위기'의 한자는 '위태할 위(危)와 기회 기(機)'가 합쳐진 단어로서, 우리가 흔히 생각하는 '위험(危險, crisis)'이라는 부정적인 의미만 있는 것은 아닙니다. 즉, '위기'의 원래 의미는 지금 당사자가 어떤 결정을 하느냐에 따라 현재의 상황이 위험해질 수도 있고, 기회가 될 수 있는 선택의 순간이라는 거죠. 예를 들어 지금은 일상이 되어버린 디지털 카메라의 원천기술을 가진 회사는 다름 아닌 아날로그 카메라의 필름 시장을 거의 독점하고 있었던 '코닥(Kodak)'이었습니다. 하지만 코닥은 워낙 좋은 수익을 가져다주는 필름시장을 포기할 수가 없었고, 그렇게 원천기술이 있었음에도 불구하고 지금 당장의 수익에 집중하였지요. 결국 디지털 기술이 보편화되면서 1888년도에 창업한 오랜 역사를 가진 코닥은 2012년에 파산하게 됩니다.

이런 코닥의 실패 사례는 경영자에게는 기업 경영에 있어 오늘의 수익성뿐만 아니라 미래 먹거리 발굴에 대한 책임감과 중요성을 강조하는 좋은 사례가 되고 있습니다. AI 시대가 빠르게 다가오고 있는 현 상황에서 어떤 경영자도 자신의 회사를 코닥과 같은 운명을 맞이하도록 방치하지는 않을 테니까요.

그럼 AI 기술이 우리의 회사 내 업무 환경에 어떤 영향을 미치게 될까요? 이에 대해 최근 런던에서 본 뮤지컬 중 가장 인상적이었던 '위키드(Wicked)'를 통해 설명해보고자 합니다. 우선 이 뮤지컬을 '누가 만들었을까?'라는 질문부터 시작해보면, 이는 1995년에 발간한 '그레고리 맥과이어(Gregory Maguire)'의 소설 'Wicked: The Life and Times of the Wicked Witch of the West(위키드: 사악한 서쪽 마녀의 삶과 시간들)'을 바탕으로 '스티븐 슈왈츠(Stephen Schwartz)'가 2003년에 완성하였습니다. 그럼 AI에게 이 원작 소설과 뮤지컬 원작자의 과거 작품들을 학습시키고 뮤지컬을 만들어보라고 한다면 가능할까요? …… 음, 아마 완벽하진 않겠지만 학습량만 충분하다면 어느 정도 가능할 거라 생각합니다. 물론 거기에 관객의 감동 포인트에 대해서 충분한 데이터를 학습시킬 수 있다면 좋은 뮤지컬의 가장 중요한 요소인 '고객 감동'이라는 측면에서 다양한 버전의 '뮤지컬 위키드'가 만들어질 수 있을 거예요. 관객들은 AI나 사람 중 누가 만든 뮤지컬이건 자신이 충분히 즐길 수만 있다면 별로 상관하지 않을 것인 만큼, 현재의 뮤지컬 위키드에서 관객들이 느끼는 감동 포인트가 새로운 뮤지컬 위키드에서 굳이 같을 필요는 없을 것입니다. 한편 배우들은 사람이 만들었건 AI가 만들었건 어떤 버전의 뮤지컬이라도 그 대본에 충실하게 연기만 하면 될 것입니다. 물론 배우들을 대체할 AI 기술이 완벽하게 장착된 로봇이 등장하기까지는 아직 상당한 시간이 더 필요할 것으로 예상합니다. 이는 기술의 문제가 아니라 현 시장에서 형성된 약 십만 원

안팎의 뮤지컬 관람료를 만약 현재의 AI와 로봇 기술만을 가지고 뮤지컬 배우들을 로봇으로 대체하고자 한다면 너무 비싼 비용이 들기 때문에 시장경제 논리상 대체가 안 될 뿐이죠. 절대 기술이 없는 건 아닙니다. 그런 만큼 AI 로봇이 배우들을 완벽하게 대체할 뮤지컬이 공연장에 출현할 시기는 점차 다가올 것입니다. 물론 지금과 같이 많은 배우들이 나서는 뮤지컬이 아닐 수도 있겠죠. 그런 만큼 당분간 뮤지컬 배우의 일자리는 보존이 될 것입니다. 반면 스티븐 슈왈츠나 AI가 만든 각각의 대본을 고객의 감동과 연결해주는 연출가의 영역은 아직까지 AI가 쉽게 접근하기 어려운 인간의 영역이라 생각합니다. 왜냐하면 AI가 그런 능력을 갖춘 연출가의 수준에 도달하기 위해서는 엄청난 양의 학습이나 수많은 경험 데이터가 필요하기 때문이죠. 때론 성공한 경영자들이 즉흥적으로 의사 결정을 하는 것처럼 보이지만 이는 이미 엄청난 경험과 학습량이 그 경영자들에게 존재하기 때문에 그런 정확한 판단을 신속하게 할 수 있는 겁니다. 마치 AI가 이미 존재하는 많은 데이터들을 잘 학습할 경우 신속하고 정확한 의사 결정이 가능한 것 같이요.

그럼 더 나아가 원작 소설 '위키드'는 어떻게 만들어진 걸까요? 이는 1900년에 '라이먼 프랭크 바움(Lyman Frank Baum)'이 쓴 소설 '오즈의 마법사(The Wonderful Wizard of Oz)'와 이를 1939년에 'MGM(Metro-Goldwyn-Mayer)'이 만든 영화를 참고했다고 전해지고 있습니다.[1] 원래 『오즈의 마법사』는 '캔자스(Kansas)'의 시골 마을에 사는 소녀 '도로시(Dorothy)'가 토네이도에 휩쓸려 마법의 땅 오즈에 떨어져서 심장 없는 양철 인간, 겁쟁이 사자, 허수아비와 함께 착한 마녀의 도움을 받아 나쁜 서쪽 마녀를 죽이고 돌아간다는 권선징악을 담은 모험 이야기입니다. 하지만 거의 100년이 지나 출간된 이 원작을 각색한 '위키드'는 사실 착한 마녀와 서쪽 마녀가 학생 때 친한 친구였으며, 우리가 나쁜 마녀로 알고 있었던 서쪽 마녀는 원래부터 악했던 것이 아니라 착한 마녀와 학창 시절을 함께한 착한 마녀로 묘사되어 우리가 알고 있는 상식을 완전히 뛰어넘는 작품이죠.[2] 그래서 '위키드'의 원작을 읽기 전에 막연히 '오즈의 마법사' 스토리만 생각하고 뮤지컬을 본다면 제가 처음 이 뮤지컬을 보고 당황했던 경험을 하게 될 것입니다. 그러므로 이런 역발상 아이디어를 만들어 낸 그레고리 맥과이어의 창의성은 놀라울 수밖에 없었습니다.

아마도 AI에게 『오즈의 마법사』 책을 학습시키고 아무리 창의적인 생각을 할 수 있는 알고리즘을 짠다고 해도 위키드와 같은 작품을 똑같이 만들어내지는 못할 것입니다. 0과 1로 만들어진 디지털 기술을 '대규모 언어 모델(Large Language Model, 수많은 매개변수를 보유한 인공 신경망으로 구성된 언어 모델)'을 바탕으로 확률로 계산하여 답을 자연스럽게 말하는 '챗GPT(Chat GPT, Generated Pre-trained Transformer)'로는 이런 〈위키드〉의 작품 전개를 감히 상상할 수도 없고 아예 틀린 답으로 인식할 가능성이 높으니까요. 그러므로 이런 창의적인 부분이야말로 AI가 인간의 역량을 뛰어넘기는 당장엔 어렵다고 생각합니다. 마치 이세돌 9단이 '딥마인드(DeepMind)'의 AI 프로그램인 '알파고(AlphaGo)'와의 바둑 대결에서 세 번을 내리 진 후 마지막 판 때 유일하게 이길 수 있었던 178번째의 창의적인 승부수처럼요. 이미 미국의 게임쇼 '제퍼디!(Jeopardy!)'에서 인간이 AI와 단순히 지식의 양에 대해 경쟁하는 것은 매우 무모하다는 사실이 증명된 만큼 AI의 기능을 충분히 활용하며 인간만이 지고 있는 경험과 독창적인 창의성을 결합한다면 지금까지 생각하지 못한 결과물을 만들어낼 수도 있을 겁니다.

특히 인간의 사고 역량을 AI가 넘어서는 시기인 '특이점(singularity, 어떤 기준을 상정했을 때 그 기준이 적용되지 않는 점이라는 의미로 주로 물리학이나 수학 등의 학문에서 사용되지만, 최근엔 인공지능의 발전이 가속화되어 모든 인류의 지성을 합친 것보다 뛰어난 초지능이 출현하는 시점)'[3]이 빠르게 다가오는 시대에 살고 있는 우리들의 삶은 엄청난 변화가 불가피할 것입니다.

또한 그런 사람들이 함께 모여서 일하는 기업 역시 AI로 인한 변화를 피할 수는 없을 것입니다. '눈 가리고 아웅' 하듯이 잠시 AI를 외면한다고 AI로 인한 큰 변화의 물결을 피할 수 있다고 생각하는 건 굉장히 위험한 발상인 거죠. 그런 만큼 기업 내에서도 AI를 잘 활용하는 사람과 그렇지 않은 사람들 간의 성과에서도 엄청난 차이가 발생할 가능성이 큽니다. 결국 그런 점이 AI 시대를 맞이하는 기업의 경영자나 조직 구성원들 모두에게 주는 시사점은 매우 크다고 생각합니다.

그림 7.1 AI와의 바둑 대결 이미지

한편 이번 AI 시대의 도입을 본격적으로 알린 챗GPT의 등장은 기존의 많은 시장 독점자들에게 또 다른 엄청난 변화가 시작되었음을 알려줌으로써 경쟁자들보다 빨리 새로운 시장을 독점하기 위한 미래 먹거리 발굴과 전략 수립에 적극적인 노력을 하도록 만들었습니다. 예를 들어 전 세계 인터넷 검색 시장을 독점하고 있는 구글의 경우 챗GPT를 통해 소비자들이 본격적으로 AI를 받아들이게 됨으로써 자신들이 독점하고 있는 시장에 어떤 영향을 줄지 긴장하며 대비할 수밖에 없을 것입니다. 특히 챗GPT 시장을 리드하는 '오픈AI(OpenAI)'라는 회사의 대주주가 디지털 시장에서 결코 무시할 수 없는 존재인 '마이크로소프트(Microsoft)'라면 더욱 위협적이겠죠. 그런 만큼 우리가 한 번도 경험해보지 못한 AI와 함께하는 새로운 시대 속에서 대기업뿐만 아니라 중소기업, 벤처기업, 스타트업 등 기업을 책임져야 하는 경영자의 방향성과 전략의 선택은 더욱 중요하게 부각되고 있습니다.

AI 시대의 좋은 경영자란?

경영자의 책임으로서 '미래 먹거리 발굴'과 '조직역량의 강화'가 매우 중요한데요[4], AI 시대에 자신이 맡은 기업의 새로운 미래 먹거리를 발굴하고자 사업의 방향성을 정하고, 이를 제대로 실행하기 위해 좋은 인재를 채용하여 조직의 역량을 키우고 이런 조직을 잘 운용하는 경영자의 노력과 실행은 정말 중요합니다. 특히 경영자가 의사 결정을 해야 하는 상황들은 교과서의 문제 풀이와 같이 정답이 이미 정해져 있는 경우는 매우 드뭅니다. 결국 자신이 책임지고 있는 기업의 현재 역량을 바탕으로 자신이 처한 환경을 감안해서 최선의 선택을 해야 하고 이를 신속하게 실행하고자 기업의 모든 리소스를 활용하여 목표한 성과를 향해 최선을 다해야만 합니다. 물론 이를 실행하는 과정 속에서 4차 산업혁명의 핵심인 AI 기술이 어디로 얼마나 어떻게 발전할지, 경쟁자는 어떤 전략을 세울지가 모두 불확실한 상황인 만큼 경영자는 새벽 안개 속에 기업이라는 버스를 운전하는 기사처럼 당시 상황에 맞춰 확보하고 있는 모든 데이터들을 활용하여 자신의 경험과 판단력을 바탕으로 그 불확실한 구간을 잘 뚫고 목적지까지 안전하게 도착해야 할 책임이 있는 거죠.

결국 운전대를 쥔 경영자는 자신의 의사 결정으로 발생하는 결과에 대해 당연히 책임을 져야 합니다. 그러므로 AI 시대라는 불확실하고 모든 것이 가변적인 상황 속에서 자신이 가지고 있는 최대한의 정보와 자원, 그리고 경험들을 바탕으로 최선의 선택을 해야 하는 리더의 자리는 정말 힘들 것입니다. 하지만 그런 책임이 힘들다고 해서 만약 리더 스스로 책임을 회피한다면 결국 그 기업은 오래지 않아 이 시장에서 퇴출되겠죠. 그런 만큼 이렇게 빠르게 AI 혁신이 확산되어 예측이 불확실한 시기 속에서 경영자들은 자신의 주변에 유사한 고민과 문제들에 대해 성공적으로 리더십을 발휘하여 직면한 문제들을 잘 해결한 기업들이 있다면 이런 성공 케이스들을 적극적으로 참고할 필요가 있을 것입니다.

그런 점에서 AI 시대에 적합한 회사의 비전을 명확히 세우고 이에 부합하는 조직 역량과 문화를 만들어서 경영을 잘 해나가고 있는 '마이크로소프트(Microsoft, 이하 MS)' CEO인 '사티아 나델라(Satya Nadella, 이하 나델라)'의 리더십을 참고해볼 필요가 있습니다. 그는 MS의 창업자이자 초대 CEO였던 '빌 게이츠(Bill Gates)'와 그다음 CEO였던 '스티브 발머(Steve Ballmer)'에 이어 2014년 MS의 3번째 CEO로 임명되었습니다. 인도 출신인 그는 1988년 대학 졸업 후 미국 위스콘신 대학으로 건너가 컴퓨터공학 석사과정과 시카고대학 경영대학원(MBA)를 마치고 1992년 MS에 입사하였고, 이후 '클라우드 컴퓨팅(Cloud Computing)' 분야에서 많은 성과를 창출하였습니다.

그의 엔지니어 경력 때문에 전임 CEO에 비해 '디지털 전환(Digital Transformation, 이하 DX)'의 중요한 배경 중에 하나인 '오픈 소스(Open Source)'에 대해 관대하였고, 그의 높은 기술적 이해 덕분에 시대 변화의 흐름을 잘 파악하여 오랫동안 시장을 독점하였던 MS의 '윈도우(Windows)'와 '오피스(Office)' 중심의 폐쇄적인 사업 전략을 개방적으로 변경하며 자사 제품의 오픈 소스 정책을 적극적으로 장려하였습니다. 사업의 우선순위도 MS의 '캐시 카우(cash cow)'였던 윈도우에서 '애저(Azure)'를 비롯한 클라우드 컴퓨팅으로 과감히 전환하여 오픈 소스인 '리눅스(Linux)'에도 애저의 클라우드 서비스를 지원하였고, 오피스의 경우도 과거 다른 빅테크 기업들 간 호환이 되지 않도록 했던 사업전략을 버리고 오랜 경쟁 관계였던 애플의 운영시스템인 'iOS'나 구글의 '안드로이드(Android)'에서도 사용 가능하도록 변경하였습니다.[5] 그는 이런 사업전략의 과감한 변화를 통해 당시 구글과 애플 같은 빅테크 기업들 간 경쟁에서 계속 뒤처지고 있던 상황을 전환하며 오랫동안 조직 내 퍼져 있었던 혁신경쟁에서의 패배감을 지워버리며 성공적인 재도약의 기반을 다졌습니다.[6]

그와 동시에 그는 디지털 전환 시기에 기업의 조직 문화에 있어서도 적극적인 변화를 추진하였습니다. 예를 들어, 그는 앞서 소개한 MS의 핵심 비즈니스 전략에 대한 과감한 변화를 통해 조직 내부의 지나친 경쟁 문화 대신에 힘을 모아 외부의 경쟁자들을 이길 수 있는 혁신 제품을 집중 개발하기 위한 팀간 적극적인 협업을 강조하였고, 오랫동안 뿌리내린 폐쇄적인 기업 문화 대신 '포용(inclusion)'과 '다양성(diversity)'을 중시하는 새로운 기업 문화를 안착시키고자 노력하였습니다. 나델라는 이런 혁신 경험을 바탕으로 AI 시대로의 전환에서도 사업전략의 변화뿐만 아니라 이에 적합한 기업 문화의 변화도 함께 추구하였습니다. 또한, MS는 최근 챗GPT를 통해 일반인들에게 놀라운 AI 기술의 수준을 보여준 OpenAI의 잠재력에 대해 남들보다 빨리 인지하였고, 이에 2019년까지 비영리단체였던 그들에게 미화 10억 달러(한화 약 1.3조 원)을 투자하여 수익을 창출하는 비즈니스 모델로의 전환을 유도하였습니다. 이후 2023년 1월에는 그들에게 추가로 미화 100억 달러(한화 약 13조 원)을 투자하기로 결정한 후 그 다음달인 2월에 MS의 주요 제품들인 빙(Bing), 엣지(Edge), 365 등에 OpenAI의 챗GPT를 탑재하기로 선언하였습니다.[7]

이렇듯 나델라는 MS를 과거 소프트웨어 회사에서 클라우드 기업으로 변신시키는 데 성공하였고, 더 나아가 챗GPT로 대변되는 AI 시대를 향한 MS의 민첩한 전환을 리드하며, 자신들의 AI 비즈니스 생태계를 구축하여 다양한 기업들과의 전략적 파트너십을 맺어나가며 AI 비즈니스의 주도권을 선점하는 전략을 실행하고 있습니다. 한편 그는 AI 시대로의 적응을 준비해야만 하는 경영자로서 스스로 MS의 DX 제품들을 적극적으로 활용함으로써 조직 내에 AI 시대에 적합한 기업 문화가 안착되도록 솔선수범하였습니다. 그는 우선 회사 내부의 전체 조직 구성원들이 적극적으로 AI를 이해하고 적용하여 MS 기업을 더욱 'AI 중심(AI-powered) 회사'로 전환하고자 여러 노력을 실행하였습니다. 그런 예로서 AI에 대한 교육을 실시하면서 조직 구성원들의 '성장 마인드(growth mindset, 인간의 능력은 선천적이 아니라 노력, 학습, 꾸준함을 통해 개선될 수 있다는 사고방식)'를 독려하며 새로운 변화에 보다 과감하고 민첩하게 대응하도록 조직 구성원 간에 적극적인 협업을 유도하였습니다. 또한, AI의 새로운 기술에 대한 조직 구성원들의 적극적인 학습을 유도하기 위해 'Microsoft AI 아카데미(Academy)'를 만들었고, 'AI 부트캠프(Bootcamp)'나 '해커톤(Hackathon)' 등 AI 관련 행사도 적극적으로 진행함으로써 조직 내 AI에 대한 관심을 끌어올렸을 뿐만 아니라, AI 리더십 팀을 만들어서 AI에 대한 MS의 과감한 대응과 전략에 대해 조직 내부뿐만 아니라 외부와도 적극적인 커뮤니케이션을 실시하였습니다.

그리고, 조직 내부에서 조직 구성원들 간에 AI에 대한 이해도의 차이가 발생할 수 있는 만큼 AI 전문가들을 부서의 벽을 뛰어넘어 다양하게 활용될 수 있게 함으로써 이론적인 이해 수준에 그쳤던 AI에 대한 사용 범위를 실제로 자신들의 비즈니스에 직접 활용해보며 AI에 대한 친밀도나 이해도를 높였습니다. 이를 위해 'AI 챔피언스(Champions) 프로그램'이라든지 'AI 프로젝트 쇼케이스(Project Showcases)' 등도 실시하였고, 'AI 중심(AI-focused)의 직원 리소스 그룹(Employee Resource Groups, ERGs)'이나 'AI 리서치 연구소(Research Centers and Labs)'를 활용하여 AI 관련 컨퍼런스나 이벤트 등을 지속적으로 개최함으로써 AI에 대한 조직 내 관심도를 끌어올리며 보다 많은 네트워킹 기회를 제공하였습니다.[8]

또한, 그는 글로벌 사회가 현재의 한계 상황들을 함께 개선하고자 헬스케어 분야에서의 접근성, 개인 정보의 보호 및 활용, 정보 접근의 차별성으로 인한 사회적 양극화, 지구온난화와 같은 기후 변화나 환경 개선, 보다 인간적인 삶이 보장되는 미래사회를 위한 윤리적인 문제 등에 대해서도 MS의 AI 기술로 풀어나가자며 제안하였고, 이를 통해 AI를 단지 사업적인 관점에서만 접근하는 것이 아니라 우리 생활 속 문제들을 해결하는 솔루션으로 AI를 소개함으로써 조직 내에서 AI를 좀 더 거부감 없이 쉽게 받아들일 수 있도록 시도하였습니다. 그와 함께 개인정보 및 데이터가 더욱 중요하게 된 AI 시대에 나델라는 MS가 AI 제품을 개발하고 사용하는 데 있어 '투명하고(transparency)', '공정하며(fairness)', '책임감(accountability)'을 가져야 한다고 강조하였습니다.[9]

한편, 그는 MS를 AI 시대에 잘 부합하도록 전환하기 위해 AI 기술이 앞선 회사들을 AI 인재 확보 차원에서 적극적으로 인수 합병하였습니다. 2022년에 애플의 아이폰에 사용되는 '시리(Siri)'의 음성인식 엔진을 공급하여 유명해진 음성인식 엔진개발회사인 '뉘앙스 커뮤니케이션즈(Nuance communication)'를 197억 달러(한화 약 25조 원)에 인수하였고, 2018년엔 인간언어분석 기술을 통해 대화형 AI를 개발하고 있는 '시맨틱 머신(Semantic Machines)'도 인수하였습니다.[10]

지금까지 다가오는 AI 시대에 잘 대응하고 있는 MS의 CEO 나델라의 전략들을 알아보았습니다. 특히, 나델라에 의해 변화하고 있는 MS가 지향하는 경쟁 상대는 앞서 언급했듯이 아마도 현재 검색 시장을 독점하고 있는 구글이 될 것입니다. 물론 구글이 기존의 검색 시장을 거의 독점하고 있는 만큼 이들이 이미 확보하고 있는 데이터 양이 엄청나므로 이런 데이터들에 대한 머신러닝이 필수적인 AI 시대에서 구글이 유리한 위치를 선점하고 있다는 사실은 분명합니다. 하지만 구글 역시 AI 시대의 변화 흐름에 맞춰 과감하게 변화하려는 경쟁 기업들에 비해 제대로 대처하지 못한다면 앞서 소개했던 디지털 카메라의 원천 기술을 가졌음에도 불구하고 디지털 시대에 오히려 파산을 피하지 못했던 코닥의 사례를 눈여겨봐야 할 것입니다.

특히, MS는 PC에서 모바일 시대로의 전환 과정 속에서 그 변화의 흐름에 제대로 적응하지 못해 오랫동안 IT 시대에 크게 성장했던 빅테크들과의 경쟁에서 많은 어려움을 겪었던 만큼 AI 시대로의 변화에 대해 더욱 큰 위기감을 느끼고 있을 거라 생각합니다. 그러므로 이런 상황 속에서 구글의 미래뿐만 아니라 AI의 미래를 엿보기 위해 현재 구글을 이끌고 있는 CEO '선다 피차이(Sundar Pichai, 이하 피차이)'의 대응 전략에 대해 알아보는 것도 의미가 있을 것입니다.

피차이는 인도 '첸나이(Chennai)'의 평범한 가정에서 자랐으며 'ITT(Indian Institute of Technology)'에서 엔지니어링 전공으로 대학을 졸업한 후 미국으로 건너가 '스탠퍼드(Stanford)' 대학에서 소재 과학과 엔지니어링(Material Sciences and Engineering) 석사를 받은 후 '펜실베이니아 대학 와튼 경영대학원(Warton School, University of Pennsylvania)'에서 경영학 석사(MBA)를 받았습니다. 이후 2004년에 구글에 '제품 매니저(Product Manager)'로 입사한 후 '크롬(Chrome)', '안드로이드(Android)' 등의 프로젝트들을 성공적으로 리드한 후 2014년에 구글의 CEO로 임명됩니다.[11] 참고로 구글은 창업자인 '래리 페이지(Larry Page)'가 창업 초반인 1999년부터 2001년까지 CEO를 맡은 후, 기업의 성장을 위해 '에릭 슈미츠(Eric Schmidt)'가 2001년부터 2011년까지 경영하며 지금과 같은 구글의 토대를 만들며 성공적으로 성장시켰으며, 이후 2015년까지 다시 래리 페이지가 CEO를 맡았다가 그가 구글의 모회사인 '알파벳(Alphabet)'을 맡게 되면서 피차이가 구글의 CEO로 임명되었습니다. 그가 구글의 CEO로 임명된 후에도 구글이 독점적인 위치를 잘 유지하며 그동안 성공적인 사업을 해오고 있는 인터넷 검색 시장에서 AI 시대로의 전환기에도 구글의 비즈니스 방향과 전략을 잘 유지하고 있다는 점은 인상적입니다. 그런 점에서 앞서 소개한 MS의 CEO 나델라처럼 구글의 CEO 피차이가 AI 시대로 전환되는 현 상황에서 어떤 리더십으로 탁월한 성과를 만들어내는지 분석해 본다면 우리 기업의 경영자들에게 좋은 도움이 될 것입니다.

첫째, AI 시대에 대한 그의 전략적인 비전입니다. 그는 AI의 잠재성을 일찍부터 확인하였기에 남들보다 빨리 'AI 우선(AI-first)' 정책과 같이 조직 구성원들에게 AI 시대로의 전환에 대한 명확한 비전을 선포하였고, 최근 구글의 25주년 창립기념사에서도 다시 한번 이 정책을 강조하였습니다. AI 우선 정책의 실행을 위해 AI와 관련된 핵심 기술들을 적극적인 연구 개발을 통해 구글의 다양한 제품과 서비스에 적극적으로 접목하였습니다.[12] 기존의 검색 알고리즘이나 추천 단어 프로그램뿐만 아니라, 목소리 인식이나 '구글 비서(Google Assistance)'와 같은 다양한 기술과 제품에 대한 자신들의 AI 기술을 접목하면서 고객들의 반응과 만족도에 대해 적극적으로 평가하였습니다. 또한 그는 구글이 독점하고 있는 검색시장에서 성장의 한계가 있을 수 있다고 판단하였기에 과감하게 클라우드 시장에 진출함으로써 성공적인 전환점을 만들었으며, 이번 AI 시대로의 전환에 있어서도 자신들이 구축한 '클라우드(Google Cloud Platform, GCP)'와 결합하여 더욱 강력한 플랫폼을 구축하고자 노력하였습니다.[13]

둘째, AI 시대로의 성공적인 전환을 위한 적극적인 기술 투자입니다. 그는 AI 시대에서 가장 중요한 과정인 데이터를 분석하고 학습하기 위해 '구글 브레인(Google Brain)'이나 '딥마인드(DeepMind)'와 같은 자회사에 대한 지원을 아끼지 않았습니다. 구글 브레인은 2010년에 설립된 딥러닝 인공지능 연구팀이며, '오픈 엔드(Open-end)' 방식의 기계 학습 연구를 시스템 공학 및 구글 스케일 컴퓨팅 리소스와 결합해나가고 있습니다. 딥마인드는 '데미스 허사비스(Demis Hassabis)'가 2010년 영국에서 창업한 신경과학을 응용한 인공지능 회사로서, 당시 미리 정해진 조건대로 짜여진 알고리즘을 가진 기존 인공지능과는 달리 머신러닝과 신경과학 기술을 응용하여 스스로 학습하는 컴퓨터 알고리즘을 바탕으로 자체적인 정보처리가 가능하여 다양한 분야에서 활용할 수 있는 범용 학습 알고리즘을 만드는 것을 비즈니스 모델로 하고 있습니다. 구글은 이 회사의 엄청난 잠재적 가치를 알아보았기에 2014년에 약 4억 달러(한화 약 5,200억 원)에 인수하였습니다.[14] 또한, 텐서플로와 같이 오픈소스 플랫폼을 통해 구글이 중심이 된 AI 기술 개발 및 표준화를 위해 적극적인 투자를 지속적으로 진행하고 있습니다.

셋째, AI 시대에 필요한 과감한 혁신을 위해 AI를 거부감 없이 받아들일 수 있는 기업 문화를 만들었다는 점입니다. 그는 AI 시대에 적합한 일하는 방식으로서 조직 내에서 창의성을 바탕으로 새로운 아이디어를 제안하고 도전하는 것을 독려하고자 조직 구성원들에게 실패에 대한 '위험 감수(Risk-taking)'의 중요성을 적극적으로 강조하였습니다.

이를 실천하기 위해 그는 AI 시대 속 기업 문화가 좀 더 개방적이고 창의적이도록 업무의 20% 시간을 업무와 상관없이 자신이 관심 있는 프로젝트에 자유롭게 도전하는 제도인 '20% Time Policy'를 권장하거나, 조직 내 기술적 문제를 끝까지 풀어내고자 팀 구별 없이 협업하며 토론하는 해커톤을 개최하기도 하였습니다. 또한 회사의 비밀 연구과제인 '구글엑스(Google X)'와, 자율주행차 개발 등 혁신적이지만 실패의 위험도 큰 도전 과제들로 구성된 '문샷(Moon Shot)' 프로젝트를 통해 AI 시대가 요구하는 과감한 혁신을 존중하는 조직 문화를 활성화하였습니다.[15]

넷째, AI 시대에 적합한 인재를 발굴하고 그들이 속한 조직 내 협업과 책임감에 대해 잘 리드하였습니다. 이를 위해 AI에 대한 교육 프로그램이나 워크숍 등을 통해 기존 조직 구성원들의 AI에 대한 이해도를 높이는 노력을 지속해왔습니다. 특히 AI 시대에는 각 부서의 영역이나 세대 간의 차이를 과감히 뛰어넘는 인재 운용이 필요하므로 신입직원들과 AI 전문가들이 함께 일할 수 있는 'AI 정착 프로그램(Residency Program)'을 통해 AI에 대한 이해를 높이거나, 외부의 AI 전문가들과도 적극적으로 협업하면서 조직 내 AI에 대한 관심을 높여 이를 활용한 신제품 개발이나 업무 효율성 제고 등에 대한 다양한 의견들을 포용하였습니다.[16] 한편, AI 시대에 가장 우려되는 이슈 중 하나인 AI의 인간에 대한 편견, AI의 머신러닝 과정 속 개인 데이터의 부정한 사용이나 유출 사고, AI 내 블랙박스 문제와 같은 AI의 답변에 대한 투명한 설명 가능성 등 심각한 사회 문제로 발전될 수 있는 문제들에 대해 조직 구성원들이 효과적으로 대응하기 위한 'AI 운영 원칙과 가이드(AI principle and guidance)'를 만들어서 AI의 사회적 공헌에 좀더 책임감을 갖도록 강조하였습니다.[17]

다섯째, AI 시대에 잘 적응하기 위해 구글을 중심으로 한 생태계를 만들고자 노력하였습니다. 구글이 개인 소비자들과 좀 더 관련이 많다 보니, 오히려 AI 기술을 바탕으로 각 산업에 종사하는 기업들과의 협업을 통해 다양한 문제들에 대한 보다 나은 솔루션을 만들어내고자 시도하였습니다. 이를 위해 구글의 조직 구성원들이 AI 개발에 관련된 비즈니스 파트너들이나 학계와의 교류를 지속적으로 잘 유지하였고, AI 기술을 개발하는 스타트업에 대해 과감한 지원도 아끼지 않았습니다. 이런 과정 속에서 자신들의 전략적 비전이나 비즈니스 모델에 적합한 좋은 스타트업 회사들을 인수하여 구글의 플랫폼 안에서 보다 빨리 성장시켜 구글이 추구하는 AI 우선 정책이 실현되도록 노력하였습니다. 그런 좋은 사례로서 앞서 소개한 2014년에 구글이 인수했던 AI 머신러닝을 비즈니스 모델로 가지고 있었던 딥마인드나, 2017년에 인수한 데이터 사이언스 경쟁 플랫폼인 '캐글(Kaggle)'이 있습니다.[18] 심지어는 MS가 투자하여 구글과는 잠재적 경쟁자가 될 수 있는 OpenAI와의 협업도 주저하지 않는 등 AI와 관련된 현재의 기술과 시장의 한계를 뛰어넘기 위해 다양한 비즈니스 파트너들과 구글의 AI 생태계를 만들어가고 있습니다.

앞서 MS의 CEO 나델라와 구글의 CEO 피차이의 경영활동에서 보듯이 AI 시대에도 사업의 방향성을 정확히 찾아서 미래 먹거리를 창출해야 하는 책임이 여전히 경영자에게 있는 만큼, 우선 경영자 스스로 AI에 대해 친화적인 태도를 가져야 하며 AI 기술에 대해 깊이 있고 정확한 지식을 학습하여 앞으로 우리 기업이 어떻게 발전해 나갈지에 대한 확실한 인사이트를 가지고 있어야만 불확실성이 높은 AI 시대에 그나마 우리 기업의 성공 확률을 높일 수 있다고 생각합니다. 즉, 이런 노력을 통해 빠르게 다가오는 AI 시대가 자신의 기업에겐 위험이 아니라 기회가 되도록 만들어야 할 책임이 바로 경영자에게 있는 거죠. 그러므로 이들의 리더십 사례를 각 경영자들이 자신의 상황에 효과적으로 실행하기 위해서는 다음 두 가지 관점으로 나눠서 접근할 필요가 있습니다. 하나는 'AI 시대에 부합하는 경영자 스스로의 자질과 솔선수범'에 관해서고, 나머진 '그가 어떻게 조직을 AI 시대에 적합한 조직 구성원으로 구성하여 좋은 기업 문화를 구축해 나갈 것인가'입니다.

AI 시대에 적합한 경영자의 자질, 그리고 솔선수범

물론 '대기업처럼 오랜 업력을 가지고 있고, 비즈니스 모델 역시 확장 가능성이 클 뿐만 아니라, 좋은 인재들이 모여 있어 조직 역량이 높아야만 새로운 AI 시대에 대응이 가능하지 않을까?'라고 생각할 수도 있을 것입니다. 하지만 대부분의 사람들이 일하고 있고, 지금 당장은 글로벌 대기업에 비해 여러 면에서 리소스가 부족한 중소기업이나 벤처기업, 스타트업이라 할지라도 앞으로 빠르게 다가오는 AI 시대에 경영자가 자신의 기업에 대해 적합한 방향성을 정한 후 스스로 솔선수범하며 조직 구성원들을 잘 준비시킬 수만 있다면 오히려 이런 새로운 변화를 통해 어느 누구나 성장 모멘텀으로 전환시킬 수 있다고 생각합니다. 특히 AI 시대에는 변화의 영향이 미칠 분야가 워낙 다양하고 넓을 것으로 예상되는 만큼 아직 아무도 그런 큰 변화를 직접 경험해본 적이 없어 당연히 시장예측에 대한 불확실성이 높으므로, AI가 자신의 분야에 어떤 영향을 미칠지에 대한 경영자의 깊이 있는 이해를 바탕으로 시장 및 기술의 예상 동향, 그에 대응하기 위한 조직 역량을 효과적으로 강화하는 준비를 잘 해야만 할 것입니다.

그럼 이어서 AI 시대 속 좋은 경영자가 되기 위해 갖춰야 할 자질들에 대해 설명해보고자 합니다. 우선 경영자는 최신 AI 기술의 동향에 대한 이해 수준이 매우 높아야 하고, 기술의 발전에 따라 조직 변화의 필요성을 조직 구성원 모두가 잘 이해하도록 효과적으로 설명하며 이들과의 공감을 높여나가야 합니다. 이를 위해 경영자는 AI 시대 속 우리 조직이 직면할 변화들에 대해 정확한 분석과 예상을 바탕으로 민첩하게 변화를 받아들일 준비를 해야 합니다. 특히 AI 시대는 불확실성이 높은 만큼 더욱 정확한 의사 결정을 위해 조직 내 집단지성을 최대한 잘 활용할 수 있는 리더십이나, 즉흥적인 의사 결정이 아닌 데이터 중심의 의사 결정을 조직 구성원들과 투명하게 진행할 수 있는 리더십이 필요합니다. 또한, 시장이 어떤 방향으로 바뀌더라도 '결국 답은 시장의 고객에 있다'라는 '고객 중심(customer-centric)'에 대한 기준을 잃지 않는다면 AI 시대의 불확실성 속에서도 기업이 올바른 방향성과 전략을 만드는 데 중요한 나침반이 될 것입니다. 특히, 시장의 불확실성을 효과적으로 대응하는 방법으로서 자신의 중요한 비즈니스 파트너들과 함께 새로운 도전에 대해 공동으로 대응할 수 있는 협업의 기회를 많이 가져보는 것도 좋을 것입니다. 이에 따라 AI 시대를 리드하는 빅테크들 간에 누가 더 자신들과 함께 비즈니스 파트너가 되어 고객들에게 긍정적인 영향력을 미칠 '생태계(Ecosystem)'를 구축하려는 치열한 파트너십 경쟁을 지켜보는 것도 흥미로울 것입니다.

또한, AI 시대에 적합한 새로운 아이디어나 업무 방식에 대해 경영자들은 조직 구성원들과 적극적으로 협의함으로써 AI에 따른 조직의 변화에 대해 무조건 거부감을 갖기보다는 지속적인 학습과 경험을 장려하는 기업 문화를 창출해야만 하고, AI에 대한 기술적인 발전 외에도 조직 내에서 새로운 AI 시대에 적합할 수 있는 다양한 아이디어들을 적극적으로 포용하는 기업 문화를 만들어내야 합니다. 우리 모두가 한 번도 경험해보지 못한 AI 시대에 조직 구성원들의 다양한 의견들을 절대 과거의 경험이나 데이터를 바탕으로 맞고 틀림을 섣불리 판단해서는 안 될 것입니다. 이는 그냥 다른 것뿐인 만큼 어쩌면 이 다름 속에서 새로운 AI 시대를 선점할 수 있는 아이디어가 깜짝 등장할 수도 있으니까요.

한편, 글로벌 시장으로 진출하고자 생각하는 경영자라면 항상 고민되었던 국가별 현지화에 대한 답도 AI를 통해 효과적인 접근이 가능할 거라 생각합니다. 즉, AI의 등장으로 각 국가별 법인들의 '현지화(localization)'에 따른 노동법 차이나 노동자들이 생각하는 일의 가치에 대한 인식 차로 어쩔 수 없이 존재하였던 국가별 노동의 질에 대한 차이가 현격히 줄어들 수도 있을 것입니다. 예를 들어, AI를 활용하여 글로벌 기업 내 공통적으로 할 수 있는 업무 등을 구분하여 현지화에 대한 전략을 보다 효율적으로 만들어볼 수 있는 거죠.

최근에 본 넷플릭스(Netflix) 드라마 '에밀리, 파리에 가다(Emily in Paris)'는 미국 기업이 프랑스 파리에 위치한 마케팅 회사를 인수하면서 현지에 파견되는 미국인 '에밀리(Emily)'가 두 문화의 차이를 경험하는 과정을 그린 좌충우돌 로맨틱 코미디입니다. 이 드라마에선 밤낮으로 일하며 오직 '생산성(productivity)'을 바탕으로 성과를 중시하는 미국의 노동에 대한 가치가 '개인의 자유와 네트워킹, 일과 삶의 균형(work-life balance)'을 지나칠 정도로 중시하는 프랑스의 노동에 대한 가치와 부딪히는 상황을 많이 보여줍니다.

한 예로 주인공 에밀리는 평일이나 주말이나 많은 사람들을 만나면서도 자신의 일과 연결해보려고 노력합니다. 그런 행동이 놀면서 성과도 만들어낼 수 있다고 생각하는 미국인들 관점에서는 생산성일 것입니다. 하지만 많은 프랑스 사람들은 퇴근 후나 주말에는 절대 업무에 대해 언급하지 않는 것을 관행으로 생각합니다. 심지어 주말이나 퇴근 후 업무와 관련된 고객이나 비즈니스 파트너와의 만남에도 불구하고 이는 개인이 좋아서 만나는 것인 만큼 일에 대해 되도록 말하지 않으려고 노력하지요. 결국 프랑스 동료들이 항상 개인과 비즈니스 관계를 연결하려고 노력하는 에밀리에게 핀잔을 주기도 합니다. 에밀리와 함께 일하는 프랑스인 동료 '루크(Luc)'가 대화 중 '우리는 살기 위해 일하지만(We work to live), 당신은 일하기 위해 사는 것 같다(You live to work)'라고 말하는 대목에서 이들 두 국가 간 노동관에 대한 큰 차이를 느껴볼 수 있었습니다.

물론 이들 국가의 일하는 방식에는 절대적으로 무엇이 맞고 틀리는 것과 같은 획일적 기준은 존재하지 않을 것입니다. '로마에 가면 로마의 법을 따르라(When in Rome, do as the Romans do)'라는 말과 같이 그런 극명한 차이가 존재하는 각 국가들에서 현지화를 잘해서 목표한 성과를 잘 창출하는 것이 글로벌 기업의 경영자들에게는 중요한 책임이자 과제이니까요. 그래서 지금까지 글로벌 비즈니스의 경영 방식은 각 국가별로 현지화를 우선 진행하고, 이렇게 만들어진 현지 법인들을 경영진들이 각 국가들을 돌아다니며 그들을 최대한 잘 연결시켜 자신들의 기업 이념이나 가치, 비전, 성과 목표 등을 달성하고자 하였습니다. 이를 위해 각 국가들을 지리적인 근접성으로 구분하여 '지역별(regional)' 조직의 경영자와, 이들 지역별 조직을 연결하는 '글로벌(global)' 조직의 경영자들이 존재하는 '위계적인(hierarchy)' 조직이 만들어진 거죠.

하지만 이렇게 국가별로 조직을 나누는 것이 오랫동안 당연하게 여겨지던 글로벌 기업의 관행이 '상호 기능별 교차조직(cross-functional organization)'이라는 개념이 나타나면서 글로벌 기업 조직을 종적으로는 각 국가별로 구분하고, 횡적으로는 각 제품군으로 나눈 후, 여기에 재무나 IT, HR와 같은 공동의 서비스를 제공하는 독립적인 기능 부서를 연결하여 글로벌 조직을 종과 횡으로 좀 더 세밀하게 연결하여 보다 효율적으로 목표한 성과를 달성하려 했습니다.

그런 변화 속에서 IT기술이 빠르게 발전하면서 'Polycom(폴리콤)' 전화기나 'Skype(스카이프)'와 같은 해외 '컨퍼런스 콜(conference call)' 서비스가 도입되어 원격근무의 방식이 업그레이드되었고, 동시에 효율성도 높아지며 점차 비싼 비용이 지출되는 해외 출장을 대체하기 시작하였죠. 그럼에도 불구하고 많은 경영자들이나 조직 구성원들에게는 사람들 간에 대면하여 이루어지는 직접적인 커뮤니케이션이 보다 효율적이라는 인식이 여전히 존재하였지만요.

하지만 2020년 초 전 세계를 휩쓴 '코로나 팬데믹(Covid-19 pandemic)'으로 인해 물리적인 이동이 제한되면서 부득이하게 재택근무를 포함한 원격 근무 방식이 활용될 수밖에 없었습니다. 이때 '줌(Zoom)'이나 마이크로소프트의 '팀즈(Teams)'와 같은 원격 근무 서비스가 개발되어 코로나 기간 동안 생각보다 빨리 우리의 업무 환경에 접목되었고, 기존의 우려와는 달리 오히려 일의 효율성을 많이 높여주었습니다. 특히 함께 모여서 일하는 것을 부담스럽게 생각하거나, 굳이 업무상 대면할 필요가 없는 일을 하는 프로그래머 같은 조직 구성원들에게는 이런 원격 근무를 통해 일의 만족도와 업무 성과를 동시에 높일 수 있는 계기가 되었죠. 여기에 성과를 중시하는 기업들도 불필요한 출장 비용과 물리적으로 함께 일하기 위해 필요했던 큰 규모의 사무실도 줄일 수 있게 되어 성과에 대한 타협 없이 비용 절감을 통한 수익 상승도 가능해져 원격 근무의 파급속도는 더욱 가속화되었습니다.

마침내 생각보다 길게 이어졌던 코로나 팬데믹이 2022년 말에 거의 종결되면서 많은 사람들은 우리의 업무 방식이 다시 코로나 팬데믹 전으로 돌아갈 것으로 생각하였습니다. 하지만 코로나 기간 동안 줌이나 팀즈와 같은 서비스를 활용한 원격 근무의 장점을 경험한 기업의 경영자들은 기존 방식으로 돌아가는 대신 과감하게 업무 방식을 변경하고 있습니다. 앞서 설명했듯이 코로나 기간 동안 원격 근무로 대체 가능했던 출장이나 워크숍 등을 줄이거나, 현지화를 위해 필요했던 해외파견 근무도 최소화하며 좀더 성과를 중시하면서도 동시에 비용도 줄일 수 있는 효율적인 업무 방식을 실행하게 되었습니다. 우리에게 많은 어려움을 주었던 코로나 팬데믹이 오히려 원격 근무의 효율성을 반신반의하던 경영자들에게는 확신을 준 계기가 된 거죠. 거기에 최근 화두가 된 AI의 도입은 경영자들에게는 이미 생산성 상승과 효율성이 검증된 다양한 원격 근무 서비스를 바탕으로 오랫동안 당연하게 여겨졌던 각 국가별 업무 방식과 업무의 질적 차이에 대해 '왜(Why?)'라는 질문을 가지고 더욱 과감하게 혁신을 추진할 것입니다.

즉, AI에는 국적도 존재하지 않고, 심지어 '9 to 6', '주 52시간 근무', 휴일이나 명절 같은 근무 제한도 없어 시간과 장소의 한계가 존재하지 않는 만큼 다른 국가에서 일하는 구성원들 간에 존재했던 일의 방식 차이로 불편함이 야기될 수 있는 업무부터 빠르게 AI로 대체될 것입니다. AI에 의한 새로운 방식의 글로벌 현지화 전략이 만들어지게 된 거죠. 일례로 이번 유럽 출장에서 렌터카를 예약하면서 몇몇 질문들에 대해 24시간 언제 어디서나 쉽게 접속해서 기본적인 질문에 대한 답변을 해주는 '챗봇(Chatbot)'을 활용하였습니다. 전에는 이런 문의는 현지 시간에 맞춰 담당자에서 전화하거나 자신이 능숙한 언어를 전담하는 담당 직원과 대화를 하기 위해 오랫동안 기다려야 하는 불편함이 있었죠. 하지만 AI를 활용한 챗봇의 보급으로 인해 각 국가별 시간이나 언어의 차이에 의해 발생하던 이런 고객들의 불편함이 현격하게 줄어들게 되었습니다.

특히 AI의 큰 장점은 다양한 고객에 대한 정보들과 여러 사례들의 데이터들에 대한 학습량이 많아질수록 그 정확도와 효율성이 빠르게 향상된다는 점이죠. 더군다나 이로 인해 서비스센터 직원 수를 감소시켜 비용을 절감할 수 있다는 사실은 경영자들에게는 매우 매력적인 조건이 될 것입니다. 그러므로 지금까지 AI의 활용이 각 국가별로 존재하던 업무의 차이로 인한 불편함을 없애는 데 집중되었다면, 이제는 근본적으로 이런 차이나 현지 노동법에 의해 하지 못했던 업무들에 대해서도 경영자들은 적극적으로 AI를 통해 솔루션을 찾아갈 것으로 예상합니다.

결국 AI가 각 국가별 현지화에 따른 그동안의 어려움이나 부족함을 극적으로 줄여줘 현지화의 완성도를 높여줄 수도 있는 만큼 글로벌 기업의 경영자라면, 혹은 새로운 비즈니스 개척을 위해 해외로 진출하려는 경영자들은 적극적으로 AI를 활용할 것입니다. 그런 만큼 글로벌 비즈니스에 있어서도 AI를 잘 활용할 수 있는 경영자와 그렇지 않은 경영자의 성과에 대한 차이는 더욱 벌어지겠죠.

AI 시대, 오히려 더욱 커진 사람의 중요성

일단 AI 시대에 적합한 회사를 이끌기 위한 첫 번째 전제 조건인 경영자 스스로의 준비가 되었다면 두 번째는 AI 시대에 필요한 조직 역량을 어떻게 조직 내에 전파시킬 것인가에 대한 경영자의 전략이 필요할 것입니다. 이를 위해서 이런 목적에 부합하는 인재를 새롭게 채용하거나, 기존의 인력을 대상으로 교육 등을 통해 역량을 업그레이드해나가야 합니다. 결국 조직 내에 AI 시대에 부합하는 경영자와 조직 구성원이 함께 효율적으로 일을 하게 된다면 그 기업은 AI 시대에 좋은 성과를 만들어내는 회사로 성장할 수 있을 것입니다. 그들이 서로 잘 협업할 수 있도록 경영자의 효과적인 리더십이 지속적으로 펼쳐진다면 이런 업무 방식이나 조직 역량이 기업 문화로 발전될 것이고, 더 나아가 다가오는 AI 시대에 적합한 회사의 비전과 전략이 만들어질 것입니다.

물론 AI 시대에 적합한 기업의 비전을 만드는 것도 많은 시간이 걸리겠지만, 그에 적합한 조직 문화를 구축하는 것은 훨씬 더 많은 노력과 시간이 투입되어야 합니다. 특히 기업 내 조직 문화가 제대로 자리 잡기 위해서는 경영자 스스로 모범이 되는 솔선수범이 매우 중요하며, 기업의 비전을 경영자는 지속적으로 조직 구성원들에게 강조해야 하며, 조직 구성원들도 경영자와 같이 그 비전을 향해 예외 없이 일관된 의사 결정과 실행을 반복한다면, 시간이 흘러가며 그 기업만의 차별화된 조직 문화로 자리 잡을 수 있을 것입니다. 예를 들어, DX을 실행함에 있어 신속한 의사 결정을 위해 조직 구성원 모두가 사용할 수 있는 클라우드에서 협업 '툴(tool)' 내에 공유된 데이터를 바탕으로 실시간으로 의사 결정을 하고, 이런 내용을 협업 툴에서 즉시 공유하고 조직 구성원들의 솔직한 피드백을 받으면서 조직은 점차 AI와 디지털 시대에 적합한 조직 문화로 전환하게 됩니다. 하지만 이런 조직 문화를 만들어가는 과정 속에서 경영자 스스로 자신만은 예외로 하고 기존 방식대로 종이 보고서 형태로 대면보고를 받기 원한다면, 그 경영자 한 명의 예외 때문에 조직 내 많은 노력과 비용을 투자한 DX 프로젝트는 분명 실패하게 될 것입니다. 더군다나 좋은 조직 문화를 만드는 것은 생각보다 오랜 시간이 걸리지만, 어렵게 만들어진 조직 문화가 무너지는 건 짧은 시간이면 충분한 만큼 기업의 좋은 조직 문화를 잘 유지하며 지속적으로 발전시키는 것이야말로 경영자의 중요한 책임입니다.

한편 AI와 같은 새로운 환경에서 잘 적응하는 조직 문화를 구축하는 데 있어 가장 중요한 것은 '사람'일 것입니다. 물론 여기서 사람이라 함은 앞서 언급한 경영자도 포함되지만, 주로 기업 내에서 자신의 맡은 바 일을 열심히 하고 있는 대부분의 조직 구성원들이겠죠. 특히 AI 시대엔 과거 아날로그 시대 때 우리가 상식이라고 생각했던 일 잘하는 사람에 대한 정의가 상당히 달라질 것입니다. 그리고 조직이 AI 시대에도 좋은 성과를 만들어내기 위해서는 새로운 환경에서도 스스로 목표한 성과를 잘 달성할 수 있는 유연한 생각을 가지고 창의적인 해결책을 만들어낼 수 있는 조직 구성원, 즉 인재의 중요성이 더욱 커질 것입니다.

특히, AI 시대에 맞는 인재상은 하나의 획일적인 기준이 존재하는 것이 아니라 오히려 자신의 회사에 최적화된 인재가 더 중요하므로 경영자는 그들만의 인재에 대한 기준을 명확히 정할 필요가 있습니다. 이렇게 AI 시대에 자신의 회사에 맞는 디지털 인재상을 구축해 좋은 인재들을 지속적으로 잘 채용하고 이들을 성장시켜 조직 내 잘 적응할 수 있도록 노력할 책임이 경영자에게 있습니다. 한편 AI 시대의 가장 큰 위험 요소로는 AI 기술을 비도덕적으로 사용하거나, AI를 학습시키기 위한 데이터에 대한 보안을 소홀히 해 소중한 개인정보가 노출되는 사고 등인 만큼 경영자는 조직 내 AI 윤리 기준 및 보안 규정을 세우고 이에 대해 예외 없이 투명하고 정확하게 실행할 것을 계속 주문하여 이를 회사의 중요한 조직 문화로서 자리 잡도록 해야 합니다. 당연히 이에 대해 경영자도 예외일 수는 없는 만큼 스스로 솔선수범해서 좀 더 명확하게 윤리기준을 준수해야만 조직 구성원 전체가 경영자의 요구대로 예외 없이 새로운 기준을 따르게 될 것입니다.

그러므로, 경영자들은 자신의 기업이 AI 시대에 성공하기 위해서는 조직 구성원들과 함께 AI 기술에 대한 이해뿐만 아니라 '이 기술로 인해 우리 사회가 어떻게 긍정적으로 변모될 것인가'라는 '목적(purpose)'을 명확히 해서, 이에 따라 우리 사업의 방향성을 올바르게 정할 필요가 있습니다. 이후엔 이 사업의 방향성을 맞춰갈 수 있는 전략들을 제대로 실행하기 위해서 경영자와 조직 구성원들 간에 적극적으로 협업하며 소통할 수 있는 기업 문화를 만들어야 하고, 이를 통해 보다 과감하게 AI와 연결된 혁신 기술들을 포용하고 적용하도록 회사의 역량을 키워나가야 합니다. 특히, AI 시대에 좀 더 잘 적응할 수 있는 디지털 역량을 갖춘 인재를 효과적으로 관리하는 것은 AI 시대에서 가장 중요한 리더의 책임이 될 것입니다. 왜냐하면 인재 한 명이 우리 기업이나 사회에 미칠 영향력이 AI 시대에는 과거보다 훨씬 더 커질 수 있기 때문이죠.

그러므로 이런 리더십 요소들에 대해 복잡하고 다양한 기업의 대내외 환경을 잘 감안하여 조직 구성원들이 AI 시대에 잘 적응하도록 변화시켜 나가는 경영자의 노력이 반드시 필요합니다.

다음으로는 AI 시대에 좋은 기업 문화를 만들어낸 또 다른 기업 사례를 소개하고자 합니다. 이미 앞서 MS나 구글의 사례에서 좋은 기업 문화의 전제 조건들을 소개했던 만큼 이번엔 이 두 회사와는 다른 방식으로 기업 문화를 잘 확립해서 성과를 창출하고 있는 '아마존(Amazon)'에 대해 검토해보고자 합니다. 아마존은 1994년 '제프 베이조스(Jeff Bezos, 이하 베이조스)'가 미국의 인터넷 서점으로 시작해서 현재 세계 최대의 온라인쇼핑 플랫폼 기업으로 성장하였으며, 동시에 사업 분야의 다양화를 추구하여 '아마존 웹서비스(AWS, Amazon Web Services)'라는 세계 최대의 클라우드 컴퓨팅 서비스 기업뿐만 아니라 '아마존 알렉사(Alexa)', '아마존 로보틱스(Robotics)', '아마존 프라임(Prime)', '트위치(Twitch)', '링(Ring)' 등의 자회사를 보유하고 있습니다.[19]

아마존은 AI 기술을 통해 온라인 쇼핑 시 고객에게 보다 정확히 원하는 상품을 추천하는 프로그램이나 좀더 빠른 배송을 위한 물류 최적화 솔루션 등 온라인 쇼핑에 대한 고객 만족을 높이고자 다양한 고객 서비스 개발에 AI를 적극적으로 활용하고 있습니다. 이와 같이 아마존이 AI 시대에 잘 적응하기 위한 조직 문화를 만들고자 창업자이자 CEO인 베이조스는 AI 같은 혁신 기술을 조직 내에서 적극적으로 활용함으로써 창업시 강조했던 혁신 정신과 고객 중심의 차별적인 사업 모델을 구축하고자 강력한 리더십과 비전을 보여주었습니다.

또한, 아마존은 사업 초기부터 사업모델상 자신들의 온라인 쇼핑 플랫폼에서 발생하는 엄청난 양의 데이터들을 기반으로 한 의사 결정의 중요성을 강조해왔는데요, AI 시대로의 전환에 있어서도 회사의 데이터들과 AI를 접목하여 자신들만의 보다 정확하고 효율적인 의사 결정 알고리즘을 통해 경쟁사와의 차별화를 추구하고 있습니다. 그리고 아마존은 회사의 기본 원칙으로서 고객을 중심으로 생각하는 문화가 창업 때부터 강조되었는데요, 이를 위해 AI를 적극적으로 활용하여 고객의 공개된 요구뿐만 아니라 '숨은 니즈(hidden needs)'에 대한 작은 힌트까지도 파악할 수 있는 추천 알고리즘의 개선이나 보다 빠른 배송 방식을 개발함으로써 고객들에게 만족스러운 경험을 제공하여 궁극적으로 고객 충성도를 높여나가고자 노력하고 있습니다.

한편 새로운 도전에 대한 가치를 강조하는 기업 문화를 이어온 아마존은 AI와 관련해서도 아마존의 목소리 인식 프로그램인 알렉사의 개발처럼 적극적으로 연구 개발 활동에도 투자를 해오고 있습니다. 또한, AI를 보다 적극적으로 수용하는 조직 문화를 구축하기 위해 사내 교육 실행이나 현재의 비즈니스 모델에 AI를 끊임없이 접목해보는 다양한 시도들을 장려하고 있습니다. 이렇게 조직 내 AI를 활성화하기 위한 아마존 경영진의 또 다른 전략으로서 AI와 관련된 기업을 인수하기도 하는데요, 아마존은 2012년에 미화 775백만 달러(한화 약 1조원)을 투자하여 AI 로봇회사인 '키바 시스템즈(Kiva Systems)'을 인수하였습니다. 이후 이 회사의 기술을 바탕으로 물류창고에서 자동으로 고객이 주문한 상품을 신속하고 정확하게 상하차할 수 있게 되었고, 이 시스템은 AI에 의해 더욱 발전하여 지금은 아마존이 다른 온라인 쇼핑 회사들과 변별될 수 있는 강력한 핵심역량이 되었습니다.[20] 또 다른 아마존의 성공적인 기업 인수 사례로서 2018년에 미화 1.2달러(한화 약 1,560억 원)을 투자하여 인수한 '링'이 있습니다. 이 회사는 '도어봇(Doorbot)'을 창업하여 개인 주택에 대한 감시 시스템을 개발하였는데 아마존은 이 회사의 플랫폼을 통해 온라인 쇼핑을 즐기는 고객들의 데이터를 활용하여 AI 기반의 '스마트 홈(Smart Home)' 플랫폼으로 발전시킴으로써 경쟁사들이 쉽게 흉내 낼 수 없는 비즈니스 모델을 구축하고 있습니다.[21]

아마존은 이렇게 AI의 활성화를 위한 기업 문화를 만들기 위해 CEO 베이조스가 AI의 엄청난 잠재력을 정확히 파악해서 조직 구성원들이 AI로 인한 조직 내부와 외부의 다양한 변화에 대해 미리 대응하도록 AI 시대 속 회사의 명확한 비전과 전략을 잘 수립하였습니다. 일단 경영자가 AI에 대한 비전과 전략을 명확히 한 후 조직 구성원들에게 공유하였고 이런 방향성에 대해 지속적으로 소통하면서 이들이 AI에 의한 변화들을 적극적으로 받아들일 수 있는 AI 친화적인 조직 문화가 자리 잡도록 경영자로서 적극적으로 노력하였습니다. 이와 함께 그는 조직 내 AI 문화의 정착과 발전을 위해 AI 전문가를 내부에서 발굴하여 성장시키는 노력뿐만 아니라 조직 외부에서도 적극적으로 채용하거나 협업을 장려하였습니다.

이렇게 AI 친화적인 기업 문화가 만들어낸 아마존의 서비스로는 아마존의 알렉사와 결합한 스마트 스피커인 아마존 '에코(Amazon Echo)', 컴퓨터 비전기술과 센서, 그리고 AI 기술 등을 활용하여 별도의 계산 절차가 필요 없는 무인스토어인 '아마존 고(Amazon Go)' 등이 있습니다. 또한, AI를 통해 이미지와 동영상을 분석하여 객체, 사람, 텍스트, 장면, 활동 등을 식별할 수 있는 '아마존 레코그니션(Rekognition)', 일반 텍스트를 전달받아 문맥과 내용에 따라 가장 정확하고 자연스러운 음성을 오디오 파일로 전환하여 스트리밍까지 제공하는 '아마존 폴리(Polly)', 텍스트나 목소리에 대해 AI를 활용하여 챗봇과 같은 대화형 인터페이스 서비스를 제공하는 '아마존 렉스(Lex)' 등도 개발하여 활용하고 있습니다.[22]

이런 혁신적인 AI 기술을 활용하여 아마존은 온라인 쇼핑에 제공되는 고객의 과거 쇼핑자료나 고객이 휴대폰에서 관심을 갖고 검토해본 상품 리스트를 분석해 보다 정확하게 고객이 필요로 하는 상품들을 미리 파악함으로써 개인 맞춤 쇼핑 추천 리스트도 제공하였고, 고객이 주문된 상품들의 데이터를 바탕으로 보다 신속하게 배송하기 위해 AI 기술을 활용한 창고 자동화 프로그램을 개발하는 등 이런 아마존의 AI 기술들은 시장에서 아마존이 온라인 쇼핑 시장에서 1위의 자리를 굳건히 하는 데 큰 역할을 하고 있습니다. 결국 이런 AI 친화적인 기업 문화가 조직에 잘 안착할 수 있도록 조직 구성원들의 신뢰를 발전시킨 베이조스의 역할과 책임이 매우 컸다고 생각합니다.

한편 AI 시대에 기업을 운영함에 있어 경영자들이 당장 모든 일자리를 AI로 대체할 수는 없는 만큼, 앞서 설명한 AI 기술을 적극적으로 받아들여 이를 잘 활용하는 조직 문화를 만들어야 함과 동시에 이런 조직 문화에 대해 진심으로 공감하는 조직 구성원들로 조직을 구성하여 AI 시대에 효과적인 협업 활동을 조직 내에 확산시켜나가야 할 것입니다. 왜냐하면 아무리 AI 기술이 광범위하게 확산된다 하더라도 비즈니스의 본질인 사람 간 교감과 같은 감정적인 공감과 소통능력은 더욱 중요하게 될 테니까요. 사실 데이터를 중심으로 한 의사 결정과 사람의 감정을 바탕으로 한 의사 결정이 전혀 상반된 이야기는 아닙니다.

특히 AI 시대에도 상호 신뢰를 구축하기 위해서는 반드시 AI가 투명하고 윤리적으로 사용된다는 믿음이 있어야 하고, 어느 누구도 막을 수 없는 AI의 거대한 흐름 속에서 AI 기술이 인간의 삶을 질적으로 향상시켜줄 수 있는 비즈니스 모델을 잘 구축해야 한다는 책임감을 가져야 할 것입니다. 그런 만큼 경영자들은 다양한 AI 기술들을 보다 잘 발전시키기 위해 앞서 강조한 인재관리, 즉 'Human resource(HR)'

를 넘어 더 넓은 범위의 '인재 운용(people operation)'에도 적극적으로 관여를 해야 할 것입니다. 이를 위해서 조직 구성원들에 대한 역할 분배와 평가, 보상, 그리고 채용 등에 있어 경영자가 최종 판단을 보다 정확히 할 수 있도록 AI에 의한 다양한 분석자료가 효율적으로 수집되어야 합니다. 앞서 강조한 대로 경영자의 중요한 역할 중의 하나가 미래 먹거리 발굴과 함께 인재 관리이기 때문이죠. 인재 관리에는 크게 현재 회사에서 일하고 있는 조직 구성원들에 대한 정확한 업무 정의와 평가지표 선정, 그에 따른 공정한 평가와 합리적인 보상, 그리고 그들의 지속적인 교육을 통한 동기 부여와 역량 개발이 있고, 다른 하나가 조직에 새로운 비즈니스 기회를 창출해내고 조직의 역량을 발전시킬 수 있는 신규 인력 채용이 될 것입니다.

경영자로서 가장 어려운 역할 중에 하나가 사람에 대한 관리입니다. 왜냐하면 '열 길 물속은 알아도 한 길 사람 속은 모른다'라는 격언처럼 아무리 경영자로서 인재 관리에 대한 많은 노하우가 있다 하더라도 관리해야만 하는 사람 한 명 한 명에 적합한 관리가 필요한 만큼 항상 어려운 일이니까요. 특히 한 번은 우연히 잘할 수 있더라도 이를 계속해서 잘 해낸다는 것은 더욱 어려운 일입니다. 그래서 경영자가 조직 구성원 한 명 한 명과 가까이 하면서 그들의 공개적인 요구사항뿐만 아니라 '숨은 욕구(hidden interest)'도 미리 잘 알아내야만 그들에게 성공적으로 동기를 부여하고, 나아가 회사와 구성원 모두가 원하는 목표를 함께 달성할 수 있을 것입니다. 그런 만큼 AI 시대에도 경영자에게 인재 관리는 정말 많은 시간을 필요로 하는 업무로 남아 있을 겁니다.

때로는 경영자 중에 인재 관리를 소홀히 생각하는 분들을 보곤 하는데요, 이에 따른 부작용은 당장 나타날 수도 있지만 때론 서서히 진행되어 아예 조직의 근간을 완전히 망가트리기도 합니다. 이는 한때 성공가도를 달리던 기업이 한순간에 무너지는 이유이기도 한 만큼, 경영자는 인재 관리에 대해 항상 적당히 타협하지 않고 자신의 업무 순위에 매우 높게 배치해야만 할 것입니다.

한편 인재 관리에 있어 경영자는 AI라는 엄청난 도구를 얻었다고 생각합니다. 그동안 경영자가 인재 관리에 대해 오프라인으로 많은 시간을 투자해야 했다면, 앞으로는 경영자가 전사 공통의 평가 지표들이나 각 개인에 요구하는 측정 지표에 대해 AI가 지속적으로 그들의 수행 업무에 대한 결과물이나 과정에 대한 학습을 할 수 있을 것이고, 만약 각 조직 구성원의 측정값에 대한 학습이 상당한 수준으로 완성된다면 경영자가 신뢰할 만한 맞춤형 인재 관리에 대한 플랫폼이 만들어질 수 있을 겁니다. 물론 경영자는 지속적으로 AI가 만들어낸 평가 결과에 대해 상황에 맞게 변수 값을 조정하며, 과거와 같이 오프라인에서 직감이나 경험에 의해 평가하던 많은 부분들을 데이터 중심의 의사 결정을 통해 객관성과 정확성을 확보해야 합니다.

결국 AI를 활용해서 인재 관리를 하는 경영자와 그렇지 않은 경영자의 결과물은 큰 차이가 발생할 것입니다. 그러므로 이렇게 경영자의 AI를 활용한 인재 관리 방식은 더욱 보편화될 것이고 그에 따라 개인 맞춤형 인재 관리가 보다 정확하고 객관적으로 이루어질 수 있다면 조직 구성원들도 환영할 일이겠죠. 하지만 과거와는 달리 매일 하는 업무에 대해 AI가 실시간으로 '일거수일투족(一擧手一投足)'을 평가한다면 그만큼 업무의 강도와 스트레스는 크게 높아질 수도 있을 것입니다. 대신 자신의 업무에 대해 성과로서 제대로 평가 받고 싶어하는 직원이라면 오히려 이런 업무 평가 방식을 환영할 수도 있겠지만, 회사를 다니는 데 있어 자신의 꿈과 열정을 쫓는 것이 아닌 단지 먹고 살기 위해 다니는 일부 직원들에겐 과거와 같이 대충 조직의 중간에 묻혀갈 수 있는 환경은 더 이상 존재하지 않을 것입니다. 그런 만큼 경영자는 인재 관리에 있어 회사의 비전과 문화를 어디에 중점을 줄 것인지에 대해 현명하게 선택할 필요가 있습니다. 단기간에 도전적인 성과를 만들어내야 하는 프로젝트 팀이라면 이 정도의 업무 강도는 감수할 만하다고 생각할 수 있지만, 만약 마라톤 같은 장기간의 과정을 통해 지속적인 성과를 창출해야 하는 경우 이런 강력한 업무 강도를 계속해서 유지하기 위해선 조직 구성원의 동의와 그에 맞는 합리적인 보상이 이뤄져야 할 것입니다.

당연히 경영자로서 목표한 성과를 만들어낼 수 있다면 어떤 방식이 맞고 틀리는지는 중요하지 않을 수도 있습니다. 그런 만큼 AI를 활용한 인재 관리를 해야 한다는 명제는 분명하지만, 그 수준에 대해 조직 구성원들의 동기를 유발하면서도 일과 삶의 균형에 있어 이해 상충이 생기지 않고 성과를 만들어낼 수 있는 그 어느 지점을 목표로 할지는 경영자만이 결정할 수 있겠지요. 물론 이런 수준은 기업이 처한 환경에 따라 얼마든지 변경될 수 있다고 생각합니다. 기업이 위기에 처한 순간에 일과 삶의 균형만을 외치며 긴장감 없이 일하는 것을 경영자가 방치한다면 결국 기업뿐만 아니라 조직 구성원 모두가 공멸하는 길일 테니까요. 그러므로 AI를 활용한 인재 관리는 경영자에게는 엄청난 도구가 되겠지만 이에 대한 활용을 어떻게 잘해야 할지는 경영자의 중요한 숙제가 될 것입니다. 경영엔 결코 정답은 없는 만큼, 결국 경영자 스스로 최선의 선택을 하고 그에 따른 결과에 대해 책임을 지면 되는 거죠. 경영자에게는 AI가 '양날의 검'이 될 수 있다고 생각합니다.

한편 인재 채용에 있어서도 AI는 매우 좋은 도구가 될 것입니다. 과거 기업 내 HR이나 외부의 '서치펌(search firm)'에 의존하던 인재 발굴 업무를 AI를 활용하여 기업과 구직자를 효과적으로 매칭할 수 있는 알고리즘이나 플랫폼을 구축한 기업이라면 새로운 인재 채용을 통해 성장의 기회를 창출할 수도 있습니다. 물론 이는 개인정보인 만큼 쉽게 공개할 수는 없겠지만 자신의 업무 능력에 대해 자신감이 있는 구직자라면 보상수준을 높이기 위해서라도 과감하게 공개할 것이고, 주변의 좋은 추천도 적극적으로 공개하여 AI가 자신에 대해 정확히 학습할 수 있도록 노출시킬 것입니다.

반면에 그 사람에 대한 정보를 제대로 얻을 수 없다면 구직 시장에서는 오히려 부정적인 결과를 만들어낼 수도 있겠죠. 결국 AI를 활용한 채용 플랫폼에서도 누가 구직자에 대한 양질의 데이터나 구인을 하는 회사에 대한 정확한 데이터를 많이 가지고 있느냐에 따라 그 매칭 결과는 상당히 달라질 것이고, 그 결과와 평판이 추후 그 회사의 생존을 좌우할 수도 있을 것입니다. 그러므로 채용시장 역시 부익부 빈익빈 현상이 AI 플랫폼에 의해 더욱 가속화되어 어디서도 일을 잘하는 인재들은 그만큼 여러 기업들의 러브콜을 받게 될 것이고, 동시에 이들을 지키기 위한 기업들의 노력 역시 가속화될 것입니다. 그런 점이 어쩌면 진정한 실력을 갖춘 사람들에게는 멋진 기회가 넘쳐나는 새로운 세상이 도래했음을 보여주는 것이겠지만, 만약 그때까지도 준비가 제대로 되지 않은 사람들에게는 이런 AI 플랫폼이 큰 좌절감을 가져다 줄 수도 있을 것입니다. 기업 역시 잘못된 인재, 특히 고위 직책의 일자리를 책임질 인재를 잘못 채용할 경우 기업과 조직에 미치는 부정적 영향이 엄청난 만큼 이런 리스크를 AI 매칭 플랫폼을 통해 줄일 수 있다면 정말 환영할 일이라 생각합니다. 하지만 이런 AI 플랫폼이 기업이나 구직자의 데이터를 지속적으로 학습함에 따라 과거의 어떤 실패나 실수, 혹은 잘못된 평가 등이 마치 주홍글씨처럼 한 사람을 계속해서 쫓아다니게 된다면 그에 따른 부작용도 적지 않을 것입니다.

결국 모든 변화는 긍정적인 면과 부정적인 면 두 가지가 공존한다고 생각합니다. 그러므로 경영자는 이런 AI라는 최고의 도구를 제대로 활용하지 않다가 경쟁자들보다 시장에서 뒤처지는 우를 범하기보다는, 아직은 자신이 원하는 수준이나 조직의 활용도에서 일부 부족함이 있더라도 일단 AI를 활용하면서 이런 부족한 부분을 알고리즘의 일부 수정이나 학습된 데이터들의 양과 질을 높여나감으로써 점차적으로 개선해나가는 것이 보다 바람직하다고 생각합니다. 아프리카에 신발을 팔러 간 영업 직원 두 사람 중 한 명은 아무도 신발을 신고 있지 않은 아프리카 원주민을 보고 '여긴 절대 신발 시장이 없다'고 했지만, 남은 한 사람은 반대로 '아무도 신발을 신고 있지 않은 만큼 이들이 모두 다 신발을 신을 경우 엄청난 시장이 될 것'이라고 같은 상황을 보고도 서로 다른 보고를 하듯이 결국 모든 것은 자신의 관점에 따라 달라 보일 것입니다. 그런 만큼 경영자는 어떤 관점의 프레임을 가져야 하는지에 대한 책임이 있는 거죠.

그럼 여러분들께서는 AI 시대를 어떻게 판단하실 건가요? 아직 불완전한 만큼 완벽해진 후 사용하거나, 아님 불완전하더라도 그 부족함을 하나둘 보완하면서 AI의 장점을 최대한 활용해보고자 하는 두 가지 선택 중의 하나가 될 것입니다. 물론 저라면 후자처럼 과감한 도전을 하겠지만, 항상 강조하듯이 경영자의 선택에는 정답은 없습니다. 대신 그 선택의 결과에 책임을 지는 것이 경영자의 자리임을 잊지 말아야 하겠죠.

결국 앞서 설명한 이런 AI 문화와 시스템이 잘 갖춰져 있는 회사일수록 AI 전문가들이 더욱 모여들게 되어 자연스럽게 회사가 AI 중심의 기업 문화와 인재들로 채워질 수 있을 것이고, 이 점이 AI 시대에 시장에서 강력한 경쟁력을 가진 회사의 핵심역량이 될 것입니다.

지금까지 AI 시대에 경영자들이 어떤 리더십을 보여야 하는지에 대해 MS, 구글, 아마존의 사례를 통해 검토해보았습니다. 즉, 경영자들은 AI에 의한 변화를 적극적으로 받아들이는 마음 자세가 필요하며 이를 솔선수범하는 리더십을 통해 회사의 비전과 전략으로 잘 발전시켜야 합니다. 이와 동시에 AI에 대한 회사의 비전과 전략에 대해 조직 구성원들이 보다 적극적으로 받아들일 수 있는 AI 친화적인 기업 문화를 만들어야 하고, 이를 지속하기 위해 AI 역량을 갖춘 인재들을 신규 채용하거나 기존의 조직 구성원들의 AI에 대한 지식과 역량을 높여주는 노력을 통해 더욱 AI 친화적인 조직을 구성해야 한다는 것이 AI 시대 경영자의 책임과 역할이라 생각합니다.

마지막으로 '찰스 다윈(Charles Darwin)'이 진화론에 대해 설명하면서 강조했던 'It is not the strongest of the species that survive, nor the most intelligent, but the one most responsive to change', 즉 '진화는 가장 똑똑하거나 가장 힘이 센 종에 의해서가 아니라, 결국 변화에 잘 적응한 종에 의해서 진행된다'는 말로서 이번 장을 마무리하고자 합니다. 이번 장에서 앞서 소개한 AI 시대 속에서 좋은 경영자가 해야 할 일은 우리 조직의 역량을 객관적으로 정확히 분석하여 AI 시대로의 변화에 잘 적응하도록 이를 강화하거나 개선해야만 하고, 이를 위해 경영자 스스로 솔선수범하여 AI 시대에 걸맞은 역량을 키워나가면서 조직을 진취적으로 리드해야 할 것입니다. 지금 당장은 AI에 의해 사람의 일자리가 모두 대체되지는 않을 것입니다. 그렇다고 AI를 배우지 않은 채 자신의 일자리가 안전하기를 기대해서도 안 될 것입니다. 왜냐하면 그런 일자리는 결국 AI를 배운 사람에 의해 대체가 될 테니까요. 어쩌면 역설적으로 AI 시대야말로 인재의 중요성이 더욱 중요하게 부각되는 시대가 아닐까 생각해봅니다. 결국 경영자는 AI 시대에서도 사람에서 답을 찾아야 할 것입니다.

참고문헌

(1장)

1. Stanford University Human-Centered Artificial Intelligence, https://crfm.stanford.edu/
2. Meta. (2023, July 18). Meta and Microsoft Introduce the Next Generation of Llama. https://about.fb.com/news/2023/07/llama-2/
3. Kubernetes. Production-Grade Container Orchestration. https://kubernetes.io/

(2장)

References:

McCosker, A., & Wilken, R. (2020). Automating Creativity: Art, Hackers and AI. Media International Australia, 177(1), 82-94.

Briot, J. P., Hadjeres, G., & Pachet, F. (2020). Deep Learning Techniques for Music Generation-A Survey. Journal of New Music Research, 49(2), 1-41.

Aljohani, Naif, et al. "The Role of Artificial Intelligence in Fostering Creativity in Education: An Open System Perspective." Sustainability 12.8 (2020): 3330.

References:
Zawacki-Richter, O., Marín, V. I., Bond, M., & Gouverneur, F. (2019).

Systematic review of research on artificial intelligence applications in higher education-where are the educators?. International Journal of Educational Technology in Higher Education, 16(1), 39.

Zhou, M. (2020). Artificial intelligence in education: Promises, challenges and future directions. Journal of Computers in Education, 7(4), 499-509.

Klašnja-Milićević, A., Ivanović, M., & Budimac, Z. (2017). E-Learning personalization based on hybrid recommendation strategy and learning style identification. Computers & Education, 56(3), 885-899.

Roll, I., & Wylie, R. (2016). Evolution and revolution in artificial intelligence in education. International Journal of Artificial Intelligence in Education, 26(2), 582-599.

Liu, M., Kang, J., Cao, M., Lim, M., Ko, Y., Myers, R., & Hewitt, J. (2014). Understanding MOOCs as an emerging online learning tool: Perspectives from the students. American Journal of Distance Education, 28(3), 147-159.

Bostrom, N., & Yudkowsky, E. (2014). The ethics of artificial intelligence. Cambridge Handbook of Artificial Intelligence, 1, 316-334.

References:

Zeide, E. (2017). The Structural Consequences of Big Data-Driven Education. Big Data, 5(2), 164-172.

Bulger, M. (2016). Personalized Learning: The Conversations We're Not Having. Data & Society.

Brynjolfsson, E., & McAfee, A. (2014). The Second Machine Age: Work, Progress, and Prosperity in a Time of Brilliant Technologies. W. W. Norton & Company.

References:
Robinson, K. (2011). Out of our minds: Learning to be creative. John Wiley & Sons.
Craft, A. (2005). Creativity in schools: Tensions and dilemmas. Routledge.
Beghetto, R. A., & Kaufman, J. C. (2014). Classroom contexts for creativity. High Ability Studies, 25(1), 53-69.
Cropley, A. J. (2001). Creativity in education and learning: A guide for teachers and educators. Kogan Page Publishers.

References:
Elgammal, A., Liu, B., Elhoseiny, M., & Mazzone, M. (2017). CAN: Creative Adversarial Networks, Generating" Art" by Learning About Styles and Deviating from Style Norms. arXiv preprint arXiv:1706.07068.
Zhou, M. (2020). Artificial intelligence in education: Promises, challenges and future directions. Journal of Computers in Education, 7(4), 499-509.
McCosker, A., & Wilken, R. (2020). Machine Vision, Computer Art and the Infrastructure of AI. Media International Australia, 177(1), 77-89.

References:
Elgammal, A., Liu, B., Elhoseiny, M., & Mazzone, M. (2017). CAN: Creative Adversarial Networks, Generating" Art" by Learning About Styles and Deviating from Style Norms. arXiv preprint arXiv:1706.07068.
Boden, M. A. (2019). Artificial intelligence and creativity: An uneasy alliance?. In The Oxford Handbook of Computer Music (pp. 451-472). Oxford University Press.

창의성 저하:
Amabile, T. M. (1983). The social psychology of creativity: A componential conceptualization. Journal of personality and social psychology, 45(2), 357-376.
Hennessey, B. A., & Amabile, T. M. (2010). Creativity. Annual Review of Psychology, 61, 569-598.

일반화의 부족:
Marcus, G. (2018). Deep learning: A critical appraisal. arXiv preprint arXiv:1801.00631.
Lake, B. M., Ullman, T. D., Tenenbaum, J. B., & Gershman, S. J. (2017). Building machines that learn and think like people. Behavioral and Brain Sciences, 40, E253.

의사 결정의 책임 전가:
Mittelstadt, B. D., Allo, P., Taddeo, M., Wachter, S., & Floridi, L. (2016). The ethics of algorithms: Mapping the debate. Big Data &

Society, 3(2), 2053951716679679.
Jobin, A., Ienca, M., & Vayena, E. (2019). The global landscape of AI ethics guidelines. Nature Machine Intelligence, 1(9), 389-399.

인간-기계 협업의 어려움:
Miller, T. (2019). Explanation in artificial intelligence: Insights from the social sciences. Artificial Intelligence, 267, 1-38.
Liu, A., & Miller, T. (2019). Towards interpretable deep neural networks by leveraging adversarial examples. arXiv preprint arXiv:1910.02768.

Hao, K. (2019). The terrifying potential of the 2020 deepfake. MIT Technology Review

(3장)

1. 인공지능 줌인: AI가 주식투자에 가져 온 혁명_포브스가 분석한 네 가지 AI투자트렌드혁신, 위키리크스한국 2023. 7. 30
2. 금융권 챗봇 서비스 수용의도에 영향을 미치는 요인 연구-UTAUT모형을 중심으로, 한국디지털콘텐츠학회(2019), Kim, J.W, Jo, H.I, Lee, B.K
3. 인공지능기반 금융서비스의 공정성 확보를 위한 체크리스트 제안: 인공지능 기반 개인신용평가를 중심으로, 지능정보연구(2022, Sep) Kim, H.Y, Heo, J.Y, Kwon, H.C
4. Artificial Intelligence and machine learning in asset management, BlackRock, Oct.2019, blackrock.com/publicpolicy
5. AI가 기업자금세탁, 횡령 미리 잡는다. 규제로 돈 버는 레그테크 급성장,

Weekly 조선일보 2023. 2. 24

6. 비즈니스기회 창출을 위한 AI알고리즘의 활용, 삼정KPMG ISSUE MONITOR 제84호 June 2018

7. 금융분야 AI의 윤리적 문제 현황과 해결방안 정보보호학회지 제 32_권 제3호, 2022. 6 최은정 외 3명

8. The Future of Banking, Financial Times Special Report 2023. 9. 18

9. McKinsey Global Institute, "The Economic potential of generative AI"June 14, 2023

10. The Future of Jobs Report 2023, World Economic Forum, 30 April 2023

(4장)

1. 김임환. (2023). The author's experiences and developments at Samsung Electronics over three decades, focusing on technological advancements.

2. KOSIS. (2023, November). 대한민국 고령인구 비율.

3. 황선재. (2022, April). 인구고령화와 세대갈등: 자원배분을 둘러싼 세대 간 형평.

4. KOSIS. (2023, November). 대한민국의 경제성장률.

5. KOSIS. (2023, November). 1인당 국내총생산KOSIS국가통계포털(Korean Statistical Information Service).

6. namu.wiki. (2022). 대한민국 인구피라미드 http://namu.wiki/w/인구20피라미드.

7. World Bank Open Data. (2022). 세계 10대 경제 대국의 GDP에서 제조업 비중.

8. 한국은행. (2023). 한국의 제조업 매출과 수출액 2023년 상반기 제조업 업종별 동향 보고서.
9. 한국은행. (2023). 대한민국 GDP 대비 삼성전자의 반도체 매출비중.
10. SAMSUNG Semiconductor Newsroom(2023). 반도체란 무엇인가? https://news.samsungsemiconductor.com/kr/
11. OMDIA. (2023). 반도체 시장전망 Global Semiconductor Market Insight.
12. OMDIA. (2023). 글로벌 반도체 기업매출 순위.
13. Bloomberg. (2022). 반도체 기업의 현황 Global Semiconductor Manufacturing Market.
14. HIS. (2023). SEMI Foundation Report.
15. SAMSUNG Semiconductor Newsroom(2023). 반도체 제조공정. https://news.samsungsemiconductor.com/kr/
16. Yuanyuan Zhang, Yue Li. (2023, Jun). Opportunities of and Necessities for a Digital Transformation in Sales and Marketing in a Leading Electronics Company.
17. Google Cloud. (2023). Total Addressable Market (TAM), Logo.
18. WIKIPEDIA. (2023). Apple A17 Pro spec.
19. nVIDIA. (2023). ChipNeMo: Domain-Adapted LLMs for Chip Design.
20. ValueCoders. (2023). ChatGPT: Top 10 Use Cases in Software Development.
21. Vanti.ai. (2023). LLM Applications are Revolutionizing the Manufacturing Industry.
22. Salesforce.com. (2023). Sales & Marketing with Einstein.
23. Salesforce.com. (2023). 삼성전자의 Salesforce.com 활용사례.

24. 정병호. (2022, March). 경계를 넘는 삶 이야기: 상호이해를 위한 '문화 간 대화' 프로그램.

(5장)

1. 인공지능(AI) 헬스케어 현황 및 동향. (2019). 융합연구정책센터.
2. 글로벌 인공지능 병리·영상의료기기 산업·제도 동향 보고서. (2020). 한국보건산업진흥원.
3. https://newsroom.ibm.com
4. IBM Sells Some Watson Health Assets for More Than $1 Billion. (2022. 1). Bloomberg.
5. AI 의사로 주목받았던 '왓슨'은 왜 잊혀졌나. (2021. 9). 메디게이트 뉴스.
6. 5년 걸릴 분석, 하루면 끝…… AI가 앞당기는 신약. (2023. 5). 조선일보.
7. 인공지능(AI)을 활용한 신약개발 연구 동향. (2021). 한국과학기술정보연구원.
8. The Price of Innovation: New Estimates of Drug Development Cost. (2003). Journal of Health Economics.
9. 글로벌 인공지능 병리·영상의료기기 산업·제도 동향 보고서. (2020). 한국보건산업진흥원.
10. Artificial Intelligence: Healthcare's New Nervous System. (2020). Accenture.
11. https://my.clevelandclinic.org/research/computational-life-sciences/discovery-accelerator/artificial-intelligence
12. https://medicalip.com
13. 질병 예측부터 모니터링·수술까지 의료기술 고도화 견인. (2022. 3). 보건뉴스.

14. 메디컬아이피, 디지털 트윈 기반 의료 솔루션 선봬. (2022. 9). 의학신문.
15. https://population.un.org/wpp
16. https://www.babylonhealth.com
17. AI 영양사 나온다…… KT, AI에 7조 투자. (2023. 6). 한국경제TV.
18. Bill Gates. (1996). The Road Ahead: Completely Revised and Up-to-Date. Penguin Books.

(6장)

1. H. Davenport, T., Harris, J., & Shapiro, J. (2010, October). Competing on Talent Analytics. Harvard Business Review. https://hbr.org/2010/10/competing-on-talent-analytics
2. Hancock, B., Schaninger, B., & Yee, L. (2023, June 5). The impact of generative AI on human resources | McKinsey. McKinsey Podcast. https://www.mckinsey.com/capabilities/people-and-organizational-performance/our-insights/generative-ai-and-the-future-of-hr#/
3. The State of Today's HR 테크 Stack 2022-23. (2022). HR.Com.
4. H. Davenport, T., Harris, J., & Shapiro, J. (2010, October). Competing on Talent Analytics. Harvard Business Review. https://hbr.org/2010/10/competing-on-talent-analytics
5. Bovers, R. (2023). The Difference Between HR Analytics & People Analytics. Crunchr. https://www.crunchr.com/learn/the-difference-between-hr-analytics-people-analytics/
6. Sisense Team. (2023). Compete and Win With Workforce Analytics. https://www.sisense.com/blog/the-importance-of-

workforce-analytics/

7. van Vulpen, E. (2023). What is HR Analytics? All You Need to Know to Get Started. AIHR. https://www.aihr.com/blog/what-is-hr-analytics/

8. People Analytics An essential guide for HR. (2023). AIHR. https://www.aihr.com/blog/people-analytics/

9. Guenole, N., Feinzig, S., Ferrar, J., & Allden, J. (2015). Starting the workforce analytics journey. IBM Analytics Institute.

10. Sheopuri, A. (2016, September 20). People Analytics@IBM. Linkedin. https://www.linkedin.com/pulse/people-analyticsibm-anshul-sheopuri/

11. Davenport, T. H., & Patil, D. J. (2012). The Sexiest Job of the 21st Century.

12. Privacy and Ethics in People Analytics. (2020, April). SHRM.

13. 김경만. (2020). 과기정통부, 사람이 중심이 되는 '인공지능(AI) 윤리기준' 마련. 과기정통부, 인공지능기반정책과.

14. BOB BONTA. (2023, May). California Consumer Privacy Act (CCPA). State of California Department of Justice

15. Drew Harwell. (2019, November 6). Rights group files federal complaint against AI-hiring firm HireVue, citing 'unfair and deceptive'practices. The Washington Post.

16. TIOBE Index, https://www.tiobe.com/tiobe-index/

17. Ulrich, D. (2023, April 4). (5) Nine Criteria to Evaluate the Impact of Human Capability Research | LinkedIn.

18. What is HR 테크? (HR Glossary). (2023). https://www.hibob.com/

19. Josh Bersin. (2019). HR 테크nology Market 2019: Disruption Ahead.
20. Josh Bersin, Kathi Enderes, PhD, Stella Ioannidou, Janet Mertens, & Nehal Nangia. (2023). HR Predictions for 2023.
21. Crunchr. (2023). Drag-and-Drop HR Dashboards. https://www.crunchr.com/hr-dashboards/
22. Clive D. (2024). Salesforce dashboard ios app. https://www.flickr.com/photos/osde-info/8710582300
23. Joshbersin. (2023, June 5). The Next Generation Of HR Software Has Arrived, Finally. JOSH BERSIN.

(7장)

1. https://en.wikipedia.org/wiki/Wicked_(Maguire_novel)
2. https://en.wikipedia.org/wiki/Wicked_(musical)
3. https://ko.wikipedia.org/wiki/특이점
4. Christensen Clayton. (1997). The Innovator's Dilemma. Harvard Business Review.
5. Satya Nadella – Biography & Facts. (2020). Encyclopedia Britannica.
6. Nadella, S., Shaw, G., & Nichols, J. T. (2017). Hit Refresh: The Quest to Rediscover Microsoft's Soul and Imagine a Better Future for Everyone. Harper Business.
7. Microsoft and OpenAI extend partnership. (2023). Blog.microsoft.com.
8. https://www.microsoft.com/en-us/research/research-area/

artificial-intelligence/
9. https://www.microsoft.com/en-us/research/theme/fate/
10. Microsoft Buys Conversational AI Company Semantic Machines. (2018. 5). Forbes.
11. Sundar Pichai. (2023. 10). Encyclopedia Britannica.
12. Sundar Pichai. (2023. 5). Google I/O 2023: Making AI more helpful for everyone. Google Blog.
13. https://cloud.google.com/ai-platform/
14. Google to Acquire Artificial Intelligence Company DeepMind. (2014. 1). Forbes.
15. Google CEO Sundar Pichai's passion is building AI to deliver on company's moonshot ideas. (2020. 12). Financial Times.
16. https://careers.google.com/stories/edu-resources-programs/
17. https://ai.google/responsibility/principles
18. Google Acquires Kaggle for Its Cloud Business. (2017. 3). The Wall Street Journal.
19. Jeff Bezos. (2023. 10). Encyclopedia Britannica.
20. Amazon.com to buy Kiva Systems for $775 million. (2012. 3). Reuters.
21. Amazon buys video doorbell firm Ring for over $1bn. (2018. 2). The Guardian.
22. https://aws.amazon.com